REIHE WIRTSCHAFT UND RECHT

herausgegeben von
Prof. Dr. Achim Albrecht, Prof. Dr. Peter Pulte
und Rechtsanwalt Stefan Mensler

Kommunikationstraining für Studium und Praxis

Yvonne Gramsbergen-Hoogland
Henk van der Molen
Herman Blom

Fortis Verlag

Die Deutsche Bibliothek – CIP Einheitsaufnahme

Blom, Herman:
Kommunikationstraining für Studium und Praxis / Herman Blom ;
Yvonne Gramsbergen-Hoogland ; Henk T. van der Molen. – Köln :
Fortis-Verl., 1999
(Reihe Wirtschaft und Recht)
Einheitssacht.: Gesprekken in organisaties <dt.>
ISBN 3-933430-10-0

Vertrieb:
➜ in **Deutschland** über InterMedia, Fuggerstraße 7, D-51149 Köln,
Tel.: 0 22 03 / 30 29-82, Fax: 0 22 03 / 30 29 40
➜ in **Österreich und Südtirol** über MANZsche Verlags- und Universitätsbuchhandlung GmbH, Siebenbrunnengasse 21, A-1050 Wien,
Tel.: 01 / 531 61 DW 330, Fax: DW 339
➜ in der **Schweiz** über Sauerländer AG, Verlage, Laurenzenvorstadt 89,
Postfach, CH-5001 Aarau, Tel.: 062 / 836 86 DW 86, Fax DW 20

Bestellnummern:
➜ in Deutschland: 3-933430-10-0
➜ in Österreich und Südtirol: 3875 0058 001
➜ in der Schweiz: 3-933430-10-0

ISBN: 3-933430-10-0

Fortis Verlag
Fuggerstraße 7 · 51149 Köln

Sie finden uns im Internet unter: http://www.fortis-verlag.de

Übersetzung durch Wiesje Lok

Inhalt

Vorwort

Dieses Buch richtet sich an Führungsnachwuchskräfte, die sich entweder noch in der Hochschulausbildung befinden oder bereits berufstätig sind und ihre kommunikativen Fähigkeiten weiterentwickeln wollen.
In der Berufspraxis werden seit einiger Zeit – neben den fachlichen Qualifikationen – zunehmend soziale Kompetenzen als Schlüsselqualifikation für Fach- und Führungskräfte gefordert.

Im Gegensatz zur Auffassung, dass die Persönlichkeit eines Menschen weit gehend festgelegt ist und bestimmte Verhaltensweisen nicht verändert werden können, wird hier die Anschauung vertreten, dass soziale Kompetenzen trainierbar sind. Diesbezügliche Defizite lassen sich mithilfe gezielter Trainings- und Schulungsmaßnahmen ausgleichen. Übungen zum Thema Kommunikation haben deshalb in vielen Hochschulausbildungen und Weiterbildungsangeboten einen festen Platz bekommen. Hier soll dieses Buch einen zusätzlichen Beitrag leisten.

Es entstammt Kommunikationsseminaren an der Universität Groningen und der dortigen Hanzehogeschool (Niederlande) und wurde für den deutschsprachigen Raum vor dem Hintergrund verlegt, dass es hier bislang kein Lehrbuch zum Thema Kommunikationstraining für Studierende und Führungskräfte gibt.

Allen, die an der niederländischen Originalausgabe mitgearbeitet haben, möchten wir in diesem Vorwort unseren herzlichen Dank aussprechen. Ohne ihre Unterstützung wäre es nicht zu diesem Lehrbuch gekommen. Und ohne das Engagement von Wiesje Lok als Übersetzerin würde es die deutsche Ausgabe von „Kommunikationstraining für Studium und Praxis“ nicht geben.

Wir sind davon überzeugt, dass dieses Buch dem Leser helfen wird, seine bzw. ihre Kommunikationsfähigkeiten auszubauen und diesbezügliche Defizite auszugleichen. Für Kritik, am liebsten konstruktiver Art, sind wir offen und dankbar.

Groningen, Maastricht,
Sommer 1999

Einleitung

Unternehmen bestehen aus Netzwerken von Menschen, die größtenteils mündlich miteinander kommunizieren müssen, weil sie sonst die Aufgaben, die zur Verwirklichung der Unternehmenszielsetzungen notwendig sind, nicht bewältigen können. „Unternehmen“ und „Kommunikation“ sind jedoch recht abstrakte Begriffe, die konkretisiert werden müssen. Dies führt zu Fragestellungen wie: Worum handelt es sich in Gesprächen in Unternehmen? Wer führt sie? Auf welche Weise werden sie geführt? Wie lauten die Gesprächsziele?

Dieses Buch vermittelt Studierenden nicht nur die theoretische Grundlage für verschiedene Gesprächsarten, sondern bietet eine praxisnahe Anleitung für das Erlernen von Fähigkeiten, um diese Gespräche erfolgreich und professionell führen zu können.

Das Buch besteht aus drei Teilen. Teil 1 behandelt die grundlegenden Gesprächsfähigkeiten, die in nahezu allen professionellen Gesprächssituationen von Bedeutung sind. Diese grundlegenden Gesprächsfähigkeiten sind die „Bausteine“ für solche Gesprächsarten, die im 2. Teil Dialoge bzw. 3. Teil Gruppengespräche erörtert werden. Im Einzelnen werden in Teil 1 regulierende Fähigkeiten behandelt, mit denen die Gesprächsführung gesteuert werden kann (Kapitel 1), sowie Zuhör- (Kapitel 2) und Senderfähigkeiten (Kapitel 3). Diese Fähigkeiten wurden sowohl aus Iveys Mikrotrainingsmethode (1971) einer mehrphasigen Methode mit ansteigender Komplexität als auch dem Buch Psychologische gespreksvoering (Psychologische Gesprächsführung) von LANG und VAN DER MOLEN (1993) entnommen.

Teil 2 enthält diejenigen Gesprächsarten, die Mitarbeiter oder solche, die es werden wollen (Kapitel 6), in der Regel führen müssen: das Interview (Kapitel 4), das Bewerber-Auswahlgespräch (Kapitel 5), das Vorstellungsgespräch (Kapitel 6), das Mitarbeitergespräch (Kapitel 7), das Verkaufsgespräch (Kapitel 8) und das Gespräch, in dem eine schlechte Nachricht übermittelt wird (Kapitel 9). Jedes Kapitel beschäftigt sich sowohl mit dem Gesprächsaufbau als auch mit den zum Gelingen erforderlichen Fähigkeiten. Beachtung findet dabei die Wechselbeziehung zwischen beiden Gesprächspartnern. Die Kapitel 5 und 7 stützen sich auf die Ausführungen von van DE MEIJER und LANG (1987) in: Professionele gespreksvoering in bedrijfssituaties (Professionelle Gesprächsführung in Betriebssituationen).

Gesprächssituationen, an denen mehr als zwei Personen beteiligt sind, werden im dritten Teil des Buches behandelt. Hier geht es vor allem um die Rolle des Gesprächsleiters, der die Komplexität, die durch die Teilnahme mehrerer Sender und Empfänger am Gespräch entsteht, bewältigen muss. Er sollte das Gespräch nicht nur strukturieren, sondern auch den individuellen Teilnehmern und ihren Diskussionsbeiträgen Aufmerksamkeit schenken und das Gesprächsziel im Auge behalten.

Die in allen Teilen zur Veranschaulichung angeführten Praxisbeispiele entstammen dem Unternehmensalltag des fiktiven Verlags Emprimee GmbH. Anhand dieser Beispiele soll die Anwendung von Fähigkeiten und Gesprächsmodellen konkret beschrieben werden.

In den die Kapitel begleitenden und von uns mitentwickelten Übungen stehen drei Ziele im Vordergrund:

1. Erweiterung der Erkenntnisse über Gesprächsführung,
2. Erlernen von Gesprächsfähigkeiten und Gesprächsmodellen,
3. Stärkung des Selbstvertrauens, auch mit schwierigen Situationen professionell fertig zu werden.

Wir haben für unser Buch eine Trainingsmethode verwendet, die sich auf soziallerntheoretische Grundsätze gründet. Folgende Elemente werden unterschieden: theoretische Hinweise, „Modeling", Rollenspiel und Feedback.

Theoretische Hinweise: Das Buch vermittelt theoretisches Grundwissen zur Gesprächsführung. Die Kapitel des 1. Teils beschäftigen sich zunächst mit den theoretischen Hintergründen jeder Fähigkeit. Teil 2 und 3 liefern die zu jedem einzelnen Trainingsaspekt relevanten Hintergrundinformationen sowie ein Gesprächsmodell und eine Beschreibung der dazugehörigen Fähigkeiten.

„Modeling": Nach der theoretischen Auseinandersetzung führt der Trainer die betreffende Fähigkeit oder das Gesprächsmodell in einem „live"-Rollenspiel vor. Jeder Vorführung folgt eine kurze Diskussion über das Beispiel, damit die Effekte richtiger und falscher Anwendung von Gesprächsfähigkeiten erkannt werden.

Rollenspiel: Die Studierenden erlernen die erforderlichen Fähigkeiten und Gesprächsmodelle durch kurze Übungen oder Rollenspiele, die von den Kommilitonen und dem Dozenten beobachtet werden (siehe hierzu die Einleitung zu den Übungen). Videoaufnahmen können bei der Auswertung helfen. Am Ende dieses Buches befinden sich zu jedem Kapitel Übungen, die man im Praktikum, in dem Gesprächsfähigkeiten und Gesprächmodelle erlernt werden, verwenden kann.

Feedback: Nach der Übung erhalten die Studierenden ein Feedback über die Art und Weise, wie sie die Fähigkeit oder das Gesprächsmodell angewendet haben. Für eine sinnvolle Nachbereitung des Rollenspiels oder der Übung verweisen wir auf die Einleitung zu den Übungen. An dieser Stelle möchten wir darauf verweisen, dass Lob positiv verstärkend wirkt. Das heißt, dass während der Nachbereitung zunächst die richtigen Handlungen besprochen werden sollten. Das bedeutet nicht, dass schwache Leistungen unerwähnt bleiben. Aus den Fehlern soll in jedem Fall gelernt werden. Dabei ist es jedoch wichtig, dass die anderen Studierenden oder der Dozent konkrete Vorschläge zur Verbesserung machen.

Die Reihenfolge, in der wir die vier Elemente des Trainingsseminars dargestellt haben, entspricht der von uns bevorzugten Art und Weise, professionelle Kommunikation zu unterrichten.

Situationsbeschreibung anhand des Verlages Emprimee GmbH

Die Emprimee GmbH ist ein Zeitschriftenverlag. Es folgt eine Beschreibung der Unternehmensgründung, der Organisationsstruktur, des Produkts, der Mitarbeiter und der Kommunikationsstruktur.

Die Gründung der Emprimee GmbH

Hans-Peter Graf stammt aus einer Verlegerfamilie. Nach dem Gymnasium studierte er an der Wirtschaftsfakultät einer Fachhochschule den Sonderstudiengang „Unternehmen in Mittel- und Kleinbetrieben". Er arbeitet bei zwei verschiedenen Firmen, einer Papierhandelsfirma und einem grafischen Betrieb.
Nach zehn Jahren entschloss er sich, einen kleinen Verlag zu übernehmen, der eine Zeitschrift für Mittel- und Kleinbetriebe herausgibt. Er schlug seinem Studienfreund Stefan Herzog vor, den Verlag gemeinsam zu führen. Stefan studierte Arbeits- und Organisationspsychologie und arbeitete als freier Mitarbeiter für verschiedenene Fachzeitschriften. Gemeinsam begannen sie, die Fachzeitschrift für Mittel- und Kleinbetriebe, die bislang ein eher beschauliches Dasein fristete, wieder anzukurbeln. Zu diesem Zeitpunkt waren beide 31 Jahre alt, tatkräftig, zielstrebig und sehr einfallsreich. Fünf Jahre später verlegen sie bereits drei Fachzeitschriften, die Pläne zum vierten Magazin sind schon sehr konkret.
Inzwischen hat die Emprimee GmbH 30 fest Angestellte und zehn freie Mitarbeiter.

Die Organisationsstruktur

Die beiden Geschäftsführer Hans-Peter Graf und Stefan Herzog haben die Aufgaben folgendermaßen verteilt: Hans-Peter ist für den kommerziellen Teil verantwortlich, d.h. für die drei Zeitschriften sowie die Werbe- und Akquisitionsabteilung. Stefan leitet die unterstützenden Abteilungen: Betriebsverwaltung, Vertrieb und grafische Abteilung. Alle Zeitschriften haben einen eigenen verantwortlichen Chefredakteur. Dieser ist ein Branchenexperte, koordiniert die Arbeit an der jeweiligen Zeitschrift und wird von einem Assistenten unterstützt. Die Zeitschriften haben je einen Korrektor, der für die Texte verantwortlich ist. Der Druck findet außer Haus statt. Die Abteilung Werbung und Akquisition wird von einem Verkaufsleiter geführt, die Verantwortung hierfür trägt jedoch Hans-Peter.

Der unterstützende Teil des Unternehmens besteht aus drei Abteilungen: der Betriebsverwaltung, der Vertriebsabteilung, in der der Versand an Abonnenten und Geschäften für den Einzelverkauf stattfindet und der grafischen Abteilung, in der das Layout und die Titelseite fertig gestellt wird.

Das Produkt

Beim Verlag erscheinen derzeit drei Zeitschriften für Mittel- und Kleinbetriebe, das Gesundheitswesen und das Bildungswesen. Die Pläne für eine vierte Zeitschrift für das Bank- und Versicherungswesen sind schon fertig.
Die drei Zeitschriften vermitteln hauptsächlich Managementinformationen und wenden sich an alle Führungskräfte.
An den Inhalt werden folgende Anforderungen gestellt:
Förderung der Integration getrennter Aufgabenbereiche in Unternehmen;
Vorstellung von Modellen, Vorschlägen und Lösungen anderer Unternehmen;
Aufbereitung theoretischer Hintergründe durch Sachverständige, die ihre theoretischen Einsichten mit Erfahrungen aus dem Berufsfeld verbinden.

Die Titel der Zeitschriften beziehen sich jeweils auf den mythologischen Paten des Berufsstands: ***Hermes*** *auf den Handel,* ***Pallas*** *auf die Weisheit und* ***Asklepios*** *auf die Gesundheit. Die Zeitschrift für das Bank- und Versicherungswesen wird voraussichtlich* ***Apoll*** *heißen.*
Die Auflage von Hermes liegt bei 25.000 Stück, die von Pallas bei 15.000 und die von Asklepios bei 7.750. Sie erscheinen monatlich. Obendrein gibt die Emprimee GmbH einige Loseblatthandbücher für die drei Branchen heraus.

Die Mitarbeiter

Die Redakteure, Journalisten, Mitarbeiter der grafischen Abteilung und Abteilungsmanager der Emprimee GmbH verfügen alle über ein abgeschlossenes Hochschulstudium. Die Chefredakteure und Journalisten haben obendrein berufliche Erfahrungen in der betreffenden Branche. Sie sind zwischen 22 und 50 Jahren alt.

Chefredakteur Richard Butte von Hermes (die Zeitschrift für Mittel- und Kleinbetriebe) studierte Betriebswirtschaft und war zuvor als Betriebsleiter in einer Fabrik für Plastikrohre tätig. Nebenbei arbeitete er als freier Mitarbeiter bei einer Regionalzeitung. Seit fünf Jahren arbeitet er bei der der Emprimee GmbH. Er ist auf Gewinn bedacht, praxisorientiert und interessiert sich sehr für Entwicklungen im Bereich Managementtheorien. Er ist sehr belesen und der Ansicht, Qualität gehe über alles. Dies sei kein modisches Geschwätz; vielmehr liefere der Verlag fundierte Artikel, die den kritischen Leser immer wieder interessierten.

Franka Rostlaub ist eine erfahrene Redakteurin der Zeitschrift Asklepios. Sie hat einige Jahre als Stationsschwester an einer Universitätsklinik gearbeitet. Sie sieht ihre Hauptaufgabe darin, den Kontakt mit ihrer Zielgruppe zu pflegen. Zusätzlich bemüht sie sich, Beziehungen zu Kollegen anderer Zeitschriftenverlage im Gesundheitswesen zu verbesseren oder aufzubauen. Deshalb ist sie viel unterwegs. Vor allem Amerika ist für sie das Mekka des „medical magazine“. Da ihr Etat begrenzt ist, kann sie nicht so oft in die USA reisen, wie dies erforderlich wäre, was auch der Grund ständiger Spannungen zwischen ihr und Hans-Peter ist.

Angela Hoffmann koordiniert seit einem Jahr die Ausgabe von Pallas, der Zeitschrift für Manager im Ausbildungswesen. Sie ist ursprünglich Journalistin und hat an der Hochschule für Journalistik studiert, wo sie später als Dozentin arbeitete. Gleichzeitig schrieb sie Leitartikel für eine Tageszeitung. Sie hat von Anfang an an der Pallas mitgearbeitet, zunächst als freie Mitarbeiterin und nach einem Jahr als fest Angestellte. Sie ist eine der ältesten Mitarbeiter bei Emprimee. Das macht sich zwar nicht direkt bemerkbar, aber letztendlich gilt immer häufiger „more and more, magazine publishing is becoming a young person's game“.

Arnold Deich und Sebastian Groth haben an der Fachhochschule Betriebwirtschaft studiert; ihre Schwerpunkte waren Marketing bzw. Management. Beide sind in den Dreißigern und führen ihre Abteilungen sehr energisch.

Christian Demmers ist ausgebildeter Kaufmann. Er ist erst 22 Jahre alt und hat bewiesen, dass er Führungsqualitäten besitzt. Über ein Jobvermittlungsbüro ist er an

Emprimee geraten. Mittlerweile hat er eine feste Anstellung als Leiter der Vertriebsabteilung. Er hat im Verlag schnell Karriere gemacht.

Gerald Bassano, der Artdirector, ist ein begabter junger Mann, der seine Wurzeln in Italien hat. Er ist ausgebildeter Designer. Vor einigen Jahren suchten Hans-Peter Graf und Stefan Herzog jemanden, der oder die der Zeitschrift „außer Geist auch Body geben könnte". Außerdem sollte er den Entwurf „in ein dreidimensionales, für Manager attraktives Objekt umwandeln". Mit Gerald Bassano hofften sie, die richtige Person gefunden zu haben, denn Fachzeitschriften müssen zunehmend eine „glossy" Ausstrahlung haben.

Jens Moser ist ein Tausendsassa, ein wandelndes Lexikon, der den Terminkalender auswendig kann. Dieser Mann in den Vierzigern, ehemahliger stellvertretender Leiter einer Fachhochschule, ist vor zwei Jahren bei Emprimee GmbH eingestellt worden.

Die Kommunikationsstruktur

Die Emprimee GmbH strebt eine „flache" Organisationsstruktur an, d.h., dass Rücksprachen im weitesten Sinne erforderlich sind. Wöchentlich findet eine Arbeitsbesprechung in den Teams statt. Alle Teams und Abteilungen sind in einem Gebäude angesiedelt, sodass tägliche Rücksprachen ebenfalls leicht möglich sind.
Die Managementabteilung befindet sich mitten im Gebäude. Geschäftsführer und Mitarbeiter streben ein freundschaftliches und partnerschaftliches Arbeitsverhältnis an. Die regelmäßige Rücksprache über alle Einzelheiten, die den Verlag betreffen, illustriert dies am besten.
Durch Betriebsausflüge bemüht man sich, auch persönliche Beziehungen unter den Kollegen zu pflegen. Die Partner der Mitarbeiter werden immer miteingeladen.
In ihrem Außenverhältnis strebt die Emprimee GmbH ebenfalls einen offenen und respektvollen Umgang an. Dies lässt sich nicht immer realisieren, aber Offenheit bleibt ein grundlegendes Element der Unternehmenskultur. Beide Geschäftsführer verfahren nach diesem Prinzip und gehen auf diese Weise den Mitarbeitern mit gutem Beispiel voran.

Organigramm Emprimee GmbH

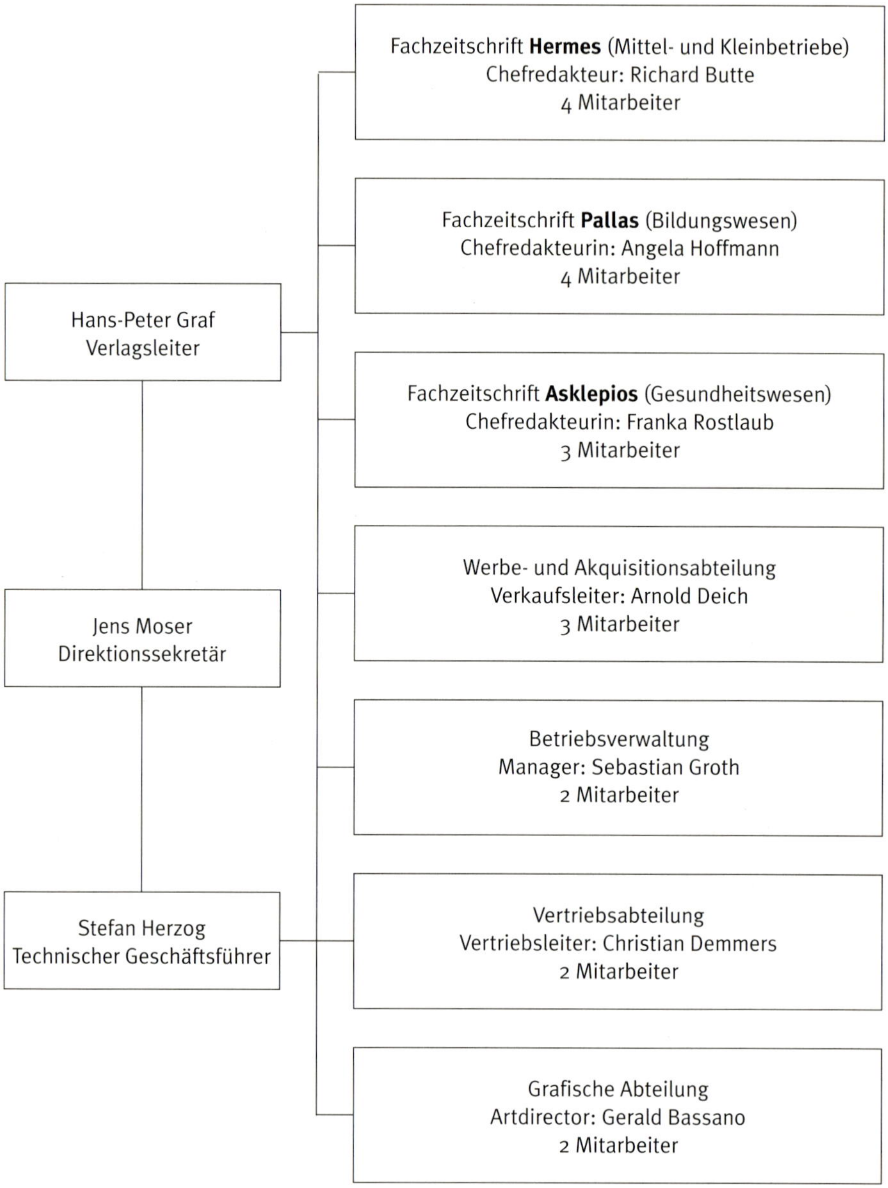

Teil I: Grundlegende Gesprächsfähigkeiten

In allen Unternehmen, in denen Menschen zusammenarbeiten, muss kommuniziert werden. Es werden Gespräche über die zu erfüllenden Aufgaben geführt, über die gegenseitigen Beziehungen und über Situationen, die veränderungsbedürftig sind. Hierzu werden Vereinbarungen getroffen und außerbetriebliche Kontakte hergestellt. Wo und wie werden solche Fähigkeiten jedoch erlernt? Am Arbeitsplatz? Sicherlich. Vorteilhafter ist es jedoch, wenn man sich bereits vorher mit diesbezüglichen Anforderungen beschäftigt und Fähigkeiten entwickelt hat, die dann im beruflichen Alltag verbessert und ausgefeilt werden können.
Für eine erfolgreiche Kommunikation sind sog. grundlegende Gesprächsfähigkeiten unerlässlich.
Diese werden im 1. Teil behandelt, denn sie finden in den verschiedensten Gesprächsarten ihre Anwendung.
Charakteristisch für alle Gespräche ist die Übermittlung einer Botschaft durch einen Sender an einen Empfänger. Schematisch dargestellt:

Analog gibt es einen Unterschied zwischen **Senderfähigkeiten** und **Empfangs- (oder Zuhör-)fähigkeiten**. Senderfähigkeiten bestehen einerseits aus regulativen, andererseits aus assertiven Fähigkeiten. Mit **regulativen Fähigkeiten** führt man im Gespräch die Regie. Man braucht diese Fähigkeiten, um eine sinnvolle Fortsetzung des Gesprächs zu gewährleisten. **Assertive Fähigkeiten** befähigen einen, Wünsche und Gedanken klar vorzubringen.
In der Praxis wechseln die Rollen ständig. Wenn A B etwas mitteilt, ist A der Sender und B der Empfänger. Wenn B darauf reagiert, ist er der Sender und A der Empfänger. Die Gesprächsteilnehmer können also nach der jeweiligen Rolle, die sie im Gespräch einnehmen, entweder als Sender oder Empfänger bezeichnet werden.

Zur Gliederungsweise des 1. Teils sei Folgendes angemerkt: Im 1. Kapitel werden die regulativen Fähigkeiten erörtert, denen im 2. Kapitel die Behandlung der Zuhörfähigkeiten folgt. In Kapitel 3 geht es schließlich um eine Sonderkategorie der Senderfähigkeiten: die assertiven Fähigkeiten.
Wir haben uns aus zweierlei Gründen für diese Gliederung entschieden. Zunächst liegt es im Interesse jedes Gesprächs, eine gewisse Ordnung einzuhalten; hierbei helfen regulative Fähigkeiten. Darüber hinaus haben sowohl Forschung als auch Berufserfahrungen nachgewiesen, dass die Strukturierung von relativ einfachen Fähigkeiten hin zu schwierigeren Fähigkeiten den Lernprozess fördert.
Mit diesen grundlegenden Gesprächsfähigkeiten können viele verschiedene Gesprächsarten geführt werden. Ob in einem Vorstellungsgespräch, einer Arbeitsbesprechung, einem Mitarbeitergespräch oder einer Konferenz – wichtig ist, dass man einem Gespräch eine Richtung gibt, seinem Gesprächspartner möglichst gut zuhört sowie seine Meinungen und Absichten deutlich vorbringt. Anders ausgedrückt: Damit man die im 2. Teil erörterten verschiedenen Gesprächstypen führen kann, ist es unbedingt erforderlich, die grundlegenden Gesprächsfähigkeiten zu beherrschen.

Bevor wir diese erörtern, möchten wir uns kurz mit dem Begriff „Fähigkeit" auseinander setzen. Nach Wahrig bedeutet „Fähigkeit": natürliche Begabung, Können, Tüchtigkeit. Wir verstehen „Fähigkeit" im Sinne von „Können".
Schließlich möchten wir betonen, dass es beim Training nicht darum geht, ein paar Tricks zu lernen, sondern um den funktionalen Einsatz verfügbarer Fähigkeiten. Mit „funktional" meinen wir, dass die Anwendung der Fähigkeit zur Realisierung der Ziele, die im betreffenden Gespräch angestrebt werden, beiträgt.

1 Regulative Fähigkeiten

1.1 Gesprächseröffnung, Zielsetzung

Regulative Fähigkeiten sind, wie bereits angedeutet, Fähigkeiten, die dazu dienen, Ordnung und Klarheit im Gespräch zu bewahren. Die Möglichkeit, die Gesprächsführung zu übernehmen, ergibt sich schon bei der Gesprächseröffnung. Wie das Gespräch eröffnet wird, hängt selbstverständlich von der Situation ab. Ein Gespräch mit einem vertrauten Kollegen zur Besprechung von Projektfortschritten wird anders eröffnet, als ein Gespräch in einem Kunden-Erstkontakt oder ein Vorstellungsgespräch. Im ersten Fall wird man sich im Gegensatz zu den beiden anderen Fällen im Gespräch relativ informell verhalten. Damit eine lockere Atmosphäre entsteht, eröffnen viele Menschen das Gespräch mit Small talk. Man sollte sich jedoch bewusst sein, dass vielen Menschen eine solche Eröffnung nicht angenehm ist. Sie empfinden dies u.U. als Zeitverschwendung und wissen nicht, wie sie ein solches Gespräch beenden können. Sie fühlen sich erst wohl, wenn man zur Sache kommt und die wesentlichen Dinge anspricht. Die Art und Weise der Gesprächseröffnung ist eine Frage des Einfühlungsvermögens und der Einschätzung.
Ungeachtet dessen, ob man sich als Gesprächsinitiator formell oder informell verhält, für die effiziente Fortsetzung des Gesprächs ist es wichtig, den Gesprächspartner zu Beginn des Gesprächs über seine Absichten zu informieren. Sofern Gelegenheit zu einer Gesprächsvorbereitung besteht, sollte man versuchen, eine globale **Gesprächsstruktur** herzustellen. Man sollte allerdings flexibel bleiben, wenn sich herausstellt, dass andere Wendungen zweckmäßiger sind. Im Allgemeinen gilt, dass eine klare Strukturierung für den Gesprächserfolg zweckmäßiger ist. In der Praxis haben Gesprächspartner meistens eine Reihe von Themen, die sie behandeln möchten. Eine vorherige Themenauflistung und Festlegung der Reihenfolge dient als Tagesordnung. Außer der Festlegung der Gesprächszielsetzung, ist es sinnvoll zu vereinbaren, wie viel Zeit das Gespräch in Anspruch nehmen wird oder wie viel **Zeit** zur Verfügung steht. Dabei sollte man sich fragen, ob sich die gestellten Ziele in der eingeplanten Zeit realisieren lassen.

1.2 Rückkopplung

Gespräche finden zu einem bestimmten Zweck statt: in der Regel sollen sie zu einer Problemlösung beitragen. Um geplante Gesprächsziele nicht aus dem Auge zu verlieren, ist es sinnvoll, von Zeit zu Zeit Rückkopplungsfragen zu stellen. Das sind Fragen wie: „Was wollten wir genau erreichen?" oder „Sind diese Ziele realisierbar?".

Ein Beispiel aus dem Schluss des Gesprächs, das Hans-Peter Graf, Verlagsführer, und Stefan Herzog, technischer Geschäftsführer, über die neue Zeitschrift, die sie herausbringen wollen, führen:

Hans-Peter: „Wir haben, wie vereinbart, das Bewerbungsverfahren durchgesprochen. Du erstellst die Anzeige und suchst Kollegen, die bei der Bewerberauswahl dabei sein sollen. Ich bitte Arnold, dabei zu sein. Was müssen wir noch besprechen?"

Hans-Peter verweist auf das Ziel, das am Gesprächsanfang gesetzt wurde, und erteilt daraufhin Stefan das Wort. Wenn einer von beiden der Ansicht ist, die Vorbereitungen des Bewerbungsverfahrens seien nicht eingehend genug besprochen worden, werden sie sich entschließen, das Gespräch fortzusetzen. Wenn sie beide der Meinung sind, dass dieses Ziel erreicht wurde, können sie das Gespräch beenden. Zum Schluss des Gesprächs können die Vereinbarungen noch einmal zusammengefasst werden.

1.3 Gesprächsbeendigung

Es wurde bereits darauf hingewiesen, die Gesprächsdauer vorher festzulegen. Die vereinbarte Zeit sollte auch eingehalten werden. Läuft die Gesprächsdauer ab, sollte man auf die Vereinbarung verweisen: „Ich sehe gerade, dass wir noch ungefähr fünf Minuten Zeit haben." Das Gespräch sollte dann zusammengefasst werden: „Vielleicht ist es sinnvoll, wenn wir auf das Besprochene zurückblicken." In vielen Fällen ist es sinnvoll, das Gespräch mit einer Aufzählung der Vereinbarungen zu beenden. In dieser Phase kann auch ein nächster Termin vereinbart werden.

2 Zuhörfähigkeiten

2.1 „Nicht"-selektive Zuhörfähigkeiten

In fast allen Gesprächen ist es nicht nur wichtig, das Gespräch zu führen, sondern auch dem Gesprächspartner zu zeigen, dass man ihm aufmerksam zuhört. Auf diese Weise wird der Gesprächspartner ermuntert und Missverständnisse werden vermieden. Mit den „nicht"-selektiven Fähigkeiten beeinflusst der Zuhörer das Gespräch kaum. Er lässt dem anderen viel Raum, seine Ausführungen zu machen und reagiert eigentlich nur durch Aufmerksamkeit. Mit diesen Fähigkeiten wird der Gesprächspartner zum Reden angeregt. Die Vorsilbe „nicht" steht hier in Anführungszeichen, da „nicht"-selektieren eigentlich nicht möglich ist. Trotz höchster Aufmerksamkeit beim Zuhören, lässt sich nicht vermeiden, den Aussagen eines Gesprächspartners unbewusst durch Haltung oder Blicke mehr Aufmerksamkeit zu widmen als denen einer anderen Person.

Nonverbales Verhalten

An dieser Stelle sollen nonverbale Verhaltensweisen erörtert werden, die dem Gesprächspartner Aufmerksamkeit und Interesse entgegenbringen. Nach Argyle (1981) findet etwa die Hälfte der Kommunikation auf nonverbaler Ebene statt.

Mimik: Aus dem Gesichtsausdruck können Rückschlüsse darüber gezogen werden, ob die Ausführungen des Gesprächspartners interessant sind oder nicht. Der Gesichtsausdruck ist unmittelbarer Spiegel von Stimmungen und Gefühlen. Der auffälligste Gesichtsausdruck ist nach Hackney und Cormier (1994) das Lächeln. Lächeln kann Aufmerksamkeit, Wohlwollen und Sympathie ausdrücken, was einen anregenden Effekt hat. Allerdings ist hier richtiges Dosieren wichtig. Allzu häufiges Lächeln könnte herablassend wirken. Es kann ein Zeichen eigener Unsicherheit sein. Stirnrunzeln kann dagegen als Missbilligung verstanden werden. Gelegentliches Stirnrunzeln signalisiert das Bemühen, die Ausführungen zu verstehen. In diesem Fall ist Runzeln ein Zeichen des Engagements und es kann den anderen dazu anregen, seine Worte zu verdeutlichen.

Blickkontakt: Ermutigender Blickkontakt heißt, dass sich die Augen der Gesprächspartners ab und zu begegnen. Starres Fixieren und Ausweichen sind unratsam. Im ersten Fall fühlt man sich meist unbehaglich und unangenehm beobachtet: „Wie durchdringend er mich anschaut", „Er redet nicht mit mir, sondern forscht mich aus" usw. Das Vermeiden von Blickkontakt geschieht oft aus Unsicherheit und wirkt entsprechend wenig selbstbewusst.

Körperhaltung: Ein dritter Aspekt nonverbaler Kommunikation ist die Körperhaltung. Aufmerksamkeit kann man auch durch eine lockere, zugewandte Körperhaltung vermitteln. Eine solche Haltung erleichtert entspanntes Zuhören und wirkt auch auf den Sprechenden entspannend. Ein lockerer Gesprächspartner erweckt meistens mehr Vertrauen als ein Gesprächspartner, der ruhelos umherblickt und mit Armen und Beinen gestikuliert, was sehr nervös wirkt. Man sollte sich daher bemühen, Ruhe und Stabilität auszustrahlen. Auch bei eigener Anspannung hilft eine ruhige und entspannte Körperhaltung, sich zu konzentrieren.

Ermutigende Gesten: Kopfnicken und einladende Handbewegungen sowie das Vermeiden von nervösen, ablenkenden Gesten unterstreichen die Aufmerksamkeit und regen den Gesprächspartner zum Weiterreden an.

Verbal folgen können: Die zweite allgemeine „nicht"-selektive Art, Aufmerksamkeit zu signalisieren, ist die Fähigkeit, verbal folgen zu können. Das bedeutet, sich mit Bemerkungen den Aussagen des anderen anzuschließen und keine neuen Themen anzusprechen. Durch das genaue Verfolgen der Ausführungen des Gesprächspartners kann dieser seinen Gedanken nachgehen. Um sicherzustellen, dass man den Gesprächspartner richtig versteht, sollte man die eigenen (interpretierenden) Gedanken vorübergehend zurückstellen. Gutes „verbales Folgen" erreicht man, indem man sich während des Gesprächs auf „kleine Anregungen" beschränkt. Dies sind kurze verbale Reaktionen, die den Gesprächspartner anregen und ihm bestätigen, dass man ihm zuhört. Beispiele kleiner Anregungen sind: „Hm, hm", „Ja, ja", „Oh?", „Und dann?", „Fahren Sie fort" oder die Wiederholung einzelner Wörter

in fragendem Ton. Diese Ausrufe- und Empfindungswörter, die auf den ersten Blick vielleicht inhaltslos scheinen, sind wichtige Anreize.
Aufmerksames Verhalten und Zuhören scheint auf den ersten Blick nicht sehr schwer zu sein: „Zuhören kann schließlich jeder", meinen viele Menschen. Ist die Grundhaltung dem Gesprächspartner gegenüber aufmerksam und interessiert, dürfte Zuhören kein allzu großes Problem darstellen. In diversen Übungen hat sich jedoch herausgestellt, dass viele Menschen gar nicht so gut zuhören, wie sie meinen. Sie stellen zum Beispiel zu schnell Fragen oder fangen an, von sich zu reden, bevor der andere fertig ist. Solche „Anfängerfehler" sind leider die Regel. Meistens ist es also nicht notwendig, Zuhören zu lernen, sondern vielmehr sich im **Alltag erworbene schlechte Gesprächsangewohnheiten abzugewöhnen**.

2.2 Selektive Zuhörfähigkeiten

Für die meisten Gespräche sind neben den „nicht"-selektiven Zuhörfähigkeiten auch selektive Zuhörfähigkeiten erforderlich. Der Begriff „Selektivität" bezieht sich hier primär auf die Tatsache, dass man bestimmten Aspekten der Ausführungen mehr Aufmerksamkeit widmet als anderen. Dies kann man sich bewusst machen, indem man beispielsweise näher auf den Inhalt oder das Gefühl eingeht oder einem bestimmten Gesprächsthema mehr Aufmerksamkeit widmet.

Verhandelt man bei der Emprimee GmbH mit einem Inserenten, kann man vorrangig dessen Wünsche bezüglich Anzeigen-Layout, Kosten oder der Platzierung in der Zeitschrift beachten.

Fragen

In vielen Gesprächen ist es notwendig, zuerst zu klären, was der Gesprächspartner, beispielsweise ein Mitarbeiter, Auftraggeber oder Verhandlungspartner, genau wünscht. Es geht folglich um die „Problemverdeutlichung". In dieser Phase dient das Fragenstellen dem Sprecher vornehmlich als Hilfsmittel, seine Gedanken und Wünsche in Worte zu fassen. Zu beachten ist hier der Unterschied zwischen **offenen** und **geschlossenen** Fragen.

Offene Fragen lassen dem Gesprächspartner viel Raum, seine Antwort zu formulieren. Dadurch kann er zum Beispiel in eigenen Worten seine Absichten oder Wünsche darstellen. Sehr wirksam und einfach sind folgende offene Fragen: „Wie?", „Was?" oder „Können Sie mehr über ... erzählen?" Diese offenen Fragen lassen unterschiedlich viel Raum. Ein Vergleich:
- „Womit kann ich Ihnen dienen?"
- „Worüber möchten Sie sprechen?"

oder:
- Wie läuft das Projekt?
- Können Sie mir sagen, wie Sie an diesen Kunden herangetreten sind?

Bei den beiden ersten Fragen sind Inhalt und Form der Reaktion offen. Die beiden letzten Fragen lassen weniger Raum, da sie sich auf einen bestimmten Aspekt (ein bestimmtes Projekt, die Vorgehensweise mit dem Kunden X) beziehen; innerhalb dieses Aspekts kann der Gesprächspartner jedoch alle möglichen Antworten geben. Einen weiteren Unterschied gibt es zwischen offenen Fragen, die sich auf die Aussagen des anderen **beziehen**, und offenen Fragen, die das Thema **wechseln**. Offene Bezugsfragen werden immer dann gestellt, wenn man Detailinformationen zum Thema wünscht. Offene Fragen zu einem neuen Thema sollten erst dann gestellt werden, wenn das alte Thema ausreichend diskutiert wurde.

Die **„Warum"-Fragen** verdienen besondere Aufmerksamkeit. Die „Warum"-Frage ist, der Form nach, eine offene Frage, die oftmals angebracht ist, schließlich gibt es in der Regel Gründe für das Verhalten von Menschen. Obendrein herrschen bestimmte Vorstellungen bezüglich der Entstehung von Problemen. Dem steht gegenüber, dass solche Fragen – vor allem zu Anfang des Gesprächs – leicht bedrohlich und unangenehm wirken können. Wenn beispielsweise ein Mitarbeiter mit seinem Vorgesetzen spricht, löst eine „Warum"-Frage seitens des Vorgesetzten schnell ein Rechtfertigungsbedürfnis aus, während der Vorgesetzte aber das Problem ganz unpersönlich, rein sachlich besprechen wollte. Menschen reagieren auf Warum-Fragen manchmal auch verwirrt oder defensiv, insbesondere wenn sie ihnen zu Problemen gestellt werden, mit denen sie nicht besonders vertraut sind.
Der **Ton**, in dem die „Warum"-Frage gestellt wird, ist sehr wichtig. Dieser kann sowohl einen Vorwurf andeuten: „Warum verläuft das nicht nach Plan?", als auch einladend klingen: „Haben Sie vielleicht eine Ahnung, warum das nicht nach Plan verläuft?" Obwohl beide Sätze ungefähr den gleichen Inhalt haben, klingt die Formulierung im letzteren Fall wesentlich einladender und verringert die Wahrscheinlichkeit, dass negative Effekte der Verunsicherung auftreten.

Geschlossene (gezielte) Fragen: Bei geschlossenen Fragen kann derjenige, der antwortet, sich auf kurze bejahende oder verneinende Antworten beschränken. Beispiele solcher geschlossenen Fragen sind:

- „Gefällt Ihnen Projekt X?"
- „Haben Sie mit der Bank schon über die Finanzierung gesprochen?"
- „Kommen Sie mit Ihren Kollegen zurecht?"
- „Waren Sie enttäuscht, dass Sie nicht durchgekommen sind?"

Bei den Antworten auf diese Fragen könnte man sich auf ein „Ja" oder „Nein" beschränken. Geschlossene Fragen gehen oft aus bestimmten vorgefassten Meinungen hervor. Daraus ergeben sich einige Nachteile. Erstens schränkt dies den anderen in seinen Äußerungen ein. Zweitens sind solche Fragen, eben weil sie aus einer vorgefassten Meinung hervorgehen, oft suggestiv.

Gerald Bassano, Artdirector: „Ich schaffe es nicht, die Titelseite von Hermes bis nächsten Freitag fertig zu stellen. Es müssen einige Zeilen raus."
Richard Butte, Chefredakteur: „Bist du mal wieder mehr Künstler als Geschäftsmann?"
Der Reaktion des Chefredakteurs Butte kann man entnehmen, dass er meint, den Grund der Verzögerung schon zu kennen; aus dieser Annahme geht seine suggestive Frage hervor, die auf beschuldigende Weise formuliert wird.
Der suggestive Gehalt einer Frage hängt übrigens stark vom Ton ab, in dem sie gestellt wird. „Ist das so, weil du solche strengen künstlerischen Ansprüche stellst?", klingt, obwohl auch suggestiv, schon erheblich freundlicher und gibt Gerald die Gelegenheit, die Frage zu verneinen.

Drittens beeinflussen geschlossene Fragen den Verlauf des Gesprächs. Geschlossenen Fragen folgen nämlich immer kürzere Antworten, was den Fragesteller dazu zwingt, das Gespräch mit einer neuen Frage wieder in Gang zu bringen. Besonders zweckmäßig ist es, geschlossene Fragen zu stellen, wenn sehr sachliche oder spezifische Informationen gewünscht sind oder offene Fragen sich als unergiebig erwiesen.

Wann offene und wann geschlossenene Fragen? Welche dieser Fragen gestellt werden, hängt vom jeweils verfolgten Ziel ab. Will man seinem Gesprächspartner Raum lassen und erfahren, was er für wichtig hält, sollte man offene Fragen stellen. Offene Fragen fragen nach Meinungen, Auffassungen und Ideen. Will man dagegen Spezifisches wissen oder prüfen, ob die Aussagen richtig verstanden wurden, sollten geschlossene Fragen gestellt werden. Geschlossene Fragen sind auch für nähere Sachinformationen geeignet, beispielsweise für Fragen wie: „Wann kommt der Zug an?“ Daher lässt sich die Frage, ob offene oder geschlossene Fragen vorzuziehen sind, nicht abschließend klären. Wichtig ist vielmehr, dass verschiedene Arten zu fragen zur Verfügung stehen und situationsabhängig eingesetzt werden können.

Den Inhalt paraphrasieren

Die zweite selektive Zuhörfähigkeit betrifft das „Paraphrasieren des Inhalts“. Dies bedeutet: den Kern der Aussage eines Sprechers **verkürzt in eigenen Worten wiedergeben.** Kennzeichnend für die Paraphrase ist der Bezug auf **faktische** Informationen. Die Anwendung dieser Fähigkeit erfüllt verschiedene Ziele:

- Der Gesprächspartner spürt, dass man ihm zuhört und empfindet es als erfrischend und anregend, den Kern seiner Ausage in anderen Worten noch einmal zu hören. Dies setzt beim Zuhörer eine gewisse Gewandtheit des Ausdrucks voraus.
- Als Zuhörer kontrolliert man, ob man den anderen richtig verstanden hat. Dies ist vor allem sinnvoll, wenn der Gesprächspartner zahlreiche komplexe oder verwirrende Informationen gibt. Bei der Anwendung dieser Fähigkeit sollte man sich eigener Interpretationen bewusst sein und diese nicht für Aussagen des anderen halten. Es ist deshalb von großer Bedeutung, Paraphrasen im **adäquaten Ton** zu machen. Dies gibt dem Gesprächspartner die Möglichkeit, verneinend zu reagieren, wenn der Zuhörer nicht richtig liegt. Diese Fähigkeit sollte man anwenden, wenn man die Wünsche eines Kunden verdeutlichen will oder einen noch unklaren Auftrag erhält.

Sebastian Groth, kaufmännischer Leiter: „Stefan, du musst jetzt wirklich einmal mit Franka reden und sie wegen ihrer Reisekostenabrechnungen ermahnen. Ich bekomme sie nicht zu sprechen, sie ist ständig auf Reisen. Außerdem reagiert sie schon verärgert, wenn ich sie nur auf eine Taxirechnung anspreche.“
Stefan Herzog, technischer Leiter: „Du möchtest also, dass ich bei Franka zwei Dinge anschneide, erstens, dass sie ständig unterwegs ist, und zweitens die Überschreitung ihres Etats?“

Gefühle reflektieren

„Gefühle reflektieren“ bedeutet wortwörtlich: das Zurückstrahlen von Gefühlen. Die Reflexion von Gefühlen zeigt, dass der Zuhörer/Empfänger zu verstehen ver-

sucht, wie sich der Sprecher/Sender im Gespräch **fühlt** oder sich in der Situation, die er beschreibt, gefühlt hat. Er betont hiermit die emotionale Seite der Aussage.
Die erste Funktion dieser Fähigkeit ist, dass ein Gesprächspartner merkt, dass seine Gefühle, welcher Art auch immer, verstanden und akzeptiert werden und dass ihnen Aufmerksamkeit geschenkt wird. Dadurch nimmt die Intensität dieser Gefühle, z.B. Ärger, ab. Die Reflexion hat dann eine **dämpfende Wirkung**. An zweiter Stelle hat das Reflektieren (wie auch das Paraphrasieren) eine **Kontrollfunktion**: Durch Reflektieren kontrolliert man, ob man die Gefühle des anderen richtig eingeschätzt hat.
Das Erkennen und Nachempfinden von Stimmungen ist eine wichtige Voraussetzung für das Reflektieren. Menschen können auf verschiedene Weisen zeigen, wie sie sich fühlen oder gefühlt haben: direkt mit (Gefühls-)Worten, wie „ich habe Angst“, „ich war enttäuscht“, „ich war zufrieden“, „ich bin begeistert“, aber meistens nonverbal, zum Beispiel durch die Sprechgeschwindigkeit, die Lautstärke, Intonation, Muskelspannung oder Körperhaltung, durch Erröten oder niedergeschlagene Augen. Diese Anzeichen sind Äußerungen der Gefühlslage. Das Beachten dieser Verhaltensweisen hilft, Gefühle leichter zu reflektieren.

Man unterscheidet zwischen **einfachen und komplexen Gefühlen**. Einfache Gefühle können positiv („Ich freu(t)e mich“) oder negativ („Ich war/bin traurig“) sein. Komplexe Gefühle sind vor allem verwirrend und gerade diese treten in emotionalen Situationen auf. Spannungsgefühle können zugleich positiv als auch negativ sein. Insbesondere bei dieser Art von Gefühlen ist es wichtig, Verständnis zu zeigen.
Bei der Anwendung dieser Fähigkeit kommt es darauf an, „auf der gleichen Wellenlänge zu liegen“. Konkret bedeutet dies, die Gefühle eines Gesprächspartners mit ungefähr der gleichen Intensität zu reflektieren. Sagt beispielsweise jemand: „Ich fühle mich so lustlos“, dann ist eine – der Intensität nach – zu starke Reflexion: „Sie haben keine Lust mehr zu leben“, und eine zu schwache Reflexion: „Sie langweilen sich ein wenig.“ Die Reflexion sollte mit der Art des geäußerten Gefühls übereinstimmen. Dies ist in der Praxis allerdings nicht so einfach.
Die Fähigkeit Gefühle zu reflektieren, wird vor allem in Situationen wichtig, in denen Emotionen eine Rolle spielen. Ein Beispiel für eine Situation, in der negative Emotionen eine Rolle spielen, ist das Überbringen einer schlechten Nachricht (siehe hierzu Kapitel 9). Ein Beispiel für eine Situation, in der positive Emotionen von Bedeutung sind, ist die Begeisterung eines Mitarbeiters für die Fortschritte seines Projektes.
Es folgt als Beispiel einer Reflexion ein Gespräch zwischen Sebastian Groth und Stefan Herzog über die Reisekostenabrechnungen von Franka Rostlaub.

Sebastian: „Stefan, du musst jetzt wirklich mal mit Franka reden und sie wegen ihrer Reisekostenabrechnungen ermahnen. Ich bekomme sie nicht zu sprechen, sie ist ständig auf Reisen. Außerdem reagiert sie schon verärgert, wenn ich sie nur auf eine Taxirechnung anspreche.“
Stefan: „Du regst dich ja ziemlich über Franka auf!“ (Reflexion)
Sebastian: „Ja, es stört mich sehr, dass wir uns darüber nicht normal unterhalten können. Das kann doch mit der Zankerei so nicht ewig weitergehen, das führt nur zu mehr Ärger.“
Stefan: „Du ärgerst dich nicht nur, sondern machst dir auch Sorgen um die Zukunft.“ (Reflexion)

Konkretisieren

Konkretisieren heißt, den anderen möglichst genau und präzise erzählen zu lassen. Diese Fähigkeit setzt sich zusammen aus: zuhören, anregen, offene und geschlossene Fragen stellen, paraphrasieren und reflektieren. All diese Fähigkeiten können zum Konkretisieren beitragen. Zuhören und Anregen können dazu führen, dass der Gesprächspartner das Thema detailliert darstellt. Wenn das nicht ausreicht, können die Reaktionen des Gesprächspartners auf präzisierende offene und geschlossene Fragen das Thema verdeutlichen. Schließlich können Paraphrasen und Reflexionen eine genaue Beschreibung fördern. Damit ein Sprecher möglichst genau erzählt, sollte sein Gesprächspartner in seiner Ausdrucksweise ebenfalls möglichst konkret sein.
Viele Menschen neigen dazu, Geschichten von anderen Personen mittels ihrer eigenen Erfahrungen aus „ähnlichen Situationen" voreilig zu interpretieren. Dies kann zu falschen Schlussfolgerungen und Ratschlägen führen. Wörter, die darauf hindeuten, sind: „immer", „alles", „nie" sowie uneingeschränkte oder allgemein gültige Aussagen, wie: „Das ganze Projekt ist im Eimer." Erst wenn solche Aussagen konkretisiert werden, entsteht ein differenzierteres Bild.
Inwieweit sollten Konkretisierungen durchgeführt werden? Das ist in der Regel vom Ziel abhängig. Wenn man zur Beurteilung eines Mitarbeiters sehr genau untersuchen möchte, wie und warum dieser seine Aufgaben auf eine bestimmte Weise erfüllt, muss man die Konkretisierung genau durchführen. Führt man dagegen ein Kundenerstgespräch, beschäftigt man sich in der Regel mit vageren und undeutlicheren Aussagen.

Zusammenfassen

Man unterscheidet zwischen einer Zusammenfassung des Inhalts und der Gefühle. Erstere hebt die erkenntnisbezogenen (kognitiven) Aspekte der Aussagen des Gesprächspartners hervor, Letztere die emotionalen (affektiven) Aspekte. Meistens besteht eine Zusammenfassung aus Inhalt, Gefühlen und den gegenseitigen Beziehungen. Der Unterschied zwischen Zusammenfassungen des Inhalts und der Gefühle einerseits und Paraphrasen des Inhalts und Reflexionen der Gefühle andererseits liegt hauptsächlich darin, dass Zusammenfassungen die Äußerungen eines Senders über längere Zeit wiedergeben. Ziel der Zusammenfassung ist es, diese Aussagen zu strukturieren, indem eine Gliederung bestimmter angesprochener Themen vorgenommen wird.
Selektivität und selektives Gedächtnis spielen hier eine größere Rolle als bei den vorigen Gesprächsfähigkeiten. Da die zu verarbeitende Informationsmenge groß ist, ist die Möglichkeit, dass Sie bestimmte Dinge vergessen oder nicht erwähnen, ebenfalls groß. Deshalb sollte man die Zusammenfassung in „fragendem Ton" durchführen. Den fragenden Ton erreicht man, indem man die Stimme am Satzende erhöht, wogegen die Stimme gesenkt wird, um entschieden zu klingen. Der fragende Ton gibt dem Gesprächspartner die Gelegenheit mitzuteilen, ob die Zusammenfassung stimmt.

Die Zusammenfassung hat dieselben Funktionen wie die Paraphrase und die Reflexion:
- Kontrolle, ob man seinen Gesprächspartner richtig verstanden hat.
- Strukturieren der verschiedenen Themen.

3 Senderfähigkeiten: initiativ und reaktiv

3.1 Senderfähigkeiten – initiativ

Die beiden in den vorigen Kapiteln erläuterten Arten von Fähigkeiten waren regulative Fähigkeiten und Zuhörfähigkeiten. Regulative Fähigkeiten ermöglichen eine sinnvolle Fortsetzung des Gesprächs, Zuhörfähigkeiten ermöglichen Aufmerksamkeit. Man sollte aber nicht nur zuhören, sondern auch eigene Anliegen übermitteln können. Hierzu werden Senderfähigkeiten benötigt. Man unterscheidet Fähigkeiten, mit denen die Initiative ergriffen werden kann (z.B. Informieren) und solchen, mit denen reagiert werden kann (z.B. auf Kritik).

Informieren

Als Mitarbeiter in einem Unternehmen muss man regelmäßig Informationen weiterleiten. Man muss in einer Besprechung einen Plan vorstellen, einen Kollegen über den Fortschritt eines Projekts informieren, einen Kunden über ein Produkt aufklären oder einem Bewerber Auskünfte über eine Stelle erteilen. Es stellt sich daher die Frage „Wie informiert man einen Gesprächspartner am besten?"
Im Folgenden werden vier Faktoren besprochen, die in diesem Zusammenhang relevant sind: Struktur, Schlichtheit, Knappheit und Attraktivität der Informationen.

Struktur: Struktur bedeutet hier die Übersichtlichkeit und Ordnung einer Informationsmenge. Wenn man zu einem bestimmten Thema Ausführungen macht, sollte man darauf achten, dass die Informationen strukturiert sind. Es ist sinnvoll, die Vorgehensweise kurz zu erläutern. Auf diese Weise können die Gesprächspartner den Aufführungen besser folgen. Überleitungen könnten folgendermaßen lauten: „Dies wollte ich zum ersten Punkt sagen. Jetzt gehen wir zum zweiten Punkt über..." Zum Schluss ist es manchmal nützlich, den Inhalt zusammenzufassen.

Schlichtheit: Die Chance, dass der Gesprächspartner die Informationen versteht, ist am größten, wenn kurze Sätze, bekannte Wörter und klare Formulierungen verwendet werden, die in ruhigem Tempo gesprochen werden. Jemand, der durch eine imponierende Ausdrucksweise seine Sachkenntnisse zeigen will, erreicht bei seinen Zuhörern oftmals das Gegenteil. Für eine klare und verständliche Informationsübermittlung ist es unerlässlich, auch die Ausbildung der Zuhörer und deren Sachkenntnis zu berücksichtigen. In diesem Zusammenhang ist es wichtig, die Reaktionen der Zuhörer zu beachten. Informationen, die zu einfach sind oder zu langsam erzählt werden, langweilen oder ärgern genauso wie solche, die zu schwierig oder zu schnell übermittelt werden. Eine wichtige Informationsquelle für den Sprecher ist das verbale oder nonverbale Feedback der Zuhörer. Ist das Feedback negativ, indem zum Beispiel die Gesprächspartner gähnen oder allerhand Fragen stellen, sollte man die eigene Ausdrucksweise verändern. Ist das Feedback positiv, indem den Ausführungen aufmerksam und interessiert gefolgt wird, ist das als Bestätigung für eine angemessene Vortragsweise zu verstehen.

Knappheit: Knappheit heißt Präzision, Stichhaltigkeit und Kürze. Der Sprecher sollte sich auf das Wesentliche konzentrieren und beschränken.

Attraktivität: Dieser Begriff verweist auf Methoden, mit denen Gesprächspartner gefesselt und zum Nachdenken und Mitmachen angeregt werden können. Man unterscheidet zwischen Methoden, die den **Inhalt** der Aussage beleben und solchen, die die **Beziehungen** zwischen dem Sprecher und den Gesprächspartnern festigen. Der Informationsinhalt wird anschaulicher, wenn konkrete Beispiele und ungezwungene Formulierungen aus der Umgangssprache eingeflochten werden. Die Beziehung zwischen dem Sprecher und den Zuhörern wird gefestigt, indem man diesen Kontakt pflegt. Will man Informationen vermitteln, ist man gezwungen, sich auf diese Aufgabe zu konzentrieren. Dabei kann es vorkommen, dass man so sehr mit dem Inhalt beschäftigt ist, dass man die Zuhörer aus dem Auge verliert und vernachlässigt. Um dies zu vermeiden, sollten die Ausführungen gut vorbereitet werden. Dies ist aber nicht immer möglich. Darüber hinaus sollte man während des Sprechens auf die Reaktionen der Zuhörer achten, ab und zu absetzen, sich umschauen und nachfragen, ob die Zuhörer noch folgen können. Durch diese Art von Fragen und durch das Registrieren von vagen, manchmal nonverbalen Reaktionen macht man deutlich, dass man seine Zuhörer beachtet.

Bitten und beauftragen

Jeder Mitarbeiter in einem Unternehmen muss regelmäßig einen anderen um etwas bitten. Manchmal müssen Auskünfte eingeholt werden, manchmal soll jemand etwas für einen erledigen. Wenn man selbst eine leitende Funktion inne hat, muss man öfters Aufträge erteilen. Obwohl die meisten Menschen sich mit dem Bitten und Beauftragen nicht schwer tun, kennt jeder auch Situationen, in denen dies gar nicht so leicht ist.

Bei der Emprimee GmbH wagt Angela Hoffmann es nicht, ihre Kollegen zu bitten, ihr das DTP-Programm noch einmal zu erklären.
Stefan Herzog ist es unangenehm, Gerald Bassano an seine Deadlines zu erinnern.
Sebastian Groth tut sich schwer, mit Franka Rostlaub wegen ihrer Taxikostenabrechnung zu sprechen.

Warum ist es manchen Menschen unangenehm, jemanden zu bitten oder zu beauftragen? Im Allgemeinen gibt es dafür zunächst zwei Gründe. Manchen fehlt der Mut: Sie wagen es nicht, für sich einzutreten. Andere trauen sich häufig nicht, weil sie eine negative Antwort erwarten. Sie fürchten sich zum Beispiel vor einer negativen Reaktion. Diese Erwartungen resultieren in der Regel aus Erfahrungen.

Christian Demmers weiß noch genau, wie herablassend Arnold Deich sich benommen hat, als er vorgeschlagen hat, die Angebote des Einzelverkaufs zu besprechen. Mit dieser überheblichen Haltung möchte er nicht noch einmal konfrontiert werden.

Ein dritter Grund ist, dass man oft nicht weiß, auf welche Weise man jemanden bitten oder beauftragen sollte. In diesem Fall spricht man von Fähigkeitsdefiziten. Oft kommt auch eine Kombination dieser drei Gründe vor.

Der technische Geschäftsführer Stefan Herzog weiß eigentlich nicht recht, wie er Gerald Bassano, dem Artdirector, beibringen soll, dass eine Deadline in der Regel wichtiger ist als eine vollkommene Titelseite. Er befürchtet, dieser könne ihn für einen Kulturbanausen halten.

Im Folgenden werden die für das Bitten oder Beauftragen relevanten Aspekte erläutert.
Zunächst sollte man sich **vorher überlegen**, was man mit der Bitte oder dem Auftrag beabsichtigt. Einer unklaren Frage folgt eine vage Antwort und vage Aufträge führen dazu, dass die Mitarbeiter nicht genau wissen, was von ihnen erwartet wird. Das Fehlerpotenzial erhöht sich.
Zweitens sollte man für eine Bitte oder einen Auftrag **den richtigen Zeitpunkt wählen.**

Wenn Sebastian Groth, Manager der Betriebsverwaltung, Franka Rostlaub um die Taxiquittungen bittet und die ganze Abteilung mithört, ist das nicht der geeignete Zeitpunkt. Es wäre besser zu warten, bis Franka allein in ihrem Büro ist.

Drittens könnte man **kurz ankündigen, dass man um etwas bitten oder etwas mitteilen möchte.** Im Allgemeinen lassen sich hier drei Handlungsweisen unterscheiden: selbstsicher, schüchtern und aggressiv.

- **selbstsicher** handeln: freimütig sein, für eigene Interessen eintreten, unabhängig sein, sich trauen, Gefühle zu äußern. Voraussetzung ist, dass man für sich verantwortlich ist, selbst bestimmt, was man für „richtig“ und „falsch“ hält und sich nicht darum kümmert, was andere von einem halten.
- **schüchtern** handeln: wenig selbstsicher, betreten, verlegen sein. Schüchterne Menschen nehmen ihre Interessen nicht wahr, verhalten sich abhängig, trauen sich nicht, ihre Wünsche zu äußern und fürchten sich vor Konfliktsituationen.
- **aggressives** handeln: die eigenen Interessen in unangenehmer Weise vertreten. Aggressives Verhalten bringt andere zum Schweigen oder macht sie lächerlich. Dieses Verhalten wird oftmals auch als autoritär bezeichnet.

Im Folgenden ein Beispiel **selbstsicheren Vorgehens:**

Angela Hoffmann führt ein Gespräch mit Peter Zart, einem Autor ihrer Zeitschrift Pallas. Peter war Interimsmanager bei dem Zusammenschluss und der Reorganisation zweier Fachhochschulen. Angela weiß, dass Peter zwar sehr sachkundig, aber auch sehr weitschweifig ist und seine Ansichten zum Thema Management oft breittritt. Sie meint, sein Artikel sei zu akademisch für die Zielgruppe und er solle den Artikel kürzer und konkreter umschreiben.
Angela: „Ich habe deinen Artikel mit großem Interesse gelesen, Peter. Du hast deine Ansichten bezüglich der Zusammenschlüsse sehr ausführlich dargelegt und dazu einige Management- und sozialwissenschaftliche Theorien herangezogen.“
Peter: „Ja, ich halte es für wichtig, dass der Leser eingehend über die Hintergründe von Zusammenschlüssen informiert wird.“
Angela: „Da sind wir gerade an dem Punkt, den ich zur Sprache bringen wollte. Ich bin nämlich der Meinung, dass der Leser den ausführlichen Informationen, die du lieferst, nicht gewachsen ist und zu lesen aufhört. Ich schlage deshalb vor, dass du in diesem Artikel nur eine Theorie ausführst und die Tatsachen jeweils zur Veranschaulichung heranziehst.“

Die Selbstsicherheit zeigt sich hier vor allem in der positiven Vorgehensweise und in der Entschlossenheit, mit der Angela ihre Ansichten über den Artikel vorbringt. Sie kleidet die konkreten Hinweise in einen Vorschlag. Auf diese Weise macht sie ihre Wünsche deutlich, ohne sich autoritär zu verhalten. Zum Vergleich ein Beispiel **schüchternen Vorgehens.**

Ein Gespräch zwischen Sebastian Groth und Franka Rostlaub:
Sebastian: „Verzeihung, Franka, dass ich dich störe, aber könnte ich dich kurz sprechen?"
Franka: „Ja, wenn es nicht zu viel Zeit in Anspruch nimmt, ich muss gleich zu einer Konferenz und möchte vorher noch zwei Telefonate erledigen."
Sebastian: „Ich würde... eh... gerne... nur ganz kurz... über deine Kostenabrechnungen sprechen."
Franka: „Ja?"
Sebastian: „Siehst du... es ist so..., dass ich jedes Mal bei der Kassenprüfung in Schwierigkeiten komme, sozusagen. Ich verstehe, dass du dich damit nicht weit gehend beschäftigen kannst... eh... dass es für dich auch sehr unangenehm ist, aber..."

In diesem Beispiel kommt die Schüchternheit vor allem im zögernden, untergebenen Ton zum Ausdruck. Die Benutzung des Wortes „eigentlich" weist häufig auf schüchternes Verhalten hin. Dieses unterwürfige Verhalten macht es dem anderen leicht, negativ auf eine Bitte zu reagieren. Schüchternes Vorgehen kann manchmal allerdings auch charmant wirken. Fraglich bleibt jedoch, ob sich schüchterne Personen, dabei wohl fühlen.

Abschließend ein Beispiel **aggressiven Vorgehens:**

Christian Demmers, Vertriebsleiter, schaut sich im Vorübergehen regelmäßig in Kiosken und Buchläden um, ob sie auch Fachzeitschriften verkaufen. Das ist meistens nicht der Fall. Vor kurzem aber entdeckte er einen ganzen Stapel Zeitschriften aus dem betriebswirtschaftlichem Bereich im Kiosk des Hauptbahnhofs von Köln. Er denkt sofort an „seine" Zeitschriften und spricht darüber mit Arnold Deich, dem Verkaufsleiter.
Christian: „Warum machst du keine Werbung für unsere Zeitschriften im Einzelverkauf? Ich sah einen Stapel von wohlgemerkt 50 Exemplaren der XYZ griffbereit im Kiosk des Hauptbahnhofs liegen."
Arnold: „Warum ich keine Werbung mache? Was soll das nun wieder?"
Christian: „Also, entweder ist man Verkaufsleiter oder nicht. Die Zeitschriften müssen verkauft werden. Je mehr, desto besser."
Arnold: „Also, hör mal, Christian, was willst du eigentlich von mir? Wir sind hier nicht auf dem Markt, oder bewirbst du dich um meine Stelle?"
Auf diese Weise setzen sie das Gespräch eine Weile fort. Christian hat die besten Absichten, aber stellt sie auf aggressive Weise vor. Arnold ärgert sich darüber, unterstellt ihm böse Absichten und behandelt ihn herablassend.

Hier wird deutlich, dass sich die Gesprächsatmosphäre schnell verschlechtern kann; es besteht sogar die Gefahr, dass sie sich in Zukunft negativ auf ihre Arbeitsbeziehung auswirkt. Gleichzeitig verringert sich die Chance auf konstruktive Vereinbarungen.

In diesem Zusammenhang ist es wichtig darauf zu verweisen, dass in der jüngsten Vergangenheit in westlichen Kulturen eine Tendenz erkennbar wurde, in bestimmten gesellschaftlichen Bereichen Autorität, die sich lediglich auf Titel, Sachkenntniss und Hierarchie begründet, nicht mehr vorbehaltlos zu akzeptieren. Vielmehr hat ein Wandel von einer autoritären Wirtschaft zu einer Verhandlungswirtschaft stattgefunden (DE SWAAN, 1979). Für Führungskräfte bedeutet dies, dass sie heutzutage ihre Wünsche weniger autoritär formulieren sollten, wenn sie respektiert und geschätzt werden wollen.

Kritisieren

Kritik zu üben wird oft als unangenehm empfunden. Aus welchem Grund? Oft befürchtet man die Beziehung zu demjenigen, der kritisiert werden soll, zu zerstören. Der Kritisierte könnte beispielsweise empört oder aggressiv reagieren. Manchmal spielt die eigene Unsicherheit oder Angst, nicht ernst genommen zu werden, eine Rolle. Dies kann dazu führen, dass man ganz auf Kritik verzichtet. Auf Dauer ist das unbefriedigend, vor allem wenn der Anlass zur Kritik weiterhin besteht.
Man unterscheidet zwischen der Kritik an **Ansichten** und am **Verhalten**. Es kann dabei um die Ansichten oder das Verhalten einer Person, einer Gruppe von Personen oder sogar einer Organisation gehen. Im Folgenden geht es um die Kritik an einer Person.

Kritik an Ansichten: Der Zweck von Kritik ist es, andere Gedanken aufzuzeigen. Dabei ist zu überlegen, wie Kritik am besten vorgebracht werden kann. Das eigene Verhalten sollte möglichst deutlich sein. Das heißt, dass Sie Ihre Kritik **offen und ehrlich** äußern. Das bedeutet zum Beispiel, dass man nicht nur dem Ton der Stimme entnehmen kann, dass man nicht einverstanden ist, sondern, dass man dies auch deutlich sagt: „Ich bin nicht mit Ihnen einverstanden, denn..." Wenn Kritik nur implizit dem Ton der Stimme zu entnehmen ist, wird sie oft als Beschuldigung aufgefasst und es besteht die Gefahr, dass das Gespräch in einem Streit endet. Damit man **sich traut**, Kritik zu üben, muss man sich **sicher fühlen**. Es wurde bereits angedeutet, dass sich viele Menschen, wenn Sie Kritik üben, vor der Reaktion des Kritisierten fürchten. Für die Kritik an Ansichten sollten folgende Aspekte beachtet werden:

- Man sollte deutlich zeigen, an welchen Punkten Kritik geübt wird.
- Senden von „Ich-Botschaften", also: „ich finde...", „ich meine...", anstelle von direkten Vorwürfen: „Sie sind...", „Sie denken..." Auf diese Weise vermeidet man die Gefahr der Verallgemeinerung und die Kritik wirkt weniger beschuldigend.
- Fragen, ob der andere versteht, was gemeint ist.
- Dem Gesprächspartner Gelegenheit geben zu reagieren, z.B. durch: „Wie sehen Sie das?"
- Versuch, eventuell gemeinsam eine Lösung zu finden.

Kritik am Verhalten: Ein häufiger Fehler beim Kritisieren ist die Verallgemeinerung. Wenn jemand einmal etwas falsch macht, ist man leider oft geneigt, zu sagen oder zu denken, dass er das „wohl immer falsch macht". Diese Neigung kann in der Kritik durchklingen. Zum Beispiel: „Sie sind ja immer zu spät." Besser ist es, Kritik an bestimmten Verhaltensweisen zu üben, als solche Gemeinplätze zu äußern. Auch hier ist es wichtig, die Kritik offen und deutlich anzusprechen. Zum Beispiel: „Es stört mich, dass Sie diese Woche zweimal zu spät gekommen sind." Indem man sich auf konkrete Vorfälle konzentriert, macht man es dem anderen leichter, darauf zu reagieren. Auch hier gilt, dass man sich sicher genug fühlen muss, um den Mut zum Kritisieren zu haben. Ist man von der Berechtigung der Kritik überzeugt, ist die Angst davor unbegründet. Die mögliche Reaktion des Kritisierten mag unangenehm sein, sollte sich dieser aufregen, bleibt aber dessen Problem. Außerdem weiß man, wie auf Zorn zu reagieren ist (siehe Kap. 2.2). Im Folgenden ein Beispiel, wie Kritik geäußert wird:

Richard Butte, Chefredakteur von Hermes, hat einen jungen Fußballspieler als Bürokraft angestellt. Der Junge spielt in der ersten Liga der Amateure und zieht sich öfters Verletzungen zu. Während der Fußballsaison steigt sein Ausfall krankheitsbedingt merklich an. Richard möchte nun endlich einmal mit seiner Bürokraft darüber sprechen und fängt folgendermaßen an:
„Rudi, es gibt einiges, das mir auf der Seele liegt. Als Allererstes finde ich es ärgerlich, dass Sie während der Fußballsaison oft nicht bei der Teambesprechung anwesend sind, weil Sie montags mit einer Knieverletzung zu Hause sind. Außerdem finde ich es äußerst unangenehm, dass ich das Protokoll selbst führen muss. Was lässt sich da machen?"

Situation verdeutlichen

Eine Situation zu verdeutlichen bedeutet die Fähigkeit, Unklarheiten oder Missverständnisse, die in einem Gespräch oder einer Beziehung auftreten, rechtzeitig zu erkennen, ihre Bedeutung zu erfassen und diese Unklarkeiten oder Missverständnisse zur Sprache zu bringen. Diese Fähigkeit ist in vielen Situationen von großer Bedeutung, vor allem wenn die gegenseitigen Erwartungen nicht (mehr) übereinstimmen. Die Fähigkeit, eine Situation zu verdeutlichen ist etwas komplexer als die vorherigen. Bei ihrer Anwendung ist von einem Gespräch über ein Gespräch die Rede, was als Metakommunikation oder Metagespräch bezeichnet wird. Bei Metakommunikation gewinnt man Distanz zum Gespräch, das man gerade führt. Dies soll anhand des folgenden Schemas, das KOUWER (1980) entnommen wurde, verdeutlicht werden. Er unterscheidet zwischen zwei Gesprächsebenen:

Metakommunikation

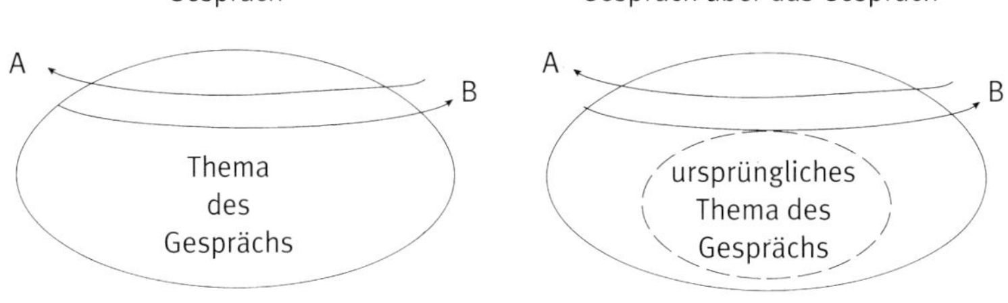

Zur Verdeutlichung werden zwei konkrete Situationen herangezogen, in denen sich die Anwendung dieser Fähigkeit als sinnvoll erweist. Zuerst eine Situation, in der jemand auf etwas angesprochen wird, für das er nicht verantwortlich ist.

Nach dem kurzen Gespräch in aggressivem Ton, das Christian Demmers und Arnold Deich über den Einzelverkauf im Bahnhofskiosk führten, könnte Arnold die Situation folgendermaßen verdeutlichen:
„Gut, dass dir das aufgefallen ist, Christian. Ich möchte aber vornweg richtig stellen, dass es nicht meine Verantwortung ist, wie und wo die Zeitschriften im Einzelverkauf erhältlich sind. Ich beschäftige mich an erster Stelle mit der Werbung von Abonnenten und Inserenten. Trotzdem ist deine Bemerkung interessant genug, um einmal mit der nationalen Vertriebsgesellschaft zu besprechen, da sie schließlich die Kontakte zum Einzelverkauf hat."

Nachstehend eine Situation, in der der Gesprächspartner „vom Hundertsten ins Tausendste" kommt. Es erweist sich als nützlich, dies zu signalieren und zu vereinbaren, länger bei einem Thema zu verweilen.

Franka Rostlaub, Chefredakteurin von Asklepios, schaut kurz bei der Chefredakteurin von Pallas, Angela Hoffmann, vorbei.
Franka: „Wie steht es mit dem weitschweifigen Artikel für das Sonderheft? Ist Dick noch jedem Trend abgeneigt? Meiner Meinung nach sind die großen Fragen unserer Zeit: Personalwesen, Unternehmenskultur und Umwelt. Mit der Umwelt kannst du sicher nicht viel anfangen. Das ist momentan bei uns wirklich der große Hit."
Angela: „Immer schön langsam, Franka. Das geht mir viel zu schnell. So viele Themen. Der Reihe nach bitte. Zuerst der Artikel des Sonderhefts?"

3.2 Senderfähigkeiten – reaktiv

In diesem Abschnitt werden zwei Senderfähigkeiten erörtert, die werden, wenn man Bitten abschlagen und Aufträge ablehnen möchte, die man nicht ausführen will, oder man auf Kritik reagieren will.

Verweigern

Im Berufsleben kommt es nicht nur oft vor, dass man andere um etwas bitten muss, es kommt auch regelmäßig vor, dass man selbst um etwas gebeten oder mit etwas beauftragt wird. Will oder kann man diese Bitte nicht erfüllen, weil man sie zum Beispiel für unangemessen hält oder keine Zeit hat, können in der Regel drei verschiedene Reaktionsarten auftreten:

- **schüchtern:** Obwohl man die Angemessenheit der Bitte nicht einsieht, erfüllt man sie doch. Wenn man sich von einem Kollegen ausnutzen lässt, ist dieser zwar mit einem zufrieden, man selbst hat jedoch ein ungutes Gefühl, weil man etwas getan hat, was man eigentlich nicht tun wollte.
- **aggressiv:** Man sagt ziemlich unfreundlich, was man von der Bitte hält, und schlägt sie ab. Der andere fühlt sich dadurch oft beleidigt, was sich negativ auf die Atmosphäre auswirkt.
- **selbstsicher:** Freundlich, jedoch entschlossen sagt man, dass man die Bitte nicht erfüllen möchte, und erklärt, was der Grund dafür ist. Auf diese Weise tritt man für die eigenen Interessen ein und verhält sich dem anderen gegenüber deutlich. Falls man bedrängt wird, wiederholt man ruhig, dass man die Bitte ablehnt.

Wenn man einen Gefallen „verweigert" oder „nein sagt", sollte man folgende Hinweise beachten:

- der Bitte des anderen gut zuhören,
- um Verdeutlichung bitten, wenn man etwas nicht versteht,
- ruhig und deutlich nein sagen,
- Erklärung geben, warum man nein sagt,
- beim Nein auch dann bleiben, wenn man bedrängt wird.

Hans-Peter Graf, Verlagsleiter, kritisiert die Art und Weise, wie sein Sekretär Jens Moser ihn wegen seiner Tageseinteilung zurechtweist, und verweigert Jens die Kontrolle über seinen Terminkalender.
Jens: „Hans-Peter, du hältst dich in letzter Zeit nicht mehr an deinen Terminkalender. Du änderst die Terminfolge, ohne mich zu verständigen. Du bittest die aufgedrehte Frau Jansma wieder zu dir ins Büro, obwohl sie mit mir keinen Termin vereinbart hat. Ich habe ihr deutlich gesagt, dass du erst nächste Woche wieder Zeit hättest. Ich fühle mich hier allmählich überflüssig."
Hans-Peter: „Hör mal, es wär mir sehr recht, wenn ich ab und zu mal über meine eigene Zeit verfügen könnte. Es scheint so, als hättest du noch nie einen Zeitplan angepasst. Misch dich doch nicht immer überall ein. Übrigens, dein Ton gefällt mir nicht!"

Hans-Peter sollte möglichst die Wörter „nie" und „immer" vermeiden und Jens nicht beschuldigen. Die Verweigerung könnte er folgendermaßen formulieren:

Hans-Peter: „Okay, du hast recht, Jens, ich habe in letzter Zeit einige Termine geändert, ohne dich zu benachrichtigen. Das ist nachlässig und ich werde in Zukunft daran denken, dir Bescheid zu sagen. Andererseits brauche ich auch die Freiheit, mich mal mit jemandem zu unterhalten, den du nicht für mich eingeplant hast. Ich bitte dich also hinsichtlich meiner eigenwilligen Handlungsweise ein wenig Nachsicht zu üben.

Auf Kritik reagieren

In Kap. 3.1 wurde die Fähigkeit des Kritisierens erörtert. Aber es kommt auch vor, dass an den eigenen Ansichten oder Verhaltensweisen Kritik geübt wird. Wie man am besten auf Kritik reagiert, soll im Folgenden dargestellt werden.

Auf Kritik an den eigenen Ansichten reagieren: Zunächst ist es wichtig, der Kritik des anderen ruhig zuzuhören und sich nicht gleich zu entschuldigen. Danach stehen verschiedene Reaktionen zur Verfügung: Man kann mit der Kritik einverstanden sein. In diesem Fall sollte man seine Meinung revidieren und dem Gesprächspartner Recht geben. Ist man mit der Kritik **nicht einverstanden** sind, sollte man seine Ausführungen dazu mit einer **Paraphrase** der Kritik beginnen: „Ich verstehe Ihre Kritik, aber meiner Meinng nach ist das..., weil..." Der Gesprächspartner kann sich überzeugen lassen oder aber auf seiner Meinung beharren. In diesem Fall spricht man von einer **Meinungsverschiedenheit.** Oft ist es in solchen Situationen sinnvoller, dies festzustellen, als sich darüber zu streiten, wer recht hat. Man führt dann ein **Metagespräch** (siehe Kap. 3.1). Manchmal kann die Meinung einer dritten Person zum definitiven Standpunkt oder zur Entscheidung beitragen.

Auf Kritik am eigenen Verhalten reagieren: Wenn Kritik am eigenen Verhalten geübt wird, kann ähnlich vorgegangen werden, das heißt: erst ruhig zuhören und abwarten, ob man die Kritik versteht. Gibt es diesbezüglichen Erklärungsbedarf, sollte man seinen Gesprächspartner um Verdeutlichung bitten. Wenn man **ruhig** zuhört, kann man besser beurteilen, ob die Kritik beschuldigend oder aufbauend gemeint ist. Ist die Kritik beschuldigend, sollte man auf diese Tatsache reagieren: „Ich ahne, dass Sie mich... beschuldigen." Hält man die Kritik dagegen für aufbauend, reagiert man entsprechend. In beiden Fällen sollte man sich fragen, mit welchem Aspekt der Kritik man einverstanden ist und mit welchem nicht. Ist man damit einverstanden, könnte man sagen: „Ich verstehe, was Sie meinen, und ich werde versuchen, Ihnen mein Verhalten zu erklären." Nach der Erklärung könnte man hinzufügen, dass man sich in Zukunft anders verhalten wird. Ist man mit der Kritik nicht einverstanden, könnte man folgendermaßen reagieren: „Ich verstehe, was Sie meinen; ich bin aber anderer Meinung, weil..."

Bei Kritik am eigenen Verhalten, sollte man Folgendes beachten:

- Gut zuhören und möglichst ruhig bleiben,
- um Verdeutlichung bitten, sofern etwas nicht verstanden wurde,
- Mitteilung, mit welchem Aspekt der Kritik man einverstanden ist,
- Mitteilung, mit welchem Aspekt der Kritik man nicht einverstanden ist,
- Erklärung des eigenen Verhaltens,
- Erklärung, wie man sich in Zukunft verhalten will.

Teil II: Dialoge

Im ersten Teil wurden diverse grundlegende Gesprächsfähigkeiten dargestellt, die im Einzelnen gut beherrscht werden sollten. Der folgende Teil II erörtert diese Fähigkeiten in Zusammenhang mit verschiedenen Dialogarten.
Zu jedem Dialog wird ein **Gesprächsmodell** vorgestellt. Diese Modelle haben ein gemeinsames Element: Sie sind nach Gesprächsphasen gegliedert. Zu jeder Phase werden zuerst die Hauptziele erörtert. Anschließend werden die Gesprächsfähigkeit, die zur Erfüllung der individuellen Ziele benötigt werden, besprochen.
Im Einzelnen wird es um folgende Dialogarten gehen: Das 4. Kapitel behandelt das Thema **Interview**. Dieses wird als eine Methode dargestellt, mit der man systematisch zu einem bestimmten Thema eine Bestandsaufnahme verschiedener Meinungen vornehmen kann.
Um in einem Unternehmen angestellt zu werden, muss man sich einem Bewerbungsverfahren unterziehen.
Kapitel 5 **Das Bewerber-Auswahlgespräch** stellt ein Gesprächsmodell vor, durch das systematisch Informationen über die Eignung der Bewerber gesammelt werden können.
Kapitel 6 **Das Vorstellungsgespräch**, bereitet einen potenziell Arbeitssuchenden auf das Bewerbungsgespräch vor. Insbesondere dieses Kapitel und die darin erörterten Gesprächsfähigkeiten sollten intensiv von denjenigen Studierenden gelesen werden, die sich in absehbarer Zeit auf dem Arbeitsmarkt zurechtfinden müssen.
Im 7. Kapitel wird das so genannte **Mitarbeitergespräch** vorgestellt, dessen Ziel es ist, die Interessen von Angestellten und Arbeitgebern möglichst gut aufeinander abzustimmen. Diese Gesprächsart wird dem **Beurteilungsgespräch** gegenübergestellt, das einseitig ist und folglich nur bedingt als Gespräch bezeichnet werden kann: Ein Mitarbeiter wird von einem Vorgesetzten möglichst genau beurteilt. Anhand dieser Beurteilungsgespräche werden oftmals Entscheidungen über Aufstieg oder Gehaltserhöhung getroffen. Zum Berufsalltag von Angestellten in produzierenden Unter nehmen gehört das Führen von **Verkaufsgesprächen**, für das Kapitel 8 ein Gesprächsmodell vorstellt.
Zu den Aufgaben von Vorgesetzten gehört es leider auch, **schlechte Nachrichten** zu übermitteln, wenn beispielsweise ein Mitarbeiter nicht befördert wird, eine Reorganisation bevorsteht oder schlimmstenfalls jemand entlassen werden muss. Kapitel 9 beschreibt ein drei-Phasen-Modell für das Gespräch, in dem die schlechte Nachricht mitgeteilt wird. Außerdem werden häufig auftretende Fehler bei dieser Art von Gesprächen behandelt.
Alle Kapitel beginnen mit einem praxisnahen Beispiel (Emprimee GmbH), erläutern anschließend die Theorie zum Gesprächsmodel und schließen mit einer zusammenfassenden, schematischen Übesicht ab.

4 Das Interview

Der Chefredakteur der Zeitschrift Hermes, Richard Butte, fährt im Oktober zum Zeitschriftenkongress nach Düsseldorf. Dort will er mit einem amerikanischen Verleger in Kontakt treten, der sich für ein gemeinsames Sonderheft über die kulturellen Unterschiede im Führungsstil in deutschen und amerikanischen Unternehmen

interessiert. In den größtenteils hierarchisch strukturierten Unternehmen in Deutschland besteht derzeit großes Interesse an eine anderen Führungsweisen.
Angela Hoffmann, Chefredakteurin von Pallas, hatte die Idee zum deutsch-amerikanischen Sonderheft. Über die Hamburger Hochschule erfuhr sie, dass vor allem im Betriebswirtschaftsunterricht ein großer Bedarf an aktueller deutschsprachiger Managementliteratur besteht.
Richard und Angela beschließen daraufhin, Interviews mit Vertretern von deutschen Mittel- und Kleinbetrieben sowie Hochschulen zu machen. Verschiedene amerikanische Unternehmer, die Kontakte zu deutschen Firmen haben, sind zu einem Austausch über Führungsstile bereit. Darüber hinaus haben einige deutsche und amerikanische Dozenten ihre Mitarbeit am Sonderheft zugesagt.
Welche Themen sollten in diesen Gesprächen aufgegriffen werden, damit ein möglichst genaues Bild der Ansichten, Meinungen und Ideen der Gesprächspartner entsteht? Anhand dieser Gespräche wollen Angela und Richard Journalisten interessante Aufträge für das Sonderheft erteilen. Hauptthema ist: „Management beim Nachbarn". Dieses Thema ermöglicht eine Bestandsaufnahme von Ansichten aus amerikanischer und deutscher Perspektive. Dazu nehmen Manager beider Seiten ihren Führungsstil genauestens unter die Lupe und vergleichen ihn mit ihren östlichen beziehungsweise westlichen Nachbarn.
Die Chefredakteure erstellen zusammen ein Interviewschema, damit sie ihren Gesprächspartnern dieselben Fragen vorlegen können.

4.1 Einleitung

Ein Interview versucht, Meinungen zu erforschen, indem es systematisch Informationen zu einem bestimten Thema sammelt. Man unterscheidet drei Interviewarten: das **offene Interview**, das **halbstandardisierte Interview** und das **standardisierte Interview** oder die Umfrage.

Beim **offenen Interview** steht lediglich das Thema fest. Nachdem der Interviewer eine offene Frage zum Thema gestellt hat, kann der Interviewte seinen Gedanken freien Lauf lassen und das erzählen, was er für wichtig hält. Der Interviewer lenkt das Gespräch, indem er an relevanten Punkten nachhakt.
Ein Nachteil dieser Interviewart ist, dass sich die gesammelten Daten oft schwer verarbeiten lassen. Jeder Interviewte gibt eine andere Antwort. Die Antworten lassen sich zwar einordnen, das kostet aber viel Zeit und Aufwand. Erstens ist es schwer die Kategorien festzustellen, in die die verschiedenartigen Antworten einzuorden sind. Zweitens muss der Interviewer zu jeder Antwort erneut über die jeweilige Einordnung entscheiden. Übrig bleibt außerdem zumeist eine große Anzahl von Antworten, die sich nicht zuordnen lassen und unter die Kategorie „Sonstiges" fallen.
Trotz dieser Nachteile gibt es Situationen, für die das offene Interview die beste Methode zur Datenerfassung ist, wenn es bespielsweise wichtig ist, dass der Interviewte seinen Gedanken freien Lauf lässt und Aspekte äußert, die unter anderen Umständen unerwähnt blieben.

Im **halbstandardisierten Interview** wird das Thema, zu dem Informationen eingeholt werden sollen, in einige Aspekte untergliedert. Der Interviewte kann die The-

men, die behandelt werden, nicht mitbestimmen. Er kann aber seine Antworten selber formulieren.
Der Interviewer muss die gewählte Reihenfolge nicht krampfhaft einhalten, wichtig ist vielmehr, dass alle festgestellten Themen behandelt werden. Zu jedem Thema stellt der Interviewer zu Beginn meistens eine offene Frage und versucht durch Konkretisierungen möglichst viele Informationen zum Thema zu sammeln (siehe Kap. 2.2).

Das **standardisierte Interview** ist ein Fragebogen oder eine Umfrage, deren Fragen, Antwortkategorien und Reihenfolge festliegen. Der Interviewte wird veranlasst, seine Antworten aus den Musterantworten zu wählen. Der große Vorteil ist, dass sich die Daten leicht und schnell verarbeiten lassen. Für Fragen nach Ideen, Meinungen und Ansichten bietet diese Methode aber kaum Möglichkeiten zur Differenzierung.

Die Entscheidung für eine der drei Interviewarten ist situationsabhängig. Der Interviewer entscheidet sich für das offene Interview, wenn er sich zum Beispiel über das Funktionieren der internen Kommunikation ein Bild machen möchte. Er kann auf diese Weise herausfinden, wo die Informationen stocken, und Verbesserungsvorschläge sammeln.
Beabsichtigt der Interviewer Mitarbeitermeinungen zu einem bestimmten Thema einzuholen, wird er die halbstandardisierte Interviewart bevorzugen.
Wenn ein Unternehmen eine Konsumentenumfrage oder Marktforschung durchführen möchte, entscheidet es sich meistens für das standardisierte Interview. Das Unternehmen ist an konkreten Antworten auf spezifische Fragen interessiert. Für diesen Fall ist es wichtig, in relativ kurzer Zeit möglichst viele Personen zu erreichen.

Dieses Kapitel beschränkt sich auf das **halbstandardisierte Interview**. Bei einer Umfrage stellt man dem Interviewten nur Fragen und schreibt die Antworten auf. Hinsichtlich der Gesprächstechnik lässt sich zu dieser Interviewart kaum mehr sagen, als dass der Interviewer die Fragen neutral – das heißt: nicht suggestiv – vorlesen sollte. Etliche Merkmale des halbstandardisierten Interviews gelten auch für das offene Interview. Zunächst soll die **Vorbereitung** auf das halbstandardisierte Interview (Kap. 4.2) behandelt werden, dem dann die Erörterung der Interviewdurchführung (Kap. 4.3) folgt. Die unterschiedlichen Schritte werden am praxisnahen Beispiel der Emprimee GmbH veranschaulicht.

4.2 Vorbereitung halbstandardisierter Interviews

Die Vorbereitung auf das halbstandardisierte Interview beginnt mit der Erstellung eines Interviewschemas. Dazu wird das Hauptthema in Unteraspekte gegliedert, zu denen Fragen formuliert werden.

Erstellung des Interviewschemas

Thema des gemeinsamen Sonderhefts der Zeitschriften Hermes und Pallas ist der Führungsstil deutscher und amerikanischer Manager. Die Chefredakteure geben ihrem Interviewschema den Arbeitstitel: „Management beim Nachbarn“. Damit alle Aspekte des Hauptthemas behandelt werden, untergliedern sie es in die Teilaspekte: historisches Bewusstsein, Entwicklung, Parallelen, Unterschiede, Zukunftsperspektive und Erwartungen.

Zu jedem Aspekt können vorher sowohl geschlossene als auch offene Fragen festgelegt werden: geschlossene Fragen, wenn es um konkrete Informationen geht, wie die Frage nach einer Jahreszahl oder Periode; offene Fragen, wenn es um Ansichten über Führungsstile geht. Das Interviewschema ist das Gerüst des Interviews.

Interviewschema „Sonderheft"

Hauptthema „Management beim Nachbarn"

Aspekte	historisches Bewusstsein	Entwicklung	Parallelen	Unterschiede	Zukunfts-perspektive	Erwartungen

Zum Aspekt „Unterschiede" können zum Beispiel folgende Fragen gestellt werden:

- Was ist Ihrer Meinung nach charakteristisch für den deutschen Führungsstil?
- Wie geht es in kleinen/mittelgroßen/großen Betrieben zu?
- Gibt es regionale Unterschiede?
- Gibt es berufs- oder branchenbezogene Unterschiede?
- Was macht Ihrer Meinung nach den deutschen Führungsstil aus?
- Wie beurteilen Sie den deutschen Führungsstil?
- Worin besteht Ihrer Meinung nach der Unterschied?

So können zu jedem Aspekt mehrere Fragen formuliert werden, an deren Anworten der Interviewer interessiert ist. Zu jedem Aspekt sollte man den Interviewten nach eventuellen Ergänzungen fragen.

„Was ist für Sie in diesem Rahmen außer den Punkten, über die wir gesprochen haben, noch wichtig?"

Deutlichkeit vorweg

Nach Erstellung des Interviewschemas, werden Termine vereinbart. Von vornherein sollte Klarheit über Zielsetzung und Dauer herrschen, ansonsten besteht die Gefahr, dass sich der Interviewte falsche Vorstellungen von den Hintergründen des Interviews macht. Transparenz erhöht die Bereitschaft des Interviewten zur Mitarbeit.

4.3 Durchführung halbstandardisierter Interviews

Die Durchführung von Interviews besteht aus drei Phasen: der **Gesprächseinleitung**, der Orientierung am **Interviewschema** und der **Gesprächsbeendigung**.

Einleitung des Interviews

Zur Einleitung des Interviews ist ein so genanntes Warming-up (Aufwärmen) wichtig. Interviewer und Interviewter können sich schneller aneinander gewöhnen, wenn sie zunächst ein paar Belanglosigkeiten austauschen. Der Interviewer sollte dem Interviewten Interesse entgegenbringen. Dieser Einleitung folgt das eigentliche Interview. Der Interviewer stellt noch einmal deutlich Ziel und Dauer des Interviews fest.
Außerdem sollte er das Interviewschema, die Vorgehensweise des Interviews beschreiben. Auf diese Weise weiß der Interviewte, was ihn erwartet, und kann sich an der Festlegung der Themenabfolge beteiligen (siehe Kap. 1.1).
Der Interviewer erklärt schließlich, wie die Informationen verarbeitet werden, und garantiert, wo nötig, Anonymität. Ein Interviewer, der einmal das Vertrauen des Interviewten hinsichtlich der verschafften Informationen missbraucht, kann kaum damit rechnen kann, je wieder an vertrauliche Informationen zu gelangen.

Die Umsetzung des Interviewschemas

Der Umsetzung des Interviewschemas, d.h. die sukzessive Erörterung vorgesehener Programmpunkte, nimmt die meiste Zeit in Anspruch. In diesem Teil wendet der Interviewer die in Teil I erläuterten grundlegenden Gesprächsfähigkeiten an.
Indem sich der Interviewer **aufmerksam** verhält, schafft er eine ruhige und lockere Atmosphäre. Durch das Stellen **geschlossener** und **offener Fragen** erhält der Interviewer konkrete Informationen über die Fakten und die Ideen, Meinungen, Ansichten seines Gesprächspartners. **Konkretisierung** hilft ihm, diese Informationen zu präzisieren. Wenn der Interviewer Inhalte **paraphrasiert** und die **Gefühle seines Gesprächspartners** reflektiert, zeigt er, dass er genau zuhört. Dadurch fühlt sich der Interviewte verstanden. Durch diese zuletzt genannten Fähigkeiten kann der Interviewer überprüfen, ob er seinen Gesprächspartner richtig verstanden hat. Ist dies nicht der Fall, können Missverständnisse ausgeräumt werden. Der Interviewer kann jeden Aspekt mit einer Zusammenfassung abschließen; danach sollte er explizit zum nächsten Aspekt überleiten.

Abschluss des Interviews

Wenn alle Punkte des Interviewschemas besprochen sind, kann das Gespräch beendet werden. Der Interviewer sollte dies ankündigen. Bevor er das Gespräch tatsächlich beendet, kann er seinem Gesprächspartner die Möglichkeit geben, seinerseits noch Fragen zu stellen. Weiterhin sollte der Interviewte darüber informiert werden, wann die Daten ausgewertet werden und ob bzw. wann er einen Bericht darüber erwarten kann. Schließlich sollte sich der Interviewer bei seinem Gesprächspartner für dessen Zeit und Mitarbeit bedanken.

Interview

Strukturierung	grundlegende Gesprächsfähigkeiten
Vorbereiten ■ Hauptthema feststellen ■ Hauptthema in Aspekte untergliedern ■ zu jedem Aspekt (offene) Fragen formulieren	
Einleiten ■ Absicht erklären ■ Dauer angeben ■ Verfahren darstellen ■ Anonymität, wo nötig, garantieren	■ aufmerksames Verhalten ■ kurze Fragen stellen ■ Auskünfte geben
Gerüst ■ Haupthema einleiten ■ Aspekte der Reihe nach erledigen ■ deutlich zum nächsten Aspekt überleiten	■ aufmerksames Verhalten ■ offene und geschlossene Fragen stellen ■ konkretisieren ■ paraphrasieren ■ Gefühle reflektieren ■ zusammenfassen
Beenden ■ auf das Gesprächsende hinweisen ■ Gelegenheit bieten, Fragen zu stellen ■ eventuelle Fragen beantworten ■ Verarbeitungsverfahren erörtern ■ sich bedanken	■ regulieren ■ abschließende offene Frage stellen ■ Auskünfte geben

5 Das Bewerber-Auswahlgespräch

Die Pläne für eine neue Fachzeitschrift für das Bank- und Versicherungswesen konkretisieren sich. Eine Marktforschung unter Branchen-Managern hat ergeben, dass es einen ausreichenden Bedarf an einer Zeitschrift mit überwiegend Managementinformationen gibt, um den entscheidenden Schritt zu wagen. Hans-Peter Graf und Stefan Herzog, die Geschäftsführer der Emprimee GmbH, sind der Ansicht, dass möglichst schnell ein Chefredakteur, der das Projekt koordiniert, eingestellt werden sollte. In früheren Gesprächen über das Anlaufen des Bewerbungsverfahrens wurde beschlossen, dass außer Stefan und Hans-Peter auch Angela Hoffmann, Chefredakteurin von Pallas, und Verkaufsleiter Arnold Deich dem Bewerber-Auswahlgremium beitreten werden. Stefan hat mit Angela eine Tätigkeitsanalyse vorgenommen und sie mit den anderen Kollegen des Gremiums besprochen. Daraufhin hat Stefan sich mit dem Text der Anzeige beschäftigt. Dieser Text wird in fünf Informationsabschnitte untergliedert. Der Reihe nach sind das:
Darstellung des Verlags Emprimee GmbH; Beschreibung der neuen Stelle, Anforderungsprofil und Beschreibung weiterer Voraussetzungen und Wünsche des Unternehmens, Arbeitsbedingungen, zusätzliche Informationen.

Nachdem der Text auch mit der Personalabteilung abgestimmt worden ist, wird die Anzeige in einigen nationalen Tageszeitungen inseriert. Bewerber, die sich für die Stelle interessieren, werden gebeten, innerhalb von 14 Tagen zu reagieren.
Daraufhin melden sich 150 Personen. Die erste Aufgabe der Personalabteilung besteht darin, eine erste Auswahl unter den Einsendungen zu treffen. Folgende Kriterien werden hierfür herangezogen:
- *Wie viele Erfahrungen hat der Bewerber in ähnlichen Stellen gesammelt?*
- *Inwieweit entspricht der Bewerber dem Anforderungsprofil?*

VERLAG EMPRIMEE GmbH – Köln

CHEFREDAKTEUR/-IN: interessante Stelle für einfallsreiche und unternehmerisch denkende Betriebswirte

Unser Unternehmen
Die Emprimee GmbH ist ein junger Verlag u.a. für Fachzeitschriften. Emprimee beschäftigt 30 Personen. Neben drei Zeitschriften für Mittel- und Kleinbetriebe, das Gesundheitswesen und das Ausbildungswesen beabsichtigt der Verlag die Herausgabe einer neuen Zeitschrift für das Bank- und Versicherungswesen.

Ihre Aufgaben
Der/Die Chefredakteur/-in ist sowohl für die Gestaltung als auch für den Inhalt der neuen Zeitschrift verantwortlich. Er/Sie koordiniert die Arbeit an den Artikeln, der Gestaltung, der Titelseite und der Herstellung. Er/Sie führt sein/ihr Team so, dass die Zeitschrift optimal gestaltet ist und rechtzeitig erscheint.

Ihr Profil
- Betriebswirt/-in,
- Kenntnisse von und Affinität zu Fachliteratur,
- mindestens 5-jährige Erfahrung bei einer Bank oder Versicherungsgesellschaft,
- Sinn für Planung,
- redaktionelle Fähigkeiten und Kontaktfähigkeit,
- führungsfähig,
- serviceorientiert,
- einfallsreich, unternehmerisch denkend und selbstständig.

Wir bieten Ihnen eine Vollzeitstelle mit Standort Köln. Das Bruttogehalt beträgt mindestens 3.566 DM, maximal 5.854 DM im Monat.

Interesse?
Nähere Auskünfte über den Inhalt der Stelle erteilt Ihnen Herr S. Herzog, Tel. 02203-1234567, oder Frau A. Hoffmann, Tel. 02203-1231234. Ihre schriftliche Bewerbung richten Sie innerhalb von 14 Tagen bitte an die Emprimee GmbH, z.H. Herrn S. Herzog, Postfach 1, 51149 Köln.
Ein psychotechnischer Test kann zum Bewerbungsverfahren gehören.

In der Personalabteilung werden die eingegangenen Bewerbungen aufmerksam gelesen und beurteilt. In einer Konferenz werden die Beurteilungen verglichen und eine Auswahl getroffen. Fünf Bewerber werden schließlich zum Gespräch eingeladen; die übrigen 145 Bewerber bekommen eine schriftliche Absage.
Zum Gespräch eingeladen ist Harald Gutwart. Er wird am Mittwoch um 10.00 Uhr bei Emprimee erwartet. Vorsitzender des Bewerber-Auswahlverfahrens ist Stefan Herzog. Mit seinen Kollegen hat er vereinbart, wer welche Fragen stellt. Für jedes Gespräch sind 45 Minuten eingeplant.

5.1 Einleitung

Das Bewerber-Auswahlgespräch ist **Teil des Bewerbungsverfahrens.** Andere wichtige Elemente auf Arbeitgeberseite sind das Erstellen einer Arbeitsplatzbeschreibung, das Aufsetzen einer Anzeige, die Weitergabe von Informationen bzgl. Unternehmen und Arbeitsplatz an Interessenten sowie Auswahl einer Zahl geeigneter Bewerber. Im Rahmen dieses Buches soll auf diese Aspekte jedoch nicht näher eingegangen werden.
In vielen Unternehmen überlässt man die Suche und Auswahl geeigneten Personals speziellen Personalagenturen, die sich professionell mit der Beschaffung von Mitarbeitern beschäftigen. Diese führen dann das gesamte Verfahren selbstständig durch und schlagen ihrem Auftraggeber einen oder mehrere Bewerber vor. In der Regel folgt ein weiteres Gespräch mit dem potenziellen Arbeitgeber.
Im folgenden Kapitel werden die im Vorstellungsgespräch angestrebten **Zielsetzungen** erörtert (Kap. 5.2). Kap. 5.3 erörtert die **Methode**, die zur Erfüllung der Ziele angewandt werden kann. Kap. 5.4 schildert, wie sich die Mitglieder des Bewerber-Auswahlgremiums im Gespräch **verhalten** sollten. Im Anschluss werden die **Fähigkeiten** herausgearbeitet, die zu den unterschiedlichen Gesprächsphasen gehören.

5.2 Ziele

Primäres Ziel des Bewerber-Auswahlgesprächs ist auf Arbeitgeberseite der Aufbau einer Beziehung zum Bewerber, sodass sich dieser sicher genug für ein offenes und ehrliches Gespräch fühlt. Für den Bewerber selbst, der nicht genau weiß, was ihn erwartet, hat das Gespräch meist einen etwas bedrohlichen Charakter. Bewerber sind schnell geneigt, ihre „schwachen Seiten" zu verschleiern und falsche Selbsteinschätzungen zu geben. Zur Vermeidung solcher Situationen ist es wichtig, den Bewerber zu beruhigen. Das Bewerber-Auswahlgespräch soll darüber hinaus möglichst viele relevante Informationen über den Bewerber liefern, sodass aufgrund dieser Informationen beurteilt werden kann, ob der Bewerber für die Stelle geeignet ist.
In der Praxis ist das Bewerber-Auswahlgespräch nicht nur ein Mittel der Beurteilung, sondern auch ein Weg, um einen persönlichen Eindruck vom Bewerber zu erhalten. Man sollte sich aber darüber im Klaren sein, dass der subjektive Eindruck, den man im Gespräch gewinnt, nur bedingt zuverlässig ist.

5.3 Methode

Die Personalabteilung muss anhand der Informationen, die sie vom Bewerber erhält, beurteilen können, ob er für die Stelle geeignet ist. Damit sich alle Bewerber gut miteinander vergleichen lassen, ist es wichtig, bei allen Gesprächen dieselbe methodische Struktur beizubehalten.
Eine gute **Vorbereitung** ist wichtig, um ein effizientes und strukturiertes Gespräch (man spricht in diesem Fall auch von „Interview“) führen zu können. Deshalb ist es sinnvoll, vorher ein **Interviewschema** oder eine **Checkliste** zu erstellen, die diejenigen Themen enthält, die angesprochen werden sollen und zu denen Informationen von dem oder der Bewerbe/-in benötigt werden. Eine solche Checkliste könnte folgendermaßen aussehen:

1. Begründung der Bewerbung

- Warum interessiert sich der Bewerber für die Stelle?
- Was erscheint dem Bewerber positiv, was weniger positiv?

2. Besprechung des Lebenslaufs

Bildungsgang:
- Warum hat sich der oder die Bewerber/-in für eine bestimmte Ausbildung entschieden?
- Wie hat er oder sie diese durchlaufen?
- Welche Fächer/Welcher Studiengang wurden gewählt?
- Welche weiteren Ambitionen, beispielsweise bzgl. Aus- und Weiterbildung, hat der oder die Bewerber/-in?

Bisheriges Berufsleben einschließlich jetziger Stelle:
- An welchen Arbeitsplätzen hat der Bewerber zuvor gearbeitet?
- Weshalb hat sich da etwas geändert (oder weshalb nicht)?
- Was hat dem Bewerber an früheren Arbeitsplätzen am besten gefallen?
- Was macht er genau am derzeitigen Arbeitsplatz?
- Womit ist der Bewerber derzeit zufrieden?
- Womit ist er weniger zufrieden?

Unklares:
- Wo befinden sich die Lücken im Lebenslauf?

3. Inhalt der Stelle und des Anforderungsprofils

- Welchen Anforderungen entspricht der Bewerber, welchen nicht? (die starken und schwachen Seiten)
- Welche Gründe werden hierzu angeführt?
- Kann der Bewerber Beispiele ähnlicher Situationen, in denen er gearbeitet hat, geben?

In diesem Zusammenhang sei darauf verwiesen, dass Untersuchungen nachgewiesen haben, dass vergangenes Verhalten die beste Vorhersage für zukünftiges Verhalten ist. Das heißt, dass Informationen über das **konkrete Verhalten** des Bewerbers in solchen Situationen gesammelt werden sollen, die den Umständen der neuen Stelle ähneln. Derartige Informationen können auf Arbeitgeberseite mit dem sog. STAR-Modell zusammengetragen werden, das folgende vier Fragen stellt:
S: Um was für eine „Situation" handelte es sich?
T: Welche „Task" (Aufgabe) hatte der oder die Bewerber/-in in dieser Situation?
A: Wie sah die „Action" (Handlung) des Bewerbers aus; was hat er oder sie getan?
R: Was war das **„Result"** (Resultat) dieser Aktion?

Die oben geschilderten Themen und Aspekte lassen sich nicht immer strikt voneinander trennen. Im Laufe des Gesprächs können Aspekte, die bereits erschöpfend behandelt wurden, ausgespart werden.

5.4 Verhalten der Mitglieder der Bewerber-Auswahlkommision

Im Bewerber-Auswahlgespräch steht das Unternehmensinteresse im Vordergrund. Das heißt aber nicht, dass die Interessen des Bewerbers nicht zur Sprache kommen – für ihn ist es schließlich wichtig, einen Arbeitsplatz zu finden, der seinen Fähigkeiten und Interessen entspricht.
Die Tatsache, dass die Arbeitgeberseite die Interessen des Unternehmens vertritt, bedeutet, dass sie die **Gesprächsstruktur und -themen** bestimmt. Es entsteht also keine offene Gesprächssituation, die dem anderen die Gelegenheit böte, frei zu sprechen. Andererseits sollte der oder die Bewerber/-in innerhalb dieser Struktur und Themen die Gelegenheit haben, einen Eindruck von sich zu vermitteln. Aus diesem Grund sollte die Arbeitgeberseite zu Beginn des Gesprächs beruhigend auf den Bewerber einwirken und sich **locker und einladend verhalten.** Gleichzeitig sollten innerhalb kurzer Zeit die gewünschten Informationen zusammengetragen werden, sodass das Verhalten dem Bewerber gegenüber auch sehr **sachlich und zielstrebig** sein muss, unter Umständen sogar **streng und beharrlich**, sofern die Antworten Präzisionsbedarf aufweisen. Ein eher einladendes oder beharrliches Verhalten auf Arbeitgeberseite hängt daher zumeist von der Gesprächsphase und der Antwortweise des Bewerbers ab.

5.5 Fähigkeiten in den unterschiedlichen Gesprächsphasen

Im Folgenden sollen die unterschiedlichen Gesprächsphasen und die dazugehörigen Fähigkeiten, derer sich die Arbeitgeberseite bedienen sollte, behandelt werden. Hierzu gehören im Einzelnen der **Gesprächsanfang**, die **Auskunft** über das Unternehmen, das **Interview** und schließlich die **Gelegenheit** zum Fragenstellen, die **Darstellung** des Verfahrens und die **Gesprächsabrundung.**

Der Gesprächsanfang

Vermutlich wartet der Bewerber im Flur oder im Warteraum. Der Vorsitzende des Auswahlgremiums holt ihn ab und stellt sich ihm vor. Dann führt er den Bewerber zum Interviewraum, stellt ihm die anderen Mitarbeiter vor und zeigt ihm seinen Stuhl. Eine Geste und ein „Setzen Sie sich" reichen aus.
Ist der Bewerber sehr nervös, kann man versuchen, ihn durch entsprechende Bemerkungen ein wenig zu beruhigen: „Konnten Sie das Gebäude leicht finden?" Nachdem man ihm eventuell einen Kaffee angeboten hat, wird das Gespräch eröffnet. Der Vorsitzende erklärt, wie viel **Zeit** für das Gespräch eingeplant wurde, welche **Bedeutung** das Gespräch im Bewerbungsverfahren hat und welches **Ziel** mit dem Gespräch verfolgt wird: „Zunächst wollen wir Sie mit diesem Gespräch über unser Unternehmen und die Abteilung, für die wir einen neuen Mitarbeiter suchen, informieren. Auf diese Weise können Sie sich ein Bild von unserem Unternehmen machen und eine Vorstellung darüber gewinnen, ob Sie sich darin wohl fühlen würden. Ein weiteres Ziel unseres Gespräch ist es, Ihre Eignung für diesen Arbeitsplatz zu prüfen. Wir sind vor allem an Ihren Erfahrungen in Ihrer jetzigen und vorigen Position interessiert. Die meisten Fragen werden sich auf dieses Thema beziehen."
Der Vorsitzende erläutert ebenfalls, wie er sich den **Verlauf** des Gesprächs vorstellt: „Zuerst möchten wir Ihnen nähere Auskünfte über unser Unternehmen und die zu besetzende Stelle geben. Dann werden wir Ihnen einige Fragen stellen. Zum Schluss des Gesprächs erhalten auch Sie die Gelegenheit, Fragen zu stellen, und schließlich werde ich Sie über den weiteren Verlauf des Verfahrens informieren."
Er erläutert ebenfalls, wie die erworbenen Informationen verarbeitet werden. Wenn er zum Beispiel während des Gesprächs mitschreibt: „Die Notizen, die ich mache, werden nur von den Mitarbeitern im Auswahlverfahren gelesen und nach dem Verfahren vernichtet." Manchmal werden die Informationen länger aufbewahrt. Dann wird dies dem oder der Bewerber/-in mitgeteilt.

Fähigkeit
Es kommt darauf an, den Bewerber auf deutliche und knappe Weise über das Ziel und die Struktur des Gesprächs zu **informieren**.

Auskünfte über das Unternehmen und den Arbeitsplatz

Damit sich der Bewerber ein möglichst klares Bild von seinen Aufgaben machen kann, gibt man ihm zuerst einige Hintergrundinformationen über das Unternehmen. Themen, die dabei angesprochen werden, sind:

- Was sind die wichtigsten Unternehmensziele?
- Wie ist es aufgebaut (eventuell mithilfe eines Organigramms)?
- Welche Aktivitäten werden im Unternehmen entwickelt?
- Was waren die wichtigsten Projekte in den letzten Jahren?

Nachdem man einen globalen Überblick gegeben hat, geht man näher auf die zu besetzende Stelle ein. Dazu werden folgende Themen angesprochen:

- Was sind die wichtigsten Aufgaben und Pflichten?
- Vor wem muss sich der Bewerber verantworten?

In manchen Fällen nimmt diese Phase nur wenig Zeit ein, zum Beispiel wenn sich der Bewerber schon vorher eingehend über das Unternehmen und den ausgeschriebenen Arbeitsplatz informiert hat.

Fähigkeit

Hier geht es darum, den Bewerber über das Unternehmen und die zu besetzende Stelle zu informieren. Von großer Bedeutung sind dabei nicht nur Struktur und eine knappe Darstellung, sondern auch Attraktivität des Arbeitsplatzes (siehe Kap. 3.1). Schließlich dient das Vorstellungsgespräch nicht nur dazu, über die Eignung des Bewerbers zu prüfen, sondern bietet auch dem Bewerber die Gelegenheit zu entscheiden, ob die Ziele und Mitarbeiter des Unternehmens ihm so zusagen, dass er seine Bewerbung aufrecht erhält.

Das Interview

Zu Beginn des Interviews ist es sinvoll, dem Bewerber Gelegenheit zu geben, seine Bewerbung zu erläutern. Dies kann bereits durch das Bewerbungsanschreiben geschehen sein. In diesem Fall könnte man sich mit einer einladenden, offenen Frage auf den Brief beziehen: „Sie haben sich um die Stelle ... beworben. Die Begründung Ihrer Bewerbung haben Sie in Ihrem Brief schon kurz erwähnt, aber ich würde Sie bitten, noch einmal eingehend zu erörtern, warum Sie sich für diese Stelle interessieren."
Nachdem der Bewerber dies erörtert hat, wird mit einigen abschließenden und verbindenden Sätzen zu den unterschiedlichen Themen des Interviewschemas übergeleitet (siehe Kap. 5.2). Wurde ein Thema ausreichend behandelt, könnte man dieses folgendermaßen abrunden, bevor man zum nächsten wechselt: „Ich habe mir jetzt ein Bild von Ihrer Ausbildung gemacht". Mit einer offenen Frage kann das nächste Thema angesprochen werden: „Nun würden wir gerne Näheres über Ihre jetzige Stelle erfahren. Können Sie uns dazu einiges erzählen?" Der Bewerber wird so lange gefragt, bis ein vollständiger und genauer Überblick seines Arbeitsplatzes vorliegt. Während dieses Gesprächs sollte die Checkliste im Auge behalten werden. Es ist durchaus üblich, nach einem vorstrukturierten Schema vorzugehen.
Wenn Themen oder Aspekte besprochen werden sollen, deren Relevanz auf den ersten Blick unklar ist, sollte dem Bewerber zuerst erklärt werden, wozu die Fragen dienen: zum Beispiel wenn nach der Empfindlichkeit eines weiblichen Bewerbers gegen sexistische Bemerkungen gefragt wird, weil diese nur mit Männern, die in der Regel nicht sehr feinfühlig auf Frauen reagieren, zusammenarbeiten wird.

Fähigkeiten

- **Aufmerksames Verhalten**, das den Bewerber zum Erzählen anregt (Zuhörverhalten, Blickkontakt).
- **Kleine Anregungen**, die den Bewerber zum Weiterreden anregen.
  Beispiel: „Ja, ja", „Hmm", „Und dann?"
- **Fragen stellen:** Diese sollten an erster Stelle deutlich sein und nicht suggestiv, besonders sollten offene Fragen gestellt werden.
  Beispiel: „Was reizt Sie an dieser Stelle?"

Geschlossene Fragen eignen sich besonders dann, wenn ganz spezifische Informationen gewünscht werden:
Beispiel: „Haben Sie den Führerschein?"

- **Paraphrasieren**, wenn die erworbenen Informationen unklar sind.
  Beispiel: „Wenn ich Sie richtig verstehe, haben Sie in Ihrer letzten Stelle nicht oft selbstständig Entscheidungen getroffen."
- **(Eingeschränkt:) Gefühle reflektieren:** Der potenzielle Arbeitgeber sollte zwar verständnisvoll auf die Aussagen des Bewerbers reagieren, sich aber nicht eingehend mit dessen Gefühlen beschäftigen.
  Beispiel: „Ich verstehe, dass Sie damit unzufrieden waren."
- **Regulierende Fähigkeiten**, wie das Überwechseln zum neuen Thema und das Behandeln der unterschiedlichen Aspekte; manchmal auch das Wiederholen der Gesprächsziele.
  Beispiel: „Ich würde jetzt gerne Näheres über Ihre Erfahrungen an Ihrem jetzigen und vorigen Arbeitsplatz erfahren." (neues Thema) „Würden Sie zuerst erzählen, was Sie in Ihrer jetzigen Position machen?" (Aspekt des Themas) „Könnten Sie genauer sagen, für wie viele Personen Sie die Verantwortung tragen?" (Bewerber zeigt sich leicht genervt). „Ja, Sie merken schon, dass ich an bestimmten Punkten ziemlich nachbohre, aber das ist notwendig, damit wir uns ein Bild von Ihren Erfahrungen machen können, denn das ist schließlich das Ziel dieses Gesprächs." (Rückkopplung)
- **Zusammenfassen** der Aussagen.
  Beispiel: „Sie schätzen es also sehr, selbstständig für eine bestimmte Aufgabe verantwortlich zu sein, und das reizt Sie an der offenen Stelle."
- **Konkretisieren und nachhaken**, sofern die Informationen nicht deutlich sind. (Dies passt zum strengen und beharrlichen Verhalten. Siehe Kap. 5.4.)
  Beispiel: „Was meinen Sie mit ‚im Auge behalten, dass alles planmäßig abläuft'? Wie machen Sie das?" (konkretisieren) „Trotzdem verstehe ich das nicht ganz. Sie sagen ‚zusammen mit dem Chef', aber wer macht nun genau was?"
- **Laut denken** kann als Erklärung dienen, wenn bei einem Aspekt nachgebohrt wird.
  Beispiel: „Ich merke, dass ich mir noch kein Bild von der Art und Weise, in der Sie das Problem gelöst haben, machen kann. Deshalb würde ich gerne noch einmal genau erfahren, was Sie nach dem Anruf gemacht haben."
- **Kritisieren** kann auch notwendig sein, wenn sich zum Beispiel die Aussagen des Bewerbers widersprechen.
  Beispiel: „Sie erzählten, dass Sie am liebsten alleine arbeiten, und jetzt sagen Sie, dass Sie die Teamarbeit sehr reizt. Können Sie das erläutern?"
  Es kommt auch vor, dass Sie Kritik üben, indem Sie eine Wahrnehmung rückkoppeln.
  Beispiel: „Sie behaupten, dass Sie gerne eine repräsentativere Stelle haben möchten, aber Sie kleiden sich, wenn Sie es mir erlauben, ziemlich locker, nicht in der Weise, die in unserem Unternehmen als repräsentativ gilt."
- **Situation verdeutlichen**, wenn Sie merken, dass Ihre Fragen dem Bewerber auf die Nerven gehen.
  Beispiel: „Ich habe den Eindruck, dass Sie meine Fragen als eine Art Angriff auffassen. Wenn ich aber beurteilen muss, ob Sie für diese Stelle geeignet sind, brauche ich diese Informationen. Es ist nicht meine Absicht, sie persönlich anzugreifen. Verstehen Sie?"

Die Gelegenheit, Fragen zu stellen, die Darstellung des Bewerbungsverfahrens und die Abrundung

Wenn der Bewerber ausreichend Informationen gegeben hat, hat dieser selbst Gelegenheit, Fragen zu stellen. Nachdem diese möglichst deutlich beantwortet wurden, wird noch einmal kurz der Verlauf des Bewerber-Auswahlverfahrens dargestellt. Dabei werden die Verabredungen möglichst konkret formuliert, also nicht: „Wir geben Ihnen möglichst schnell Bescheid“, sondern zum Beispiel: „Diese Woche treffen wir die erste Entscheidung. Sie erfahren im Laufe der nächsten Woche von uns, ob Sie für das weitere Verfahren in Betracht kommen. Das zweite Gespräch findet in der Woche von ... bis ... statt.“ Eventuell: „Wo sind Sie telefonisch zu erreichen?” Oft gehört zum Bewerber-Auswahlverfahren auch ein „psychotechnischer Test“. Wenn das der Fall ist, sollte der Bewerber in dieser Phase darüber informiert und gefragt werden, ob er daran teilnehmen würde. Der Bewerber sollte auch gefragt werden, ob er nach diesem Gespräch weiter am Auswahlverfahren teilnehmen will. Ihm wird erklärt, wie er sich seine Reisekosten zurückerstatten lassen kann: „Sie können Ihre Reisekosten bei der Sekretärin zurückerstattet bekommen. Ich begleite Sie zum Sekretariat.“ Schließlich wird er zumindest zur Tür hinaus begleitet.

Bewerber-Auswahlgespräch

	grundlegende Gesprächsfähigkeiten
1 **Gesprächsanfang: beruhigen** ■ Gesprächsziel ■ Dauer angeben ■ Struktur angeben: Auskunfte über Unternehmen und Arbeitsplatz bei relevanten Themen nachfragen Gelegenheit geben, Fragen zu stellen Bewerber-Auswahlverfahren darstellen	■ Auskünfte geben
2 **Auskünfte über Unternehmen und Arbeitsplatz geben**	■ Auskünfte geben
3 **Interview** ■ Erläuterung des Bewerbungsschreibens und Begründung der Bewerbung ■ Behandlung des Lebenslaufs ■ Ausbildung ■ bisheriges Berufsleben, einschließlich der jetzigen Position ■ Unklarheiten ■ inwieweit entspricht der Bewerber dem Anforderungsprofil (STAR-Modell)	■ regulieren ■ aufmerksames Verhalten ■ kleine Anregungen ■ Fragen stellen ■ Inhalt paraphrasieren ■ Gefühle reflektieren ■ zusammenfassen ■ konkretisieren ■ laut denken ■ kritisieren ■ Situation verdeutlichen
4 **Gelegenheit zu Fragen**	

5 **Darstellung des Bewerber-Auswahlverfahrens** ■ konkrete Informationen zum Zeitpunkt, an dem der Bewerber Bescheid erhält ■ eventuell Auskünfte zum psychotechnischen Test	■ regulieren ■ Auskünfte geben
6 **Beenden** ■ eventuell praktische Angelegenheiten wie Reisekostenerstattung	■ Auskünfte geben

6 Das Vorstellungsgespräch

Harald Gutwart studierte Betriebswirtschaft an der Fachhochschule. Er ist 32 Jahre alt und arbeitet seit fünf Jahren bei der Zweigstelle einer Bank. Jetzt sieht er sich nach einer anderen Stelle um. Die Arbeit bei der Bank interessiert ihn nicht mehr besonders, er empfindet sie als eingefahren und seine Vorschläge, hier und da Neues zu probieren, stoßen auf Widerstand. Regelmäßig studiert er die Stellenangebote in der Zeitung nach einer Arbeit, die ihm eine neue Herausforderung bieten könnte. Die Anzeige der Emprimee GmbH interessiert ihn. Für die Stelle des Chefredakteurs wird ein Betriebswirt, der Erfahrungen bei einer Bank oder Versicherungsgesellschaft gemacht hat, gesucht.
Harald, der neben seinem Studium für die Zeitung seines Studiengangs schrieb und bei der Bank Redakteur der Werkszeitung ist, ist sofort von der Stelle begeistert. Das wäre genau das Richtige, dazu hätte er große Lust! Er entscheidet sich, eine Bewerbung zu schreiben.
Nach einer Woche erhält er eine Empfangsbestätigung. Drei Wochen später liegt wieder ein Brief von Emprimee im Briefkasten. Die Vorbereitungen zum Gespräch laufen an!

6.1 Einleitung

Das Vorstellungsgespräch ist eigentlich eine Art „Verkaufsgespräch“: Die „Ware“, die der Bewerber anbietet, ist er selbst. In einer Kultur, die auf Bescheidenheit mehr Wert legt als auf Aussagen, die die eigenen Vorzüge herausstellen, haben aber viele Menschen Schwierigkeiten, „sich gut zu verkaufen“. Ein anderer Grund für die mangelhafte Bewerbungsfähigkeit ist, dass diese Fähigkeit in der Ausbildung meistens nicht geübt wird. Denjenigen, die schon lange berufstätig sind, den Arbeitsplatz aber wechseln möchten, fehlt in der Regel die Übung.
Entsprechend erläutert Kapitel 6.2 die Bedeutung einer guten **Gesprächsvorbereitung**. Eine Übersicht häufig gestellter Fragen soll bei der Vorbereitung helfen. Die relevanten Gesprächsfähigkeiten werden im darauf folgenden Kapitel besprochen.

6.2 Vorbereitung auf das Vorstellungsgespräch

Nach der ersten Freude über die Einladung zum Gespräch stellt sich schnell die Frage: „Was nun?“ Die meisten Menschen haben Angst vor einem Vorstellungsge-

spräch: Innerhalb einer Dreiviertelstunde soll eine endgültige Leistung erbracht werden. Eine Möglichkeit zur Verbesserung gibt es nicht und die Hilfe dritter Personen ist nicht mehr möglich. Obendrein wirkt die Konfrontation mit den Unternehmensvertretern oft bedrohlich; der Bewerber steht im Gespräch unter kritischer Beobachtung, während die Mitglieder des Bewerber-Auswahlverfahrens sich in einer verhältnismäßig sicheren und mächtigen Lage befinden.
Auch wissen die meisten Bewerber nicht, was im Vorstellungsgespräch von ihnen verlangt wird und wie sie sich gut vorbereiten können. Für einen erfolgreichen Gesprächsverlauf ist eine gründliche Vorbereitung ausgesprochen wichtig. Hierbei kommt es darauf an, die Übereinstimmung eigener Fähigkeiten mit den Anforderungen des ausgeschriebenen Arbeitsplatzes herauszuarbeiten. Die Darlegung dieser Übereinstimmung bildet den roten Faden des Gesprächs. Eine gründliche Selbstanalyse und eine sorgfältige Analyse der Anzeige sind wichtige Hilfsmittel zur Erstellung dieses Zusammenhangs.

Allgemeine Hinweise

Im Folgenden einige allgemeine Hinweise zur Vorbereitung auf das Vorstellungsgespräch:

1. Die Vorbereitungen sollten nicht auf den letzten Moment verschoben werden.
2. Gründlich informieren: Es ist sinnvoll, sich ein Bild von dem Unternehmen zu machen. Hierzu können Jahresberichte, Werkszeitungen usw. durchgelesen werden. Man kann auch das Unternehmen anrufen, um Auskünfte einzuholen. Oft sind bei der Personalabteilung Informationsunterlagen erhältlich. Wichtige Fragestellungen hierbei sind:

- Was genau macht das Unternehmen?
- Wie groß ist es?
- Wie ist die hierarchische Struktur?
- Wie ist die so genannte Organisationsstruktur?
- Ist das Unternehmen erfolgreich; gibt es Schwierigkeiten?

Auf diese Weise können noch weitere Fragen überlegt werden. Zu jeder Antwort sollten man sich fragen, ob sie einem gefällt. Je mehr das Unternehmen den eigenen Wünschen entspricht, desto besser.

3. Der Bewerber sollte sich mögliche Fragen (siehe unten) überlegen.
4. Die gesammelten Informationen sollten notiert werden, die Notizen können zum Vorstellungsgespräch mitgebracht werden.
5. Der Bewerber sollte sich eine Vorstellung von derjenigen Person machen, die das Unternehmen vorzugsweise anstellen würde.
6. Bewerber sollten sich rechtzeitig an die Personen wenden, die als Referenzen angegeben werden sollen, sofern dies nicht schon vor dem Verfassen des Bewerbungsschreibens geschehen ist.

Fragen, die zu erwarten sind

Die im Gespräch zu erwartenden Fragen beziehen sich auf bestimmte Themen: Ausbildung, Arbeitserfahrungen, Motivation, soziales Milieu, Persönlichkeitsmerkmale, Lebenserfahrung, Kenntnisse über das Unternehmen.

10 häufig gestellte Fragen:
1. Was gefällt Ihnen an der Stelle?
2. Warum bewerben Sie sich gerade bei uns?
3. Welche sind Ihre starken und schwachen Seiten?
4. Wie gedenken Sie den Erfahrungsmangel zu kompensieren?
5. Was haben Sie nach dem Studium gemacht?
6. Wie sehen Sie Ihre weitere Karriere?
7. Warum haben Sie sich gerade für diesen Studiengang entschieden?
8. Wie würden Sie eine Meinungsverschiedenheit mit Ihrem Chef bereinigen?
9. Wie würden Sie Ihren eigenen Führungsstil beschreiben?
10. Haben Sie selbst noch Fragen?

Die Antworten zu diesen Fragen sind umso besser, je logischer und klarer sie sind: eine gute Untermauerung/Begründung ist absolut notwendig (siehe unten).
Nachdem diese Themen oder Teilbereiche abgehandelt worden sind, wird der Bewerber oft gefragt, ob er noch Fragen hat. Bewerber sollten in dieser Situation sinnvolle Fragen stellen. Dies signalisiert, dass man über die Stelle gut nachgedacht hat und motiviert ist.

Zwei andere Fragen, die Bewerbern oft gestellt werden, sind:
1. Bei Männern: Haben Sie den Wehrdienst verweigert?
2. Bei Frauen: Haben Sie vor, „bald" Kinder zu bekommen?

Manchmal ist es schwierig, auf solche Fragen zu reagieren. Es besteht die Möglichkeit, sich zu erkundigen, warum die Unternehmensvertreter dies wissen möchten. Sofern triftige Gründe für diese Frage auf Arbeitgeberseite vorliegen, sollte man am besten ehrlich (siehe Kap. 6.3) antworten.

6.3 Fähigkeiten zum Führen eines Vorstellungsgesprächs

Das folgende Kapitel behandelt die im Vorstellungsgespräch erforderlichen Fähigkeiten. Dazu gehören **eintreten, zuhören, nonverbale Fähigkeiten** und **paralinguistische Fähigkeiten**. Anschließend werden verbale Fähigkeiten wie **begründen, positiv formulieren, laut denken, Selbstsicherheit, das Stellen eigener Fragen** und **die Abrundung des Gesprächs** erörtert.

Eintreten

Der erste Eindruck ist immer der wichtigste! Die ersten Eindrücke vom Bewerber sind für die Unternehmensvertreter oft von unverhältnismäßig großer Bedeutung. Die Frage der Anstellung, entscheidet sich oft schon früh im Gespräch. In dieser Anfangsphase entsteht ein Bild vom Bewerber, das sich in der Regel nur noch wenig ändert. Eine Korrektur ist nicht ausgeschlossen, aber die Unternehmensvertreter sind geneigt, diejenigen Informationen zu filtern, die das Bild bestätigen. Aus diesem Grund sollte der Art und Weise des Eintretens besondere Aufmerksamkeit gewidmet werden:

- gepflegte Kleidung,
- Pünktlichkeit,
- fester (trockener, nicht zu warmer) Händedruck,
- Anschauen desjenigen, dem man die Hand gibt,
- Hinsetzen immer erst nachdem einem ein Stuhl angeboten wurde,
- Mitbringen der vorbereiteten Fragen.

Zuhören

Solange ein Unternehmensvertreter spricht, sollten Bewerber darauf achten, gut zuzuhören. Bewerber, die sehr nervös oder mit ihren eigenen Gedanken beschäftigt sind, hören kaum, was die Person, die ihnen gegenübersitzt, sagt.

Nonverbale Fähigkeiten

Das Vorstellungsgespräch ist ein Mittel, Informationen über den Bewerber zu sammeln. Den sachlichen Informationen, die der Bewerber gibt, wird daher starke Aufmerksamkeit gewidmet. Ebenso wird jedoch auch auf das nonverbale Verhalten des Bewerbers geachtet. Haltung, Art und Weise, den Gesprächspartner anzuschauen (Blickkontakt) und Gesten beeinflussen den Eindruck, den der Bewerber hinterlässt, wesentlich.
Dabei ist es wichtig, auf eine gute Sitzhaltung zu achten, gerade und entspannt auf dem Stuhl zu sitzen, während die Hände ruhig im Schoß oder auf dem Tisch liegen. Eine solche Sitzhaltung fördert den positiven Eindruck auf die Unternehmensvertreter. Beispielsweise macht ein Bewerber, der in seinem Sessel hängt, einen laschen, unmotivierten Eindruck, während ein Bewerber, der steif gerade sitzt oder mit den Füßen schaukelt, einen nervösen Eindruck macht.
Ebenso sollte man auf Blickkontakt achten. Wenn ein Unternehmensvertreter spricht, sollte der Bewerber ihn freundlich ansehen. Wenn der Bewerber antwortet, sollte er seinen Gesprächspartner ansehen. Weitere Unternehmensvertreter sollten dabei nicht ignoriert werden, vielmehr sollte der Bewerber auch sie ab und zu anschauen.
Schließlich sind auch Gesten ein wichtiger Teil nonverbalen Verhaltens. Diese können Worten Nachdruck verleihen oder Aussagen beleben. Menschen mit lebhafter Gestik sollten während des Gesprächs versuchen, weniger zu gestikulieren, da sie leicht einen nervösen Eindruck machen. Menschen mit wenig ausgeprägter Gestik sollten versuchen, etwas lebendiger, dabei aber nicht unnatürlich zu wirken.

Paralinguistische Fähigkeiten

Paralinguistische Fähigkeiten sind Fähigkeiten, die mit der Sprechart zusammenhängen. Die Voraussetzungen für die richtige Anwendung verbaler Fähigkeiten wie Begründen und Formulieren sollen an dieser Stelle nicht behandelt werden. Vielmehr werden hier zunächst Artikulation, Lautstärke und Intonation erörtert.

Während des Vorstellungsgesprächs sollten Bewerber darauf achten, deutlich und verständlich zu sprechen. Eine deutliche **Artikulation** ist wesentliche Voraussetzung für Verständlichkeit. Das bedeutet, dass Bewerber die Worte und Silben deutlich und korrekt aussprechen. Ein unverständlicher Bewerber verärgert seine Zuhörer.
Ein zweiter Aspekt, der die Verständlichkeit beeinflusst, ist die **Lautstärke**. Jemand, der zu laut spricht, kann einen unkultivierten und unhöflichen Eindruck machen. Jemand, der zu leise redet, wirkt oft betreten und verunsichert. Schließlich beeinflusst auch der **Ton** die Verständlichkeit der Aussagen. Ein selbstsicherer, begeisterter und freundlicher Ton wirkt sehr positiv, ein gehemmter oder aggressiver, gleichgültiger Ton entsprechend negativ.

Begründen

Bewerber sollten im Vorstellungsgespräch darauf achten, dass sich die Antworten inhaltlich nicht widersprechen und sich stets auf die gestellten Fragen beziehen. Man sollte möglichst gut begründen, warum man sich für die Stelle eignet. Fragen, die einer deutlichen Begründung bedürfen, fangen oft mit „Warum" an. „Warum haben Sie sich damals für diesen Studiengang entschieden?" „Warum haben Sie mehr Zeit als üblich für Ihr Studium benötigt?" Bei solchen Fragen ist es wichtig, folgende Punkte zu beachten. Die Antwort sollte:

- für die Stelle relevant sein,
- direkt sein,
- logische Aussagen enthalten,
- konkret sein,
- strukturiert sein.

Eine Antwort ist relevant, wenn sich ihr Inhalt direkt auf das Anforderungsprofil bezieht.

Harald Gutwart wird im Vorstellungsgespräch gefragt, warum er sich um die Stelle des Chefredakteurs beworben hat. „Dies ist doch zumindest eine etwas ungewöhnliche Stelle für einen Betriebswirt."
Seine Antwort, dass er schon seit einigen Jahren mit viel Freude Redakteur der Werkszeitung Bank Bulletin ist, klingt überzeugender, als die Aussage, die Bankkultur sei ziemlich statisch und konservativ.

Eine Antwort sollte außerdem logisch und konkret sein. Behauptet ein Bewerber zu Anfang des Gesprächs, dass er Teamarbeit sehr schätzt, erzählt aber wenig später, dass er während des Studiums lieber allein als mit Kommilitonen gearbeitet hat, entbehrt das jeder Logik.
Der Bewerber sollte darauf achten, dass die Antwort strukturiert ist und er nicht während des Gesprächs „von Hölzchen zu Stöckchen" kommt. Er sollte sich die Antwort vorher gut überlegen (siehe auch „laut denken"). Er sollte nicht bloß irgendetwas erzählen, dadurch riskiert er, den Faden zu verlieren und seine Zuhörer zu verwirren.

Positiv formulieren

Der Bewerber versucht, sich im Vorstellungsgespräch möglichst gut darzustellen. Schließlich will er die Stelle, um die er sich beworben hat, und das ist nur möglich, wenn er die Unternehmensvertreter davon überzeugt, dass er am besten dafür geeignet ist und über die gewünschten Fähigkeiten für diese Stelle verfügt. Eine positive Selbstdarstellung wird nicht nur durch korrektes Verhalten gefördert, sondern auch durch möglichst positive Formulierungen.

Folgende Beispiele zeigen, wie man bestimmte negative Punkte auf positive Weise darstellen kann:

- Wenn der Bewerber gefragt wird, warum er länger als üblich studiert hat, sollte er nicht sagen, dass es ihm anfangs schwer fiel und ihn das Studium nicht so interessierte wie er anfangs glaubte oder dass er zu Beginn des Studiums auf einmal keine Lust mehr hatte zu lernen und einige Zeit etwas anderes machen wollte. Vielmehr sollte er die Antwort positiv formulieren und zeigen, dass er vielseitige Interessen hat. Vielleicht war er neben dem Studium in einem Verein tätig.
- Wenn das Studium erst vor kurzem abgeschlossen wurde und der Bewerber derzeit arbeitslos ist und gefragt wird, was er nach dem Abschluss gemacht hat, sollte er nicht sagen, dass es sehr schwer sei, eine Stelle zu bekommen, da es nur wenig offene Stellen gibt, sondern besser berichten, dass er intensiv nach einer Stelle gesucht hat, unbezahlte Tätigkeiten ausgeübt oder zusätzliche Kurse belegt hat. Er sollte zeigen, dass er nicht tatenlos zu Hause gewartet hat, bis man ihm etwas angeboten hat, sondern dass er aktiv Initiative gezeigt hat.
- Wenn der Bewerber gefragt wird, warum er sich gerade bei diesem Unternehmen beworben hat, sollte er nicht sagen, dass es für ihn das Wichtigste ist, eine Stelle zu finden, dass er endlich einmal das Gelernte in die Praxis umsetzen will, dass sich diese Gelegenheit zufällig ergeben hat und dass dieses Unternehmen eine offene Stelle hat, die zu seiner Ausbildung passt. Vielmehr sollte er erklären, dass ihm die eingeholten Informationen gezeigt hätten, dass das Unternehmen der Art, Atmosphäre oder Ideologie nach gut zu seinen Interessen, Präferenzen, Ambitionen oder Ansichten passe (dies zeugt von einer guten Vorbereitung) und dass es ihn deshalb reizt, in diesem Unternehmen zu arbeiten. Denkbar wäre auch mitzuteilen, dass der Bewerber erfahren hat, dass das Unternehmen ein angenehmes Arbeitsklima hat, in der persönliche Bemühungen und Initiativen bemerkt und geschätzt werden.

Diese Beispiele sollten den Bewerber nicht dazu verleiten, die Wahrheit zu verdrehen oder den Unternehmensvertretern nach dem Munde zu reden. Man sollte nicht sagen, wozu man nicht steht. Die Beispiele sollten jedoch zeigen, wie Aussagen positiv formuliert werden können.

Laut denken

Man sollte darauf gefasst sein, dass während des Vorstellungsgesprächs immer unerwartete Fragen gestellt werden. Daran kann auch eine noch so gute Vorbereitung nichts ändern. Manchmal sind diese Fragen etwas schwierig, sodass der Bewerber nicht sofort antworten kann. Die daraus resultierende Gesprächspause wirkt unter

Umständen bedrückend, was den Bewerber nervös macht, sodass er nicht mehr ruhig nachdenken kann. Das kann dazu führen, dass sich der Bewerber dazu verleiten lässt, etwas zu sagen, ohne seine Ansicht begründen zu können, oder aber die Antwort schuldig bleibt.
Auch für die Unternehmensvertreter kann eine solche Gesprächspause unangenehm sein. Sie wissen nicht, warum der Bewerber so lange schweigt und was in ihm vorgeht. Weiß er vielleicht die Antwort zu der Frage nicht? Hat er keine Meinung zum Thema? Traut er sich nicht zu antworten? Kann er nicht antworten, weil ihm das Thema vielleicht peinlich ist? Mag er nicht antworten, weil ihm die Frage zu persönlich ist? Die Unternehmensvertreter wissen nicht, wie sie die Stille interpretieren sollen. Dies führt zu einer angespannten Atmosphäre, die dem Gesprächsverlauf nicht förderlich ist.

Diese Situation lässt sich vermeiden, indem der Bewerber einräumt, dass es ihm schwer fällt, die Frage direkt zu beantworten und dass er darüber nachdenken muss. Zum Beispiel: „Oh..., das ist eine schwierige Frage..., die Antwort muss ich mir kurz überlegen..." Auf diese Weise weiß die Unternehmensseite, was im Bewerber vorgeht und wird ihm Zeit geben, über eine Antwort nachzudenken. Durch lautes Denken vermeidet der Bewerber die bedrückende Stille und verhindert, dass er sich durch Nervosität selbst blockiert.

Selbstsicherheit

Es kann in einem Vorstellungsgespräch vorkommen, dass dem Bewerber Fragen gestellt werden, die ihm für den ausgeschriebenen Arbeitsplatz völlig irrelevant oder so privat erscheinen, dass er sich dazu lieber nicht äußern möchte. Schließlich ist der Bewerber laut Rechtsprechung nur insoweit zu einer Auskunft verpflichtet, als ein Zusammenhang mit dem Arbeitsplatz bzw. der zu leistenden Arbeit besteht.
Falls der Bewerber eine Frage lieber nicht beantworten möchte, sollte er selbstsicher reagieren, indem er sich erst nach der Relevanz der Frage erkundigt. Dies empfinden viele Bewerber als besonders unangenehm, immerhin steht die Anstellung auf dem Spiel. Daher neigen etliche Bewerber dazu, alle ihnen gestellten Fragen zu beantworten und ignorieren die Tatsache, dass die Frage zu persönlich und daher unberechtigt ist.

Die Rechtsprechung im deutschsprachigen Raum sieht u.a. Fragen aus folgenden Bereichen als unzulässig an:

- **Krankheit:** Es besteht keine allgemeine Auskunftspflicht des Arbeitnehmers über ausgeheilte oder akute Erkrankungen. Mitteilungspflichtig sind nur solche Krankheiten, die den Arbeitnehmer wegen der Ansteckungsgefahr oder der Schwere der Erkrankung an der Arbeitsleistung hindern.
- **Schwangerschaft:** Eine Mitteilungspflicht bezüglich einer bestehenden Schwangerschaft existiert nicht. Eine Ausnahme bilden solche Fälle, in denen die Arbeitnehmerin die Arbeitsleistung nicht mehr erbringen kann, z.B. Mannequin, Sportlehrerin, Tätigkeiten, die ausschließlich in Nachtarbiet erfolgen.
- **Schwerbehinderung:** s.o.
- **Gewerkschaftszugehörigkeit:** Fragen zu diesem Thema sind grundsätzlich kein Gegenstand des arbeitgeberseitigen Fragerechts.

- **Religions- und Parteizugehörigkeit:** Auch diesbezügliche Fragen unterliegen nicht dem Fragerecht des Arbeitgebers. Ausnahmen gelten bei konfessionellen oder parteipolitischen Institutionen.
- **Genetische Veranlagungen:** Fragen zu diesem Thema stellen einen Eingriff in das Persönlichkeitsrecht des Arbeitnehmers dar und sind daher vom Fragerecht des Arbeitgebers ausgenommen.

Auch wenn der deutsche Gesetzgeber den potenziellen Arbeitnehmer schützt, indem eine Kündigung aufgrund diesbezüglicher offensichtlicher Falschaussage als unwirksam gilt, bleibt die Situation für den Bewerber problematisch.
Er sollte sich seine Reaktion gut überlegen, eine Verweigerung der Antwort wirkt oft negativer als eine kurze und sachliche Darstellung der Realität. Sollte der Bewerber aber die Relevanz einer Frage wirklich nicht einsehen, sollte er dies auf freundliche Weise sagen und seine Reaktion begründen.

Das Stellen eigener Fragen und die Abrundung des Gesprächs

In der Endphase des Vorstellungsgesprächs erhält der Bewerber die Gelegenheit, selbst Fragen zu stellen. Anhand dieser Fragen können die Unternehmensvertreter erkennen, ob der Bewerber die Informationen verstanden hat und es versteht, relevante Themen, die nicht erörtert wurden anzuschneiden. Bewerber empfinden es oft als schwierig, selbst Fragen zu stellen, weil
- sie sich vorher keine Fragen überlegt haben,
- sie Angst haben, frech oder dumm zu wirken.

Trotzdem ist es wichtig, Fragen zu stellen. Meistens wird dies als Zeichen von Interesse und Motivation interpretiert und geschätzt. Auch hier ist es wichtig, sich gut vorzubereiten. Man sollte sich überlegen, was unklar ist und was man wissen möchte. Es ist durchaus sinnvoll, diese Fragen aufzuschreiben und eine Liste zum Gespräch mitzubringen. Wird dem Bewerber die Gelegenheit geboten, Fragen zu stellen, sollte er die Frageliste ruhig heranziehen. Dabei sollte man darauf achten, möglichst klare Antworten zu erhalten.

Fragen, die man stellen könnte, sind:
- Wie ist die Stelle freigeworden?
- Mit wem arbeite ich zusammen?
- Welche sind die Arbeitsbedingungen (Möglichkeiten zur Weiterbildung, Beurlaubung usw.)?

Sollte der Bewerber bereits während des Gesprächs entdecken, dass ihn die Stelle aus irgendeinem Grund nicht interessiert, kann er sich dazu entschließen, das sofort mitzuteilen. Er kann die Sache aber auch noch einmal überdenken und das Unternehmen später über seine Entscheidung informieren.
In der Endphase können auch die Unternehmensvertreter Fragen stellen.
Fragen, auf die man sich vorbereiten kann, sind u.a. folgende:
- Wann könnten Sie anfangen?
- Haben Sie sich noch woanders beworben?
- Haben Sie Bedenken, wenn wir Erkundigungen über Ihr Vorleben einziehen?
- Wo möchten Sie in drei Jahren stehen?

Auf solche Fragen sollte man ehrlich antworten. Wenn man sich woanders beworben hat, kann man das ruhig äußern. Das schafft Klarheit und erhöht manchmal sogar das Interesse am Bewerber.
Das Gesprächsergebnis erfährt ein Bewerber selten sofort. Der Gesprächsführer erklärt das weitere Verfahren (falls er das noch nicht gemacht hat) und informiert den Bewerber, ob er schriftlich oder telefonisch benachrichtigt wird. Versäumt er dies, kann der Bewerber ihn selbst danach fragen. Zum Abschluss des Vorstellungsgespräches sollte sich der Bewerber für das Gespräch bedanken.

In der folgenden Übersicht wird die Struktur des Vorstellungsgesprächs (siehe Kapitel 5) im Zusammenhang mit den Bewerberfähigkeiten dargestellt.

Vorstellungsgespräch

Mitglieder des Bewerber-Auswahlgremiums	**Bewerber**
1 Vorbereiten: Interviewschema erstellen (siehe Kapitel 4)	1 Verbinden eigener Fähigkeiten mit dem Anforderungsprofil; Antworten zu schwierigen Fragen
2 Beruhigen	2 Sich beim Eintreten vorstellen, sich ruhig setzen
3 Einleitung: Ziel, Dauer und Gesprächsstruktur erläutern	3 Zuhören; nonverbale Fähigkeiten: Sitzhaltung, Blickkontakt
4 Auskünfte über das Unternehmen und die Stelle geben	4 Zuhören; nonverbale Fähigkeiten: Sitzhaltung, Blickkontakt
5 Interview: ■ Erläuterung des Bewerbungsschreibens und der Begründung ■ Behandeln des Lebenslaufs: Ausbildung Arbeitsvergangenheit Unklarheiten ■ Ausmaß, in dem der Bewerber dem Anforderungsprofil entspricht.	5 Nonverbale Fähigkeit: Gesten Paralinguistische Fähigkeiten: Artikulation, Lautstärke, Intonation Argumentieren Positiv formulieren Laut denken Selbstsicherheit
6 Gelegenheit geben, Fragen zu stellen	6 Stellen eigener Fragen
7 Bewerbungsverfahren darstellen	7 Zuhören, Fragen stellen bei Unklarheiten
8 Gespräch abrunden	8 Sich für das Gespräch bedanken

7 Das Mitarbeitergespräch

Die beiden Geschäftsführer, Hans-Peter Graf und Stefan Herzog, führen Mitarbeitergespräche mit den Chefredakteuren und Abteilungsleitern, die unter ihrer Aufsicht stehen. Die Termine für die Gespräche wurden etwa einen Monat vorher vereinbart. Beide Parteien wollten sich vorher einige Themen, die besprochen werden sollten, überlegen. Normalerweise fallen diese Gespräche beiden Geschäftsführern leicht. Ihr Wunsch, die Kommunikation im Unternehmen möglichst offen zu gestalten, führt auch in den Mitarbeitergesprächen zu guten Ergebnissen. Trotzdem schreckt Stefan Herzog ein wenig vor dem Gespräch mit Gerald Bassano zurück. Zwar schätzt er Geralds Fleiß sehr, aber im vergangenen Jahr ist es ein paar Mal zu Auseinandersetzungen gekommen. Stefan Herzog ist der Ansicht, dass sich Gerald Bassano so auf die Aufmachung der Zeitschriften konzentriert, dass er die kommerziellen Interessen des Verlags vernachlässigt. Tatsächlich ist Gerald bei der Emprimee GmbH angestellt worden, um die Zeitschriften attraktiver, auffälliger und kunstvoller zu gestalten, dennoch sollten diese Bemühungen nicht auf Kosten des Marktinteresses gehen. Kurzum: Gerald sollte der Kontinuität des Unternehmens als Ganzes größere Bedeutung beimessen.

Auch Gerald hat sich über das bevorstehende Mitarbeitergespräch Gedanken gemacht und sich einige Themen notiert, die er ansprechen möchte. Er ist der Ansicht, dass Stefan oft gereizt auf seine Vorschläge reagiert und sehr entschieden ist, wenn es um Deadlines geht. Gerald würde ohne weiteres auch am Wochenende arbeiten, wenn die Deadline für Freitag Mittag überschritten wird, aber das kommt für Stefan nicht in Frage. Termine müssen in jedem Fall eingehalten werden und die Arbeiten bis dahin erledigt sein. Darüber hinaus möchte Gerald gerne einen größeren Verlag für Business Magazines in den Vereinigten Staten besuchen. Dort werden Zeitschriften verlegt, die regelmäßig aufgrund ihrer kunstvollen Aufmachung einen Preis bekommen, wie beispielsweise die Zeitschriften Emergency Medicine und School Arts, die sich z.T. auf dieselben Fachbereiche wie die der Emprimee GmbH beziehen. Geralds Ansicht nach hat die hauseigene Fachzeitschrift ein schlechtes Image. Sie sieht langweilig, unattraktiv und unbedeutend aus.
Das bevorstehende Gespräch zwischen dem technischen Geschäftsführer Stefan Herzog und dem Artdirector Gerald Bassano verspricht daher recht interessant, aber auch heikel zu werden.

7.1 Einleitung

Nach einer Untersuchung der Bedeutung des Mitarbeitergesprächs in der Personalpolitik werden die wichtigsten Unterschiede zwischen einem Mitarbeitergespräch und einem Beurteilungsgespräch erörtert (Kap. 7.2). Es folgt eine Erörterung der Zielsetzung eines Mitarbeitergesprächs sowie der **Voraussetzungen** zur Durchführung von Mitarbeitergesprächen (Kap. 7.3). Kap. 7.4 behandelt die **Vorbereitungsphase**. Das darauf folgende Kapitel erläutert, welche **Rollen** ins Mitarbeitergespräch integriert werden sollten. Ein Mitarbeitergespräch unterscheidet sich zwar von einem Beurteilungsgespräch, das bedeutet jedoch nicht, dass die Arbeitsweise des Arbeitnehmers im Mitarbeitergespräch gänzlich unbeurteilt bleibt. Um Nachlässigkeiten bei der Beurteilung zu vermeiden, werden in Kap. 7.6 häufig auftretende **Beurteilungsfehler** besprochen. Kap. 7.7 beschreibt ein konkretes **Gesprächsmodell** sowie Fähigkeiten, die zum Führen des Mitarbeitergesprächs notwendig sind.

7.2 Die Bedeutung des Mitarbeitergesprächs innerhalb der Personalpolitik

Das Mitarbeitergespräch ist eine Gesprächsart, in der sowohl die Interessen des Unternehmens als auch die des Angestellten eine Rolle spielen. Diese Interessen sind nicht voneinander zu trennen. Veen (1991) führt hierzu aus: „Das Individuum hat das Bestreben, das Unternehmen so zu gestalten, dass seine Bedürfnisse und Werte, die er durch das Unternehmen zu befriedigen versucht, möglichst weit gehend berücksichtigt werden. Das Unternehmen beabsichtigt das Verhalten des Individuums so zu steuern, dass es zu den vom Unternehmen gewünschten Resultaten führt." Allerdings: „Für das Unternehmen ist es problematisch, die Bemühungen des Individuums in die gewünschte Richtung zu lenken und ihn so zu motivieren, dass er/sie sich besonders für das Unternehmen einsetzt." Für beide Parteien ist es daher wichtig, dass ein Mitarbeitergespräch die Möglichkeit bietet, auf angenehme und sinnvolle Weise die Bedürfnisse beider Gesprächspartner zu erörtern.

In vielen Unternehmen besteht noch Unsicherheit bzgl. der Durchführung von Mitarbeitergesprächen, obwohl dieses Thema in der Literatur schon seit Jahrzehnten international diskutiert wird. In den Niederlanden gab es beispielsweise bereits 1976 eine Tagung der „Vereniging voor Bedrijfspsychologie" (niederländischer Verband der Organisationspsychologen), auf der vorgebracht wurde, dass eine Beurteilungsweise, die sich ausschließlich auf die Betrachtung der Arbeitsleistung der Vergangenheit konzentriert, ohne auch eine Zukunftsperspektive für den Arbeitnehmer zu eröffnen, grundsätzliche Mittel der Mitarbeitermotivierung außer Acht lässt. Bis dahin war es in der Praxis meist so, dass Arbeitnehmer in gelegentlich geführten Beurteilungsgesprächen erfuhren, was die Geschäftsführung von ihrer Arbeit hielt, welche Aufstiegschancen sich möglicherweise ergaben und welche Folgen dies für die Bezahlung hatte. Untersuchungen haben gezeigt, dass solche Gespräche als unangenehm und wenig ergiebig empfunden wurden, zumal sich die Ansichten darüber, wie Menschen in Unternehmen miteinander umgehen sollten, änderten. Auf der oben erwähnten Tagung wurden folgende Aspekte für eine andere Beurteilungsweise besprochen:

- größere Betonung der Gleichwertigkeit der Gesprächspartner,
- größere Betonung der Aufgaben anstatt der Person des Arbeitnehmers,
- größere Betonung der Zukunft anstatt der Vergangenheit.

Auf der Grundlage dieser Aspekte plädierte man für die Differenzierung verschiedener Gesprächsarten. Wenn ein **Beurteilungsgespräch** dazu dient, die Arbeits- und Verhaltensweise des Mitarbeiters sowie dessen Zusammenarbeit mit Vorgesetzten und Kollegen zu erörtern und darüber hinaus Grundlage eventueller Gehaltsanpassungen ist, bedarf es keiner weiteren Erklärung, dass sich ein Arbeitnehmer kaum als gleichwertiger Partner empfinden und verhalten kann. Aus diesem Grund sollten Beurteilungs- und Mitarbeitergespräch voneinander unterschieden werden.

Das Mitarbeitergespräch ist immer Bestandteil eines größeren Beurteilungssystems und einer **Personalpolitik**, die Wert darauf legt, dass die Arbeitnehmer über die Dinge, die sie betreffen, mitdiskutieren und ihre Ideen dazu einbringen. Die Zusammenarbeit zwischen Vorgesetzten und Angestellten wird auf diese Weise verbessert. Andererseits ist das Führen von Mitarbeitergesprächen kaum sinnvoll, wenn diese Gespräche kein Bestandteil einer gezielten und kontinuierlichen Personalpolitik sind. Deutet beispielsweise eine Arbeitnehmerin ihre Unzufriedenheit mit ihrer derzeitigen Position an und signalisiert sie, eine größere Verantwortung übernehmen zu wollen, sollte diesem Wunsch, sofern er der Eignung der Mitarbeiterin entspricht, Rechnung getragen werden. Ein Fortbildungskurs (**Weiterbildungspolitik**) oder auch die Versetzung in eine höhere Position (**Aufstiegspolitik**) bieten sich hier als Möglichkeiten an.

Mitarbeitergespräch	**Beurteilungsgespräch**
In diesem Gespräch stehen die Arbeitsweise und die Zusammenarbeit im Mittelpunkt. Wie lief es in der letzten Zeit? Was gelang gut, was weniger gut? Im Gespräch werden Problemursachen sowie mögliche Lösungen untersucht. Das Gespräch hat keine Konsequenzen für die Bezahlung oder die Aufstiegschancen.	In diesem Gespräch stehen die Konsequenzen einer vorher durchgeführten Beurteilung im Mittelpunkt. Der Arbeitnehmer wird mit seiner Beurteilung konfrontiert, an die meistens eine Gehaltskorrektur, feste Anstellung oder Versetzung geknüpft sind.
Vorgesetzte und Mitarbeiter führen das Gespräch gemeinsam.	Der oder die Vorgesetze spricht die meiste Zeit.
Im Gespräch werden gegenseitige Vereinbarungen getroffen.	Im Gespräch werden einseitige Vereinbarungen getroffen.
Beide bereiten das Gespräch vor.	Der oder die Vorgesetzte bereitet das Gespräch hauptsächlich vor.

7.3 Ziel und Voraussetzungen

Ziel des Mitarbeitergesprächs ist es, die Interessen des Unternehmens als auch die des Arbeitnehmers möglichst gut aufeinander abzustimmen. Folglich wird eine Optimierung der Mitarbeitermotivation und des Arbeitsergebnisses als auch der Zusammenarbeit zwischen Arbeitnehmern, Kollegen und Vorgesetzten angestrebt. Es geht um regelmäßig stattfindende Gespräche, in denen die Arbeit, die Arbeitsatmosphäre, die Aufgabenerfüllung und die Arbeitsumstände besprochen werden. Darüber hinaus sollen hier Vereinbarungen und Maßnahmen bzgl. bestehender Probleme getroffen werden.

Das Einführen von Mitarbeitergesprächen als ein Mittel zur Leistungsoptimierung erfordert bestimmte Voraussetzungen:

- Angestellte als auch Vorgesetzte sollten an dem Entwurf und der Einführung der Gespräche beteiligt sein und die Bedeutung dieser Gespräche für das Unternehmen und sich selbst erkennen.

- **Alle Beteiligten sollten begreifen, welchen Zweck dieser Informationsaustausch** hat und wie diese Informationen verwertet werden. Fehlt diese Transparenz, befürchtet der Arbeitnehmer primär Konsequenzen für Gehalt und Aufstiegschancen und übt sich in starker Zurückhaltung.
- Drittens sollte man bedenken, dass Mitarbeitergespräche hohe Ansprüche an die sozialen Kompetenzen der Vorgesetzten stellen. Jedes Unternehmen hat ein eigenes „soziales Klima". Manche werden sehr hierarchisch, andere eher teamorientiert geführt. Aus diesem Grund ist es wichtig zu untersuchen, inwieweit dieses Klima für die systematische Einführung von Mitarbeitergesprächen geeignet ist.

7.4 Vorbereitung

Um auf effiziente Weise ein Mitarbeitergespräch führen zu können, sollten sich beide Gesprächspartner gründlich **vorbereiten** und die Zielsetzung des Mitarbeitergesprächs kennen. Wenn Vorgesetzte und Mitarbeiter bereits früher einmal ein solches Gespräch geführt haben, verfügen vermutlich beide über einen (kurzen) **Bericht** der Vereinbarungen, die im letzten Gespräch getroffen wurden, zugänglich. Im Falle eines erstmalig zu führenden Mitarbeitergesprächs sollte die Vorgesetzte eine **Aufgabenbeschreibung** oder Notizen über den vergangenen Zeitabschnitt vorbereiten. Dann sollte rechtzeitig ein Termin mit dem betreffenden Arbeitnehmer vereinbart werden. Dieser sollte sich überlegen, welche Aspekte er ansprechen möchte. Im Mitarbeitergespräch wird dann erörtert, was in der Vergangenheit problematisch verlief und was verbessert werden könnte. Hierbei kann es um die Aufgaben des Mitarbeiters, ihn selbst, die Zusammenarbeit mit anderen oder mit den Vorgesetzten gehen. Notizen können hier als Gedächtnishilfe dienen.

7.5 Rollen

Einerseits hat der oder die Vorgesetzte im Mitarbeitergespräch die Rolle eines **Betreuers**, das heißt, er reguliert das Gespräch und achtet darauf, dass der Arbeitnehmer seine Meinung vorbringt. Indem sie sich den Aussagen des Mitarbeiters gegenüber offen verhält, regt er ihn an, seine Gedanken und Wünsche hinsichtlich seiner Arbeit frei zu äußern. Andererseits sollte der Vorgesetzte auch die Rolle des **Experten** erfüllen. In bestimmten Bereichen ist sie aufgrund ihrer Kenntnisse und Erfahrungen qualifizierter, Lösungsvorschläge für angekündigte Probleme zu finden.
In der Praxis sollte der Vorgesetzte beide Rollen erfüllen können. Der Ton des Gesprächs sollte sachlich und auf Zusammenarbeit ausgerichtet sein, das **gemeinsame** Lösen von Problemen steht im Mittelpunkt.

7.6 Beurteilungsfehler

Bei der Beurteilung der Arbeitsweise eines Mitarbeiters und der Erörterung seiner beruflichen Perspektiven werden oft Fehler gemacht. Die meisten Menschen sind sich solcher Fehler nicht bewusst. Menschen sind geneigt, das wahrzunehmen, was sie erwarten wahrzunehmen. Wenn man eine Person nicht mag, fallen einem eher die negativen als die positiven Seiten ins Auge. Auch Vorurteile spielen eine Rolle. Sie fließen leider oft in eine Beurteilung mit ein: „Frauen sind zu emotional", „Männer neigen zu autoritärem Führungsstil", „Frauen sind schlechte Manager" oder „Männer sind kommunikationsunfähig". Auf solche Vorurteile greift man oft zurück, um die eigene Meinung nicht ständig der Realität anpassen zu müssen. Vorurteile erleichtern vermeintlich das Denken, indem sie Menschen mit einem „Stempel" versehen. Diesen Beurteilungsfehler nennt man **Abstempeln**. Hat erst einmal jemand ein „Stempel", wird nicht mehr wahrgenommen, inwieweit sich die Person auch verändert oder abweichend vom einmal gefällten Urteil verhält. Es folgen einige häufige Beurteilungsfehler:

Vermeiden extremer Beurteilungen
Vorgesetzte vermeiden in der Regel extreme Bewertungen und bevorzugen dagegen durchschnittliche Beurteilungsbeschreibungen. Das Vermeiden extrem negativer Beurteilungen erklärt sich einerseits aus der Scheu vor der Mitteilung schlechter Nachrichten, andererseits aus der daraus resultierenden Demotivierung des Arbeitnehmers. Extrem positive Beurteilungen könnten den Mitarbeiter gegen Kritik immunisieren.

Nachsicht
Wird bei der Beurteilung zu viel Nachsicht geübt, fällt das Urteil positiver aus, als es der Realität entspricht. Dieser Fehler kommt oft in Unternehmen vor, in denen die Verhältnisse zwischen Vorgesetzten und Mitarbeitern eher kollegial als hierarchisch sind. Die gegenseitige Abhängigkeit ist in diesem Fall größer. Insofern ist es verständlich, dass die Urteile nicht zu negativ ausfallen sollten, da sonst Mitarbeitermotivation und Arbeitsatmosphäre gefährdet sind. Dennoch sollte das Mitarbeitergespräch ein realistisches Bild der Zusammenarbeit entwerfen, das es beiden Parteien ermöglicht, die Qualität, aber auch die Schwachstellen der Zusammenarbeit zu sehen.

Strahleneffekt
„Strahleneffekt" bedeutet, dass eine positive Eigenschaft einer Person auf andere Eigenschaften ausstrahlt. Ein hervorstechender Aspekt sorgt dafür, dass die Person als Ganzes positiv beurteilt wird. Beispiel: Ein Projektleiter, der für seine Umgänglichkeit sehr geschätzt wird, erhält auch für seine Verwaltungsarbeit und das Setzen von Prioritäten eine positive Beurteilung, obwohl er Defizite in diesen beiden Punkte zeigt.

Horn-Effekt
Der „Horn-Effekt" bezeichnet das Gegenteil des Strahleneffekts. Dieser Effekt besagt, dass ein Beurteilender aufgrund einer negativen Eigenschaft ein allgemein zu negatives Urteil über einen Arbeitnehmer fällt. Eine Sekretärin, die zum Beispiel den Terminkalender nicht ordentlich führt, wird in anderen Eigenschaften insgesamt negativer beurteilt, als es der Realität entspricht.

Psychologisieren
„Psychologisieren" bedeutet, anhand einer bestimmten Arbeitseigenschaft eines Mitarbeiters ein Urteil über dessen Charakter zu fällen. Fällt es beispielsweise einem Arbeitnehmer schwer, Prioritäten zu setzen, schließt man daraus, dass er sich unsicher fühlt und nicht selbstständig arbeiten kann. Die Folge von „psychologisierenden" Aussagen ist oft ein Abstempeln des Arbeitnehmers. Wenn man im Gespräch selbst psychologisiert (zum Beispiel: „Sie sind nun einmal ein eher abhängiger Mensch."), verärgert man den Arbeitnehmer, da solche Charakterisierungen wenig konstruktiv sind und kaum Möglichkeiten zu konkreten Verbesserungen im Verhalten des Arbeitnehmers bieten.

Fehler vermeiden
Bei der Beurteilung von Mitarbeitern können unbewusst zahlreiche Fehler gemacht werden. Daher sollten Beurteilungen sorgfältig vorgenommen werden. Die Beachtung folgender Regeln hilft, Fehler zu vermeiden:

- Mitarbeiter sollten stets über einen längeren Zeitraum beurteilt werden, damit nicht nur Einzelfälle Beachtung finden.
- Die Beurteilung der Arbeitsleistung sollte mit Bezug auf die Arbeitsplatzbeschreibung erfolgen.
- Vergleiche mit Kollegen, die an einem anderen Arbeitsplatz arbeiten, sollten vermieden werden.
- Es ist hilfreich, sich eine Übersicht über eigene Beurteilungsfehler zu verschaffen, um sich dieser bewusst zu werden und sie in Zukunft zu vermeiden.
- In dem zu beurteilenden Zeitraum sollten nur relevante Ereignisse Beachtung finden und anhand von Tatsachen bewertet werden.

7.7 Ein Gesprächsmodell – erforderliche Fähigkeiten

Das folgende Kapitel stellt ein aus vier Phasen bestehendes Gesprächsmodell vor:

- Gesprächseröffnung,
- Erstellung der Tagesordnung,
- Besprechung der Themen und
- Gesprächsbeendigung.

Die Eröffnung des Gesprächs

Der Vorgesetzte eröffnet das Gespräch mit einer kurzen Zusammenfassung des Gesprächsziels und gibt die Dauer des Gesprächs an (siehe Kap. 1.2).

Im Gespräch bei der Emprimee GmbH zwischen Stefan Herzog und Gerald Bassano sagt Stefan: „Wie du weißt, wollen wir in diesem Mitarbeitergespräch deine Leistungen in der letzten Zeit sowie eventuelle Verbesserungen besprechen und überlegen, wie wir in Zukunft verfahren. Dazu haben wir bis ... Uhr Zeit."
Stefan deutet anschließend an, wie er sich den Verlauf des Gesprächs vorstellt und verweist auf die Vorbereitung: „Wir haben vereinbart, dass wir beide über die zu erörternden Themen nachdenken wollen. Ich schlage vor, zuerst eine Liste dieser

Themen zu erstellen. Wollen wir mit deinen Themen anfangen und dann zu meinen überwechseln? Danach können wir sie der Reihe nach durchgehen. Schließlich möchte ich mit dir Vereinbarungen für die nächste Zeit treffen und besprechen. Bist du damit einverstanden?"

Erstellung der Tagesordnung

Hier wurde also im Voraus vereinbart, dass sich sowohl Vorgesetzter als auch Mitarbeiter die Punkte notieren, die besprochen werden sollen. Der Gesprächsleiter erstellt nach der Gesprächseröffnung eine Liste dieser Punkte. Beide Gesprächspartner sollten versuchen, die zu behandelnden Aspekte stichpunktartig zu benennen. In Einzelfällen mag eine kurze Erläuterung notwendig sein, eine allzu tief gehende Erläuterung sollte aber vermieden werden, da es in diesem Stadium nur um die Erstellung der Tagesordnung geht.

Stefan Herzog und Gerald Bassano kommen in dieser Phase zu folgenden Punkten.
Gerald:
- *Stefans Verhalten hinsichtlich Deadlines und Gestaltung,*
- *Reise nach Amerika.*

Stefan:
- *große Bemühungen,*
- *kommerzielle Interessen der Emprimee GmbH.*

Gesprächsthemen des Mitarbeiters

Der Vorgesetzte erteilt, wie vereinbart, erst dem Mitarbeiter das Wort.

Stefan: „Zuerst wollten wir mein Verhalten bezüglich Deadlines und Gestaltung besprechen. Kannst du das erläutern?"

Wenn der Mitarbeiter sein Anliegen schildert, sind vor allem **Zuhörfähigkeiten** wichtig: aufmerksames Verhalten, Fragen stellen, paraphrasieren, Gefühle reflektieren und konkretisieren.
Sobald dieses Anliegen und die Ansichten des Arbeitnehmers deutlich geworden sind, äußert der Vorgesetzte seinen Standpunkt. Verständnis für die Ansichten des Mitarbeiters bedeutet keineswegs automatisch Zustimmung. Der Vorgesetzte sollte in der Lage sein, **seine eigene Meinung deutlich vorzubringen**. Bevor jedoch die Aspekte, über die kein Einverständnis herrscht, besprochen werden, werden die Punkte aufgegriffen, über die Einigkeit besteht. Anschließend wird gemeinsam nach einer Lösung gesucht. Es kann durchaus vorkommen, dass der Vorgesetzte vom Mitarbeiter **kritisiert** wird.

Gleich zu Beginn der Tagesordnung, die Stefan Herzog und Gerald Bassano aufgestellt haben, steht Geralds Kritik an Stefan, dass dieser zu streng sei, wenn es um Deadlines geht, und dass er seinen Entwürfen zu wenig Aufmerksamkeit schenke.

Auf **Kritik zu reagieren** ist eine wichtige Fähigkeit in einem Mitarbeitergespräch (siehe Kap. 3.2). Viele Menschen neigen dazu, Kritik als direkten Angriff auf ihre Person zu interpretieren. Sie verteidigen sich sofort oder starten einen Gegenangriff. Auf diese Weise kann Kritik kaum positiv wirken und keine Grundlage für die Verbesserung der Zusammenarbeit sein. In diesem Zusammenhang ist es wichtig, dass der Vorgesetzte ruhig zuhört und sich fragt, ob er die Kritik seines Gesprächspartners versteht. Er hat zunächst verschiedene Möglichkeiten darauf zu reagieren: Er kann ganz oder weitestgehend mit der Kritik einverstanden sein. In diesem Fall kann er seinem Gesprächspartner Recht geben und andeuten, wie er sein Verhalten in Zukunft ändern will.

Es kann aber auch sein, dass der Vorgesetzte gar nicht oder nur teilweise mit der Kritik einverstanden ist. Er kann dann (noch einmal) paraphrasieren, was der Mitarbeiter gesagt hat, und seine Meinung dazu äußern. Danach kann er versuchen, über diesen Punkt eine Vereinbarung zu treffen, eventuell in Form eines Kompromisses.

Stefan Herzog könnte zum Beispiel sagen: „Ich reagiere in der Tat meistens etwas beharrlich, wenn du versuchst die Deadline aufzuschieben und mir im letzten Moment wieder mit einem neuen Entwurf kommst. Ich sehe nicht so schnell ein, was der Mehrwert einer weiteren Änderung ist. Ich bin der Meinung, dass du den Stichtag einhalten solltest. Ich halte es für besser, du machst vorher Überstunden als am Wochenende danach. Wollen wir darüber eine Vereinbarung treffen?“
Auch Gerald Bassano möchte die Atmosphäre während des Mitarbeitergesprächs nicht verderben. Erstens hat er mehr Spaß an der Arbeit, wenn das Verhältnis zu seinem Vorgesetzten gut ist. Zweitens will er Stefans Zustimmung für seine Reise in die USA gewinnen. Gerald formuliert seine Kritik an Stefan am besten folgendermaßen:
„Ich finde es sehr enttäuschend, wenn du dir nicht einmal den Entwurf ansiehst und dazu etwas Positives sagst, sondern dich hauptsächlich darum sorgst, ob die Deadline gefährdet ist.“
Ungünstig wirkt dagegen der bloße Vorwurf: „Du bist total streng und bestehst krampfhaft auf Einhaltung der Deadline.“

Es kommt natürlich vor, dass sich ein Arbeitnehmer über einen Vorfall oder seinen Vorgesetzten ärgert. **Auf Ärger zu reagieren** ist eine Fähigkeit, die der Vorgesetzte beherrschen sollte. Er sollte bedenken, dass das Gespräch pragmatisch und sachlich bleiben sollte. Mit Emotionen wie Ärger kann man umgehen, wenn man sich bemüht, pragmatisch auf sie zu reagieren. Das könnte der Vorgesetzte tun, indem er **konkretisierende** Fragen stellt, um auf die Weise die Ursache des Ärgers festzustellen: „Können Sie erläutern, was Sie mit ‚dem ganzen Scheiß‘ meinen? Können Sie ein konkretes Beispiel geben?“ Manchmal ist es notwendig, kurz das Gefühl des Ärgers zu reflektieren: „Ich spüre, dass Sie wütend sind. Wollen wir jetzt versuchen, der Sache einmal ruhig nachzugehen, damit ich möglichst gut verstehe, was Sie ärgert und was wir machen können?“ Nachdem der Arbeitnehmer die Gelegenheit erhalten hat, die Gründe seines Ärgers zu formulieren, kann der Vorgesetzte paraphrasieren: „Ich verstehe, dass Ihrer Ansicht nach die Personalabteilung kein bisschen Verständnis für Ihre Lage zeigt.“ Anschließend erläutert der Vorgesetzte seinen Standpunkt. Möglicherweise hat der Arbeitnehmer die Probleme selbst ver-

schuldet. Allerdings wäre es unklug, ihm dies vorzuwerfen, da dies den Konflikt erneut entfachen würde. Vielmehr sollte der Vorgesetzte versuchen, konkrete Vereinbarungen zu treffen, um die Ursache des Ärgers zu beheben.
Nachdem der Mitarbeiter alle Punkte seines Anliegens vorgebracht hat, prüft der Vorgesetzte noch kurz, ob nichts vergessen wurde („Gibt es noch andere Punkte, die Sie in diesem Moment ansprechen möchten?"), anschließend werden seine eigenen Gesprächsthemen besprochen.

Gesprächsthemen des Vorgesetzten

Bevor er eventuelle Probleme anspricht, sollte der Vorgesetzte zunächst ein positives Feedback vermitteln, indem er die erfreulichen Aspekte lobend erwähnt. In problemorientierten Gesprächen ist man oft geneigt, die negativen Vorfälle herauszustellen und positive Ereignisse zu vernächlässigen. Dabei wirkt sich Lob positiv auf die Motivierung und das Wohlbefinden des Mitarbeiters aus. Aus diesem Grund sollte der Vorgesetzte unbedingt auch seine Anerkennung für die positiven Leistungsaspekte seines Mitarbeiters ansprechen: „Im Allgemeinen fällt mir auf, dass Sie sehr hart arbeiten. Sie sind meistens als Erster hier und verlassen das Haus als Letzter!"
Allerdings muss der Vorgesetzte manchmal auch kritisieren (siehe Kap. 3.1). Dabei sollte er möglichst konkret vorgehen.

Also nicht:
„Du kommst mit deinem Entwurf jedes Mal hinterher",
sondern:
„Letzten Monat hattest du den endgültigen Entwurf für Pallas erst am Montag Vormittag fertig, obwohl wir verabredet hatten, dass er Freitag Nachmittag in die Druckerei gehen sollte, um am Montag Vormittag mit dem Drucken beginnen zu können."

Der Vorgesetzte sollte dem Mitarbeiter begreiflich machen, dass er kein negatives Urteil über ihn als Person fällt, sondern lediglich Kritik an **bestimmten arbeitsbezogenen Verhaltensweisen**, übt. Das ist nicht immer leicht. Der Vorgesetzte könnte die Befürchtung haben, seinen Mitarbeiter zu verletzen oder der Arbeitsatmosphäre zu schaden. Schluckt der Vorgesetzte seine Kritik jedoch wiederholt herunter, besteht die Gefahr eines gereizten Arbeitsklimas, was sowohl die Leistung des Vorgesetzten als auch des Mitarbeiters beeinträchtigen kann. Es ist daher wichtig, Kritik **offen, ehrlich und deutlich** zu üben. Der Ton sollte **sachlich, selbstsicher** und nicht aggressiv sein, wie beispielsweise: „Mir reicht's!", aber auch nicht schüchtern: „Nun, es fällt mir sehr schwer dies zu sagen, aber..."
Besser ist: „Meiner Meinung nach ist die Anlaufzeit für Projekte zu lang. Ich würde gerne mit Ihnen die Ursachen und Verbesserungen besprechen."
Wenn es sich um Punkte handelt, über die in einem früheren Gespräch Vereinbarungen getroffen wurden, sollte der Vorgesetzte diese Vereinbarungen kurz erwähnen:

„Wir haben das letzte Mal vereinbart, dass du monatlich einen Kurzbericht über die Klagen, die bei deiner Abteilung eingereicht werden, abgeben solltest. Seitdem

bekomme ich die Berichte immer pünktlich, die Informationen, die sie enthalten, sind aber nicht sehr deutlich."

Damit beschreibt der Vorgesetzte erst einmal die positiv verlaufenen Umstände und anschließend solche, die verbesserungswürdig sind. Sofern es sich hierbei um neue Aspekte handelt, erläutert der Vorgesetzte zunächst, was seiner Ansicht nach konkret schief lief. Hierbei ist es wichtig, sich zu vergewissern, das der Mitarbeiter das Problem erkennt: „Können Sie sich das vorstellen?" Anschließend bittet er den Arbeitnehmer, Verbessserungsvorschläge zu machen: „Haben Sie einen Vorschlag, wie wir dies in Zukunft besser regeln könnten?" Sofern er mit diesem Vorschlag einverstanden ist, formuliert er die getroffene Vereinbarung. Hat er jedoch einen anderen Vorschlag, paraphrasiert er den Vorschlag des Mitarbeiters und erörtert anschließend seine eigene Anregung zu dem Problem.

Stefan: „Ich verstehe, dass du in deinem Fach allmählich „untergehst" und dass du gerne einmal einen amerikanischen Zeitschriftengiganten besuchen möchtest. Du schlägst vor, in den Weihnachtsferien zu verreisen, was ich für keine gute Idee halte. Hier im Verlag wird um diese Zeit Hochbetrieb sein, so dass du kaum Zeit haben wirst, dich vorzubereiten. Dazu ist die Reise eigentlich zu teuer. Mein Vorschlag wäre deshalb, dass du im Februar verreist und dann zum Beispiel McGraw und die Tagung der Business Press Foundation in Boston besuchst. Was hältst du davon?"

Für alle Gesprächspunkte gilt, dass **konkrete** Vereinbarungen für die nähere Zukunft getroffen werden. Dabei sollte versucht werden, sich **gemeinsam auf eine bestimmte Vorgehensweise** zu einigen. Die Vereinbarung wird konkret formuliert. Zum Beispiel:

Stefan: „Wir vereinbaren also, dass du die Deadlines ab jetzt einhälst. Das heißt, dass die Entwürfe freitags fertig sind. Wenn du dafür Überstunden machen musst, sagst du mir vorher Bescheid, einverstanden?"

Beenden des Gesprächs

Zum Schluss des Gesprächs fasst der Vorgesetzte noch einmal die getroffenen Vereinbarungen zusammen und vergewissert sich, ob der Mitarbeiter einverstanden ist. Danach spricht er den Hauptgegenstand des Gesprächs an: die **Beurteilung**. Sofern der Mitarbeiter zum ersten Mal an einem Mitarbeitergespräch beteiligt war, wird diesem Aspekt verstärkte Aufmersamkeit gewidmet. In diesem Zusammenhang ist es sinnvoll, noch einmal auf das Gesprächsziel zu verweisen: „Wir wollten die Arbeitweise und Zusammenarbeit besprechen." Anschließend fragt der Vorgesetzte, ob das Gespräch den Erwartungen des Mitarbeiters entsprochen hat: „Sind Sie mit der Art und Weise, wie wir die Vereinbarungen getroffen haben, zufrieden?" Auch fragt er explizit, ob das Gespräch für den Mitarbeiter ergiebig war: „Sind Sie der Meinung, dass Ihnen dieses Gespräch etwas gebracht hat?" Schließlich äußert auch der Vorgesetzte seinen Eindruck vom Gespräch, dass es ihm beispielsweise angenehm war, die Arbeit einmal in aller Ruhe durchzusprechen. Der Vorgesetzte beendet die Besprechung, indem er einen neuen Termin mit seinem Mitarbeiter vereinbart.

Mitarbeitergespräch

	grundlegende Gesprächsfähigkeiten
1 **Gesprächsbeginn** ■ Ziel darstellen ■ verfügbare Zeit angeben ■ Verlauf des Gesprächs angeben: – Tagesordnung erstellen, – Themen besprechen, – Vereinbarungen treffen	■ Eröffnung des Gesprächs
2 **Erstellung der Tagesordnung** ■ eine stichpunktartige Liste von Themen erstellen, die sowohl Mitarbeiter als auch Vorgesetzter besprechen wollen	■ Inhalt paraphrasieren ■ kurze offene und/oder geschlossene Fragen stellen
3 **Besprechung der Themen** ■ Themen des Mitarbeiters: – versuchen zu verstehen, was gemeint ist: – gut zuhören und nachfragen – deutlich die eigene Meinung sagen – versuchen, die Schwierigkeiten gemeinsam zu lösen – sachlich reagieren (selbstsicher und nicht defensiv nach Kritik) – versuchen, Lösungen in konkreten Vereinbarungen zu treffen ■ Themen des Vorgesetzten: – auch positives Feedback geben – offen, ehrlich und deutlich in der Kritik sein – versuchen, die Schwierigkeiten gemeinsam zu lösen – versuchen, Lösungen in konkreten Vereinbarungen zu treffen	■ aufmerksames Verhalten ■ Fragen stellen ■ Inhalt paraphrasieren ■ Gefühle reflektieren ■ konkretisieren ■ Auskünfte geben ■ auf Kritik reagieren ■ kitisieren ■ zusammenfassen

8 Das Verkaufsgespräch

Arnold Deich, Verkaufsleiter bei der Emprimee GmbH arbeitet an einer Werbekampagne, um Inserenten aus der Softwarebranche anzuwerben. Die drei bisherigen Zeitschriften und die neue, vierte Zeitschrift beinhalten jeweils einen Informatikteil mit Artikeln zu Managementinformationssystemen. Dieser Teil widmet sich vor allem der Einführung neuer MI-Systeme, dem Vergleich und der Bewertung bestehender Systeme sowie der Fachberatung der jeweiligen Zeitschriftenzielgruppe. Arnold und seine Mitarbeiter der Abteilung „Werbung und Akquisition" haben sich an die PR-Abteilungen verschiedener Softwareanbieter gewandt und sich daraufhin telefonisch noch einmal gemeldet. Es ist ihnen gelungen, einige Termine zu vereinbaren.

Arnold bereitet sich auf die Gespräche vor und berät sich mit seinen Mitarbeitern. Immerhin verkaufen Anzeigenwerber ein seltsames Produkt: Sie bieten „Raum" an. Aus eigener Erfahrung weiß Arnold, dass „Raum" kein leicht verkäufliches Produkt ist. Zunächst macht er eine Bestandsaufnahme aller Einwände, die seine Gesprächspartner vorbringen könnten:

Ich glaube nicht an Werbung.
Ich glaube nicht an Ihre Zeitschrift.
Wir machen grundsätzlich keine Werbung.
Wir machen schon Werbung in ...
Wir sind bekannt genug.
Ihre Preise sind viel zu hoch.
Das geht über unser Budget.
Ich bin in dieser Sache nicht befugt zu entscheiden.
Melden Sie sich bitte in einer Woche/einem Monat/einem Jahr noch einmal.
Ich habe jetzt einen anderen Termin.

„Gelingt es euch, diesen Widerstand zu brechen, ist schon viel gewonnen", sagt er seinen Mitarbeitern. Warum sollte gerade eine Softwarefirma bei einer Emprimee-Zeitschrift – am liebsten bei allen vier Zeitschriften – Raum für Inserate kaufen? Was sind die Vorteile für den Kunden?
Arnold hat einige Trümpfe in der Hand. Erstens verfügt er über eine detaillierte und deutliche Übersicht über den Leserkreis der Emprimee GmbH, einschließlich demografischer Daten. Hiermit könnte der Kunde gezielter werben. Zweitens lädt die Emprimee GmbH einmal im Jahr alle Abonnenten zu einem thematischen Kongress ein. Auf dieser Tagung können Inserenten Vorträge halten und ihre Produkte vorführen. Obendrein hat die Emprimee GmbH letztes Jahr ein unabhängiges Forschungsinstitut gebeten, die Leserschaft neben den Abonnenten, die flüchtigen Leser, zu analysieren. Die Untersuchung ergab, dass vor allem die Zeitschrift Hermes viele flüchtige Leser hat. Man stellte dem Leser ein Geschenk in Aussicht und fand über Antwortkarten heraus, dass pro Heft durchschnittlich fünf andere Personen die Zeitschrift lesen. Außer den Abonnenten selbst lesen noch deren Besucher im Empfangsraum, Angestellte in der Kantine sowie Familienmitglieder oder Bekannte die Zeitschrift.

Die Inseratskosten der Emprimee GmbH entsprechen den üblichen Konditionen von Fachzeitschriften mit ähnlicher Auflage. Das heißt: ungefähr 850 DM für eine Viertelseite und bis zu 3.000 DM für eine ganze Seite. Rück- und Innenseite des Umschlags sind selbstverständlich teurer. Schaltet eine Firma meherere Anzeigen, erhält sie einen Rabatt.

Arnold und seine Mitarbeiter müssen sich nicht nur in den drei bestehenden Zeitschriften auskennen, sondern auch im Businessplan der neuen Zeitschrift Apoll.

8.1 Einleitung

Das Verkaufsgespräch verfolgt ein klares Ziel. Der Verkäufer (Sender) möchte dem Käufer (Empfänger) sein Produkt verkaufen. Auf diesem Weg sind einige Hindernisse zu überwinden. Dabei wäre zunächst die Frage der Verkaufsstrategie zu lösen.

Im Allgemeinen unterscheidet man zwischen zwei Verkaufssituationen:
a) der Kunde wendet sich an den Verkäufer,
b) der Verkäufer sucht potenzielle Käufer.

In der ersten Verkaufssituation hat der Kunde schon einen wesentlichen Teil des Kaufprozesses hinter sich. Er hat sich bereits entschieden, Informationen über das Produkt einzuholen, und weiß im Wesentlichen, was der Verkäufer anbietet. Obwohl das Verkaufsgespräch in beiden Situationen aus denselben aufeinander aufbauenden Phasen besteht, gestalten sich die Phasen je nach Verkaufssituation unterschiedlich.

Dieses Kapitel behandelt nacheinander die Vorbereitung auf das Verkaufsgespräch (Kap. 8.2), die Struktur des Verkaufsgesprächs (Kap. 8.3) sowie die Gesprächsfähigkeiten, die in den jeweiligen Gesprächsphasen erforderlich sind (Kap. 8.4).

8.2 Vorbereitung

Eine gute Vorbereitung auf das Verkaufsgespräch ist unerlässlich. Zunächst versucht der Verkäufer die Wünsche und Bedürfnisse des Kunden zu ergründen. Dann macht er eine Bestandsaufnahme der Vorzüge seines Produkts oder seiner Dienstleistung. Er überlegt sich, welche Produkteigenschaften am besten zu den Wünschen und Bedürfnissen des Kunden passen. Gelingt es dem Verkäufer, diesen Zusammenhang herzustellen, kann er überzeugende Verkaufsargumente liefern.

Arnold Deich stellt folgenden Zusammenhang her: er bringt die Untersuchungsergebnisse bezüglich der Leserschaft von Hermes in Verbindung mit dem Bedürfnis des Inserenten, möglichst viele Menschen so kostengünstig wie möglich zu erreichen.

Arnold: „Passen Sie auf: Mit einer Anzeige von 3.000 DM bei einer Auflage von 20.000 Exemplaren kostet Sie die Anzeige nur noch 0,15 DM pro Leser. Unsere Zeitschrift Hermes hat zum Beispiel einen Leserkreis von 120.000 (die Auflage von 20.000 + 5 x 20.000 flüchtige Leser). Eine Anzeige in unserer Zeitschrift würde Sie also nur zweieinhalb Pfennig pro Leser kosten (3.000 : 120.000). Ähnliches gilt für die anderen Zeitschriften."

In der Vorbeitungsphase sollte sich der Verkäufer auch mit der Struktur des Verkaufsgesprächs beschäftigen. Er sollte sich überlegen, was er in welcher Gesprächsphase vorbringen möchte und wo er dem Kunden Raum einräumt. Zum Schluss kann sich der Verkäufer auf eventuelle Einwände des Kunden vorbereiten und sich Reaktionsmöglichkeiten überlegen.

8.3 Struktur

Im Verkaufsgespräch unterscheidet man drei Phasen: **Orientierungsphase, Hauptphase** und **Entscheidungsphase.**
In manchen Fällen erfolgt der Verkauf erst nach etlichen Gesprächen. Manchmal erfordern die einzelnen Phasen je ein Gespräch. In einigen Verkaufssituationen entspricht das Gesprächsende dem Ende einer Phase. In anderen Situationen muss der Verkäufer in einem weiteren Gespräch den Faden der nicht abgeschlossenen vorangegangenen Phase wieder aufnehmen.
In der **Orientierungsphase** machen Verkäufer und Käufer einander bekannt, bestimmen das Ziel und ggf. die Dauer des Gesprächs und tauschen Informationen aus. In dieser Phase stellen sich dem Verkäufer die Wünsche des Kunden dar, das Interesse des Kunden wird geweckt.
In der **Hauptphase** stehen die Verkaufsargumente im Vordergrund. Hier kann der Verkäufer von seiner Vorbereitung profitieren und die Vorzüge des Produkts mit den Bedürfnissen des Kunden in Zusammenhang bringen. Kundenwünsche können je nach Bedeutung und Dringlichkeit behandelt werden. Außerdem kann der Verkäufer die Einwände des Kunden widerlegen und versuchen Lösungen anzubieten. In dieser Phase verhandeln Verkäufer und Kunde über das Produkt als Lösung, das der Verkäufer dem Kunden für dessen Bedürfnisse und Probleme vorschlägt.
In der **Entscheidungsphase** wird die Entscheidung, die am Ende der Hauptphase getroffen wurde, ausgearbeitet. Entweder entscheidet sich der Kunde zum Kauf oder zum Auftrag oder er benötigt nähere Informationen, bevor er eine definitive Entscheidung trifft. Er kann sich aber auch entschließen, das Produkt nicht zu kaufen und keinen Auftrag zu erteilen.
Im Folgenden sollen die drei aufeinander folgenden Phasen näher erläutert werden.

Orientierungsphase

Mit dem Besuch eines Verkäufers bei einem (potenziellen) Kunden beginnt die erste Phase der Bekanntschaft bzw. deren Erneuerung. Der Verkäufer nennt das Besuchsziel und erkundigt sich, wie viel Zeit der Kunde für dieses Gespräch eingeplant hat. Dies bestimmt die Gesprächsdauer. An dieser Stelle sei erwähnt, dass das Gesprächsziel sowohl die Einführung eines neuen Produkts, die Übermittlung gewünschter Detailinformationen oder auch die Kontaktpflege sein kann. Ist der Termin vorher vereinbart worden, sollte der Verkäufer dennoch kurz auf die Zeit, die der Kunde dafür eingeplant hat, verweisen. Auf diese Weise vergegenwärtigt sich der Kunde, womit er rechnen muss, und ist eher bereit, die vereinbarte Gesprächsdauer tatsächlich einzuhalten. Ansonsten könnte sich der potenzielle Kunde überfallen fühlen und unter dem Druck stehen, sich schnellstmöglich wieder mit anderen Dingen beschäftigen zu wollen.
Sofern der Kunde den Verkäufer besucht, nennt er ihm das Ziel seines Besuchs. In der Regel wird für diesen Fall keine Gesprächsdauer vereinbart.
Nach den ersten (Eröffnungs-)Sätzen sollte sich der Verkäufer ein klares Bild von den Wünschen des Kunden machen, indem beide gemeinsam die Kundenbedürfnisse formulieren und präzisieren. Durch das Stellen offener Fragen kann der Verkäufer eine Prioritätenliste der Wünsche aufstellen.

Aus dem Gespräch mit einer neuen Softwarefirma könnte beispielsweise hervorgehen, dass das Anzeigenlayout oberste Priorität hat, weil die Firma selbst in diesem Bereich keine Erfahrungen hat und das Einschalten einer Werbeagentur viel zu teuer wäre. Im Vergleich hierzu sind die Kosten für das Schalten einer Anzeige wesentlich günstiger.

Kommt der Verkäufer zu dem Schluss, dass die Bedürfnisse und Wünsche des Kunden ausreichend dargelegt wurden, fasst er den Gesprächsinhalt zusammen und vergewissert sich beim Kunden, ob alle Aspekte erfasst wurden. Auf diese Weise erkennt der Kunde, dass ihm aufmerksam zugehört wurde, seine Wünsche ernst genommen werden und man ihm hilft, Lösungen zu finden.
Nach der Bestandsaufnahme der Kundenwünsche versucht der Verkäufer, Interesse für sein Produkt zu wecken. In wenigen Sätzen, die vorher zurechtgelegt wurden, erläutert er, inwiefern sein Produkt den Wünschen des Kunden besonders gut entspricht.

Beispielsweise erklärt Arnold Deich im Gespräch mit dem Geschäftsführer der neuen Softwarefirma: „Herr Simons, ich glaube, dass ich für Sie eine Lösung habe. Ich weiß, wie schwierig es ist, in Ihrer Konkurrenzsituation das Interessse und die Aufmerksamkeit Ihrer Zielgruppe auf sich zu ziehen. Unser Designer leistet hervorragende Arbeit und seine Entwürfe sind sehr auffällig. Ich würde Ihnen nachher gerne einige Beispiele zeigen. Was halten Sie davon, wenn wir Ihnen bei der Anfertigung der Anzeige im Preis entgegenkommen?"

In dieser konfrontierenden Gesprächsphase ist es wichtig, dass der Verkäufer auch tatsächlich Muster vorführen kann. Mit Fotos, Zeichnungen, Skizzen und Modellen kann der Verkäufer seinen Vorschlag konkretisieren.

Arnold hat einige besonders gelungene Ausgaben der drei Zeitschriften Hermes, Pallas und Asklepios mitgebracht. Für die neue Zeitschrift Apoll hat die Emprimee GmbH ein sehr attraktiv gestaltetes Dummyheft hergestellt. Hiermit möchte Arnold das Interesse von Abonnenten und Inserenten wecken. Gerald Bassano, der Artdirector der Emprimee GmbH, hat für dieses Heft eine Anzeige für eine fiktive Firma entworfen und sich besonders viel Mühe gegeben. Es wurden keine Kosten gescheut, den Dummy zu einer exzellenten Visitenkarte zu machen.

Hauptphase

Das in der Orientierungsphase geweckte Interesse des Kunden sollte jetzt untermauert werden. In dieser Phase bringt der Verkäufer die Argumente an, die er sich bereits überlegt hat. Hieraus sollte hervorgehen, dass das angebotene Produkt den Wünschen und Bedürfnissen des Kunden entspricht.
Alle geäußerten Kundenwünsche werden nach ihrer Priorität behandelt. Der Verkäufer demonstriert, wie das Produkt jeden dieser Wünsche erfüllt.

Die neue Softwarefirma möchte einerseits eine bezahlbare, andererseits aber auch eine besondere und auffällige Anzeige. Sie möchte gezielt werben, kann sich aber finanziell nicht viel leisten. Arnold Deich könnte diese Wünsche und das Angebot der Emprimee GmbH folgendermaßen in Worte fassen:

„Wir können für Sie eine ähnliche Anzeige entwerfen, wie ich sie Ihnen gerade gezeigt habe und die Ihnen, wie ich den Eindruck hatte, gefallen hat. Sie bestimmen den Entwurf selbstverständlich mit; Sie können ihn beliebig ändern. Wir können die Anzeige so gestalten, dass sie sich – mit kleinen Änderungen – für alle Zielgruppen der vier Zeitschriften eignet. Sollten Sie in allen vier Magazinen inserieren, kann ich Ihnen einen Rabatt von 5% gewähren.
Außerdem möchte ich Ihnen noch kurz vorrechnen, dass Ihre Anzeige zu sehr günstigen Konditionen von einer sehr großen Zielgruppe gelesen wird. Aus unserer Untersuchung geht hervor, dass unsere Zeitschriften neben der Auflage noch einen Leserkreis von zusätzlich durchschnittlich drei Personen pro Exemplar haben. Das macht ungefähr 170.000 Leser für die drei jetzigen Zeitschriften plus 5.000 für die neue Zeitschrift, also insgesamt 175.000 Leser. Demnach würde eine Anzeige von z. B. einer halben Seite in vier Zeitschriften (4 x 1.600 DM – 5% = 6.080 DM) pro Leser drei Pfennig kosten."

Zweifellos hat der Kunde auch Einwände gegen das Produkt, auf die sich der Verkäufer zum Teil schon vorbereiten kann, weil sie teilweise zu erwarten sind. Für diese kann er sich bereits vor dem Gespräch Antworten überlegen. Der Verkäufer sollte sich auf die Abfolge „Verkaufsargumente – Einwände – Gegenargumente" vorbereiten. Indem er mit den Verkaufsargumenten beginnt, kann er manchen Einwand des Kunden entkräften. Außerdem kann er inzwischen eine Antwort auf unerwartete Bedenken vorbereiten. Selbstverständlich sollte der Verkäufer mitteilen, dass er in einer späteren Phase auf die Einwände reagieren wird. Das sollte er dann auch tatsächlich tun.
Damit der Verkäufer keine Kundeneinwände vergisst, sollte er sie notieren. Auf diese Weise zeigt er dem Kunden, dass er ihn ernst nimmt. Außerdem kann sich der Verkäufer die Gegenargumente leichter merken.
Sind alle Argumente, Einwände und Gegenargumente vorgebracht, beginnt die Entscheidungsphase. Zweifelt der Kunde immer noch, werden die Argumente wiederholt. Im günstigsten Fall ist der Kunde von der Qualität des angebotenen Produkts überzeugt. Es kann aber natürlich auch sein, dass dies nicht der Fall ist und der Kunde es vorzieht, einen anderen Anbieter anzusprechen.

Entscheidungsphase

In manchen Verkaufssituationen wird der Kunde die Initiative ergreifen, um zur Entscheidungsphase zu gelangen. Auch der Verkäufer kann die Entscheidungsphase einleiten, indem er die vorgebrachten Argumente zusammenfasst. Um dem Kunden die Entscheidung zu entlocken, muss er ihn u.U. fragen: „Was halten Sie davon?"
Kann sich der Kunde nicht entscheiden, könnte der Verkäufer eine Abrundungstechnik anwenden. Korswagen (1987) nennt die **Isolierungstechnik** und die **Pro/Kontra-Argumentation**, die nicht zur Manipulation des Kunden eingesetzt werden, sondern Transparenz erzeugen sollen.

Mit der **Isolierungstechnik** reduziert der Verkäufer den Zweifel des Kunden auf einige konkrete Punkte. Manchmal verwirrt die Informationsmenge den Kunden. Durch eine deutliche Strukturierung erkennt der Kunde die Vor- und Nachteile des

Kaufs leichter. Der Verkäufer nennt die Punkte, mit denen der Kunde einverstanden ist, und bittet um seine Bestätigung. Dann nennt er die Punkte, die den Zweifel weckten, und bittet ihn auch hier um Bestätigung. Auf diese Weise reduziert sich der Zweifel des Kunden auf einen oder wenige Punkte, die der Verkäufer teils wirksam oder aber auch nicht so eindeutig widerlegen kann.

Bei der **Pro/Kontra-Argumentation** erstellt der Verkäufer eine offene Bestandsaufnahme der Vor- und Nachteile. Er schreibt die Argumente, die für den Kauf oder den Auftrag plädieren, untereinander auf und bittet den Kunden, neben diese Spalte die Nachteile einzutragen. Der Verkäufer kann sich jetzt mit den restlichen Gegenargumenten beschäftigen.

Das Gesprächsende naht. Das Gespräch kann auf drei Arten beendet werden:
1. Der Kunde entscheidet sich, das Produkt nicht zu kaufen oder den Auftrag nicht zu erteilen.
2. Der Kunde bittet um mehr Zeit, weitere Informationen oder ein zusätzliches Gespräch.
3. Der Kunde gibt den Auftrag oder die Bestellung.

Erreicht der Verkäufer trotz seiner Bemühungen **kein befriedigendes Ergebnis**, sollten sich Verkäufer und Kunde dennoch harmonisch trennen. Eine Fortsetzung dieses Kontaktes sollte immer gewährleistet sein, immerhin ist auch eine zufällige Begegnung möglich.
Verkäufer und Kunde repräsentieren ihr jeweiliges Unternehmen, dessen positives Image auch davon abhängt, dass auch weniger erfolgreiche Begegnungen respektvoll verlaufen. Daher sollte der Verkäufer Verständnis für die ablehnenden Argumente des Kunden haben. Gegenseitiger Respekt sollte sowohl bei der Begrüßung als auch bei der Verabschiedung erkennbar sein.
Hat der Kunde hingegen noch keine Entscheidung getroffen, sollte sich der Verkäufer darum bemühen, den Kontakt zu erhalten. Er sollte sofort einen neuen Termin vereinbaren, möglichst schnell die fehlenden Informationen besorgen und einen nächsten Besuch vorschlagen oder auf diesen drängen und einen Termin vereinbaren.
Für den Fall, dass sich der Kunde entscheidet, das Produkt zu kaufen oder den Auftrag zu erteilen, bleibt dem Verkäufer nur noch die korrekte und sachliche Abwicklung sowie die Erledigung der Formalitäten. Der Verkäufer bedankt sich für das angenehme Gespräch und wünscht dem Kunden viel Erfolg mit dem Produkt.

8.4 Fähigkeiten

Aus den vorausgegangenen Darstellungen, geht hervor, dass sich der Verkäufer seinen Kunden gegenüber sowohl flexibel als auch beharrlich verhalten sollte. Das heißt: Er kann zwar zustimmen („Da haben Sie Recht, was würden Sie vorschlagen?“), sollte aber im richtigen Moment wieder auf seinen eigenen Vorschlag zurückkommen („Das wäre eine Möglichkeit. Schauen wir mal, wie wir sie meinem

Vorschlag anpassen konnen?“). Um ein Gespräch in diesem Stil führen zu können, muss der Verkäufer über solche Fähigkeiten verfügen, die wir im ersten Teil dieses Buches behandelt haben. Wichtig ist zu erkennen, in welcher Phase welche Fähigkeiten erforderlich sind.

Schwerpunkt in der **Orientierungsphase** ist der richtige Einsatz von Zuhörfähigkeiten, um die Bedürfnisse des Kunden ergründen zu können. Um die Motive und Wünsche seines Kunden kennen zu lernen, sollte der Verkäufer offene Fragen stellen. Präzisionen oder sachliche Daten erhält er, indem er im richtigen Moment um Konkretisierung bittet. Der Kunde sollte spüren, dass sich der Verkäufer für seine Beweggründe interessiert; der Verkäufer sollte den Kunden zum Reden animieren, indem er sich ihm gegenüber aufmerksam verhält, den Inhalt paraphrasiert und dessen Gefühle reflektiert. Wenn er meint, über die Kundenwünsche ausreichend informiert zu sein, kann er die Aussagen zusammenfassen. Ein fragender Ton gibt dem Kunden die Gelegenheit, den Verkäufer – wo nötig – zu korrigieren.
Außerdem muss der Verkäufer über einige regulierende Fähigkeiten verfügen, um sich an einer Gesprächsstruktur orientieren zu können. Die Vorführung des Produkts erfordert Senderfähigkeiten. Deutlich und strukturiert erteilt der Verkäufer Informationen über sein Produkt.

Die **Hauptphase** enthält den Dialog zwischen dem Verkäufer und dem Kunden. In der vorhergehenden Phase hat der Verkäufer durch die Anwendung seiner Zuhörfähigkeiten ein klares Bild von den Wünschen und Beweggründen des Kunden erhalten. In der Hauptphase bringt er die Produktqualitäten und die Beweggründen des Kunden miteinander in Einklang. Die Formulierung kann dabei eine Rolle spielen. Indem er von „Kosten sparend“ und „wirtschaftlich“ redet, betont er den finanziellen Vorteil. Mit Wörtern wie „einzigartig“, „speziell“ und „auffällig“ betont er die Einmaligkeit. Selbstverständlich versucht der Verkäufer vor allem solche Wörter zu verwenden, die zu den Bedürfnissen des Kunden passen.
Während der Kunde seine Einwände vorbringt, wendet der Verkäufer, um dessen Bedürfnisse zu ergründen, die Zuhörfähigkeiten der 1. Phase sowie die Senderfähigkeit „auf Kritik reagieren“ an (siehe hierzu Kap. 3.2). Das Gespräch sollte in einer entspannten Atmosphäre stattfinden. Der Kunde spürt, dass er sachkundig informiert wird und ihm nichts untergejubelt wird.

In der **Entscheidungsphase** versucht der Verkäufer, die Angelegenheit mit positivem Ergebnis zum Abschluss zu bringen. Auch hier setzt er regulierende Fähigkeiten ein. Er achtet auf die verfügbare Gesprächsdauer, gibt durch Pausen dem Kunden die Gelegenheit, ruhig nachzudenken, und verdeutlicht wo nötig die Situation. Er stellt keine neuen Fragen mehr und versucht einen befriedigenden Abschluss zu erreichen. Zweifelt der Kunde jetzt noch, so wird das Gespräch am besten an einem späteren Zeitpunkt fortgesetzt.

Verkaufsgespräch

	grundlegende Gesprächsfähigkeiten
1 **Vorbereitungsphase** ■ Bedürfnisse des Kunden inventarisieren ■ verfügbare Zeit angeben ■ Verlauf des Gesprächs gliedern ■ Tagesordnung erstellen ■ Themen besprechen ■ Verabredungen treffen	
2 **Orientierungsphase** ■ Bekanntmachung ■ Ziel und Dauer angeben oder erfragen ■ Wünsche inventarisieren ■ Wünsche zusammenfassen ■ Neugierde erregen ■ Produkt vorführen	■ aufmerksames Verhalten ■ offene Fragen stellen ■ konkretisieren ■ Gefühle reflektieren ■ zusammenfassen ■ Struktur wahren ■ informieren
3 **Hauptphase** ■ Verbindung zwischen Produktqualitäten und den Wünschen des Kunden herstellen ■ Einwände anhören ■ Einwände widerlegen	■ zusammenfassen ■ auf Kritik reagieren
4 **Entscheidungsphase** ■ Inhalt der Hauptphase zusammenfassen ■ Zweifel beseitigen ■ Auftrag/Bestellung erhalten oder neuen Termin vereinbaren	■ regulieren ■ Situation verdeutlichen

9 Schlechte Nachrichten überbringen

In der Betriebsverwaltung der Emprimee GmbH arbeitet seit einem halben Jahr der Betriebswirt Jochen Schmidt, der soeben sein Studium abgeschlossen hat. Betriebswirte sind in der Regel gut in die Anwendung von Computerinformationssystemen eingeführt, deswegen wurde Jochen auch vom Chef der Betriebsverwaltung, Sebastian Groth, eingestellt. Jochens Vertrag ist auf ein halbes Jahr befristet; nach dieser Periode entscheidet sich, ob er eine feste Stellung bekommt.
Die Arbeitsbelastung in der Betriebsverwaltung nimmt stetig zu. In der Regel steigt die Auflage der Zeitschriften nach der Anlaufzeit kontinuierlich. Außerdem plant man die Herausgabe einer vierten Zeitschrift. Auch in Zukunft hat die Betriebsverwaltung also viel Arbeit zu erledigen.
Seit Jochen in der Betriebsverwaltung arbeitet, läuft jedoch einiges schief. So hat er zum Beispiel einen Großteil der Abonnentenadressen gelöscht. Die erneute Eingabe der Daten hat Wochen in Anspruch genommen. Sebastian wirft sich diesen Fehler zwar auch selber vor, an erster Stelle trifft aber Jochen die Schuld. Am meisten ärgert

Sebastian, dass Jochen ziemlich gleichgültig reagiert hat. Diese Gleichgültigkeit irritiert Sebastian des Öfteren, er hat Jochen auch schon einige Male hierauf angesprochen.
Außerdem tritt Jochen gegenüber Kunden, die wegen Fehler in den Rechnungen anrufen, nicht korrekt auf. Er entschuldigt sich nicht und behandelt die Beschwerde nicht sachgemäß. Kurz, er verhält sich nicht entgegenkommend. Auch das hat Sebastian mit Jochen besprochen, ohne daß eine Verbesserung eingetreten wäre; es scheint sich um ein grundsätzliches Problem Jochens zu handeln. Nach Rücksprache mit seinem direkten Chef Stefan Herzog entschließt sich Sebastian, den Vertrag nicht zu verlängern. Er muss Jochen diese schlechte Nachricht möglichst schnell mitteilen.

9.1 Einleitung

Im einführenden Beispiel steht Sebastian Groth vor der schwierigen Aufgabe, eine schlechte Nachricht zu überbringen. Hier noch einige weitere denkbare Situationen:

- Ein Mentor muss den Praktikanten, der in seiner Firma arbeitet, darüber informieren, dass er eine schlechte Beurteilung erhält.
- Ein Chef muss einem Angestellten mitteilen, dass die gewünschte Versetzung wegen fehlender Qualifikationen nicht möglich ist.
- Der Vorsitzende einer Bewerber-Auswahlkommission muss einigen Bewerbern mitteilen, dass sie die Stelle, um die sich sich beworben haben, nicht bekommen.
- Die Geschäftsführung muss einem Abteilungleiter mitteilen, dass seine Abteilung wegen einer Reorganisation aufgelöst werden muss.
- Ein Chef muss einem Mitarbeiter wegen mangelhafter Leistungen kündigen.

Die Übermittlung einer schlechten Nachricht ist immer eine schwierige Aufgabe. Zu unterscheiden ist dabei zwischen Situationen. In Kapitel 8.2 wurde bereits zwischen Gesprächen, bei denen man im Voraus weiß, dass eine schlechte Nachricht zu übermitteln ist, und Situationen, in denen sich diese Notwendigkeit erst während des Gesprächs ergibt. Hierfür entwickelten Vrolijk, Dijkema und Timmerman (1972) ein aus drei Phasen bestehendes Modell. Kapitel 9.2 greift dieses Modell auf, jedoch mit einer veränderten Benennung der Phasen. Wir bezeichnen diese Phasen jedoch anders. Statt von „Schlägen austeilen", „Schlag auffangen" und „Problem lösen" ist in den Kapiteln 9.3 bis 9.5 von den Phasen „schlechte Nachrichten sofort mitteilen", „Reaktionen auffangen" und „Lösungen suchen" die Rede. Zu jeder Phase werden zunächst einige gesprächstechnische Anweisungen für denjenigen gegeben, der die Nachricht übermitteln muss. Anschließend werden einige häufig zu auftretende Fehler in diesen Phasen aufgezeigt.

9.2 Zwei Situationen

Im Allgemeinen unterscheidet man bei der Übermittlung schlechter Nachrichten zwei mögliche Situationen:

1. Situationen, in denen man zu **Beginn des Gesprächs** schon weiß, dass man eine schlechte Nachricht überbringen muss.
2. Situationen, in denen sich erst **während des Gesprächs** ergibt, dass man eine schlechte Nachricht überbringen muss.

Ein wichtiger Unterschied ist, dass man sich im ersten Fall besser vorbereiten kann und deswegen selbstsicherer wirkt als im zweiten. Während der Vorbereitung kann sich der Übermittler der schlechten Nachricht überlegen, wie und mit welchen Argumenten er das Gespräch führen möchte.
Es können hier zwei „Fehler" auftreten. Entweder wird auf die Vorbereitung der Begründung verzichtet („Warten wir es einfach ab") oder man bringt zu viele Argumente vor. Bei einem Verzicht auf die Vorbereitung muss man sich die Argumente während des Gesprächs überlegen; dies birgt die Gefahr, dass sich der Überbringer emotional in die Angelegenheit hineinziehen lässt. Ein schlecht formuliertes oder schwaches Argument gibt dem Mitarbeiter die Gelegenheit, den Überbringer der Nachricht in die Defensive zu drängen.
Nach VOORENDONK (1986) ist der Nachteil zu vieler Argumente, dass die Qualität der vorgebrachten Begründungen nicht mehr überlegt wird; stattdessen geht man von der falschen Annahme aus, dass sich der Gesprächspartner durch Quantität überzeugen lässt. Besser wirken jedoch zwei starke Argumente als fünf Argumente unterschiedlicher Qualität, da der Empfänger der Nachricht im letzeren Fall fast immer versuchen wird, über die schwächeren Argumente zu diskutieren.
Ergibt sich die schlechte Nachricht erst während des Gesprächs, zum Beispiel wenn der Chef eine Bitte seines Angestellten nicht erfüllen kann, ist eine gute Vorbereitung auf die Situation nicht mehr möglich. Ergibt sich aus dem angeprochenen deutlich die Notwendigkeit, eine schlechte Nachricht mitzuteilen, darf dies nicht aufgeschoben werden. In Zweifelsfällenbesteht noch die Möglichkeit, sich zurückhaltend äußern, indem man zusagt, verschiedene Optionen zu untersuchen.
Obwohl die dargestellten Anfangssituationen mit und ohne Vorbereitungszeit sehr unterschiedlich sind, gilt das folgendes Gesprächsmodell für beide Ausgangsbedingungen.

9.3 Phase 1: die schlechte Nachricht sofort mitteilen

Es empfiehlt sich, die schlechte Nachricht relativ schnell mitzuteilen. Dies muss jedoch kurz eingeleitet werden: „Ich fürchte, ich habe eine schlechte Nachricht für Sie." Ohne Ankündigung würde die Nachricht auf den Empfänger niederschmetternd wirkend. Anschließend muss man die schlechte Nachricht mitteilen, und zwar in einem ruhigen und deutlichen Ton und mit Verständnis für die schwierige Lage, in die der andere gerät. Außerdem empfiehlt es sich, die schlechte Nachricht kurz zu begründen, zum Beispiel indem man sagt: „Ich muss Ihnen leider mitteilen, dass Ihr Arbeitsvertrag nicht verlängert wird, da wir der Meinung sind, dass Sie die Anforderungen nicht ausreichend erfüllen." Danach sollte der Übermittler am besten **schweigen**, damit der Gesprächspartner Gelegenheit hat zu reagieren.

Fehler in der 1. Phase
Wenn der Übermittler mit der schlechten Nachricht nichts anzufangen weiß – vielleicht weil er sich nicht gut vorbereitet hat, keine Gelegenheit dazu hatte oder noch nie in dieser Lage war –, kann er zahlreiche „Fehler" machen. All diese „Fehler" sind auf einen Punkt zurückzuführen: Der Überbringer will eigentlich die Verantwortung für die Nachricht nicht tragen.

Hinausschieben
Manche schieben die Übermittlung der schlechten Nachricht hinaus. Sie reden über dieses und jenes, über das Wetter oder den Fortschritt bestimmter Projekte. Es handelt sich hier meist um ein Ausweichmanöver aus Angst vor einer emotionalen Reaktion. Diese Vorgehensweise macht es immer schwieriger, mit der schlechten Nachricht herauszurücken. Außerdem könnte der Mitarbeiter – wenn er die schlechte Nachricht endlich erfährt – sehr wohl aggressiv reagieren: „Zuerst gut Wetter machen und dann das? Hätten Sie das nicht eher sagen können?!"

Hang yourself
Hier veranlasst der Übermittler den Mitarbeiter, die schlechte Nachricht selber zu entdecken, z. B. indem er suggestive Fragen stellt: „Ja, Sie haben selbst auch gesehen, dass die Resultate ihrer Abteilung in diesem Jahr nicht gerade erfreulich sind..."
Diese Strategie kann zwei Reaktionen auslösen: Im ersten Fall legt sich der Mitarbeiter selbst die Schlinge um den Hals. Die Strategie scheint erfolgreich, lässt den Gesprächspartner aber oft mit einem unguten Gefühl zurück. Im zweiten Fall ahnt er, dass er selber die negativen Schlüsse ziehen soll. Er wird möglicherweise aggressiv reagieren: „Aha, jetzt verstehe ich. Sie wollen unsere Abteilung zusammenstreichen. Hätten Sie das nicht eher sagen können?!"

Undeutliches Mitteilen
Überbringer der schlechten Nachricht: „Tja, eh ... wir haben lange über diese Angelegenheit nachgedacht und ... eh ... wir haben wirklich alle Aspekte betrachtet ..., aber eh ... eigentlich ist es so, dass Ihr Plan nicht sehr aussichtsreich ist ..."
Indem man um die Sache herumredet, erregt man beim Gegenüber oft nur Ärger.

Argumente vorbringen
Eine zu lange Begründung ist in der ersten Phase des Gesprächs nicht sinnvoll. Der Mitarbeiter hat die schlechte Nachricht gerade erhalten und ist für eine lange Auseinandersetzung zu aufgeregt. Meist ist noch wie betäubt und bekommt sowieso nur einen kleinen Teil der Ausführungen mit.

9.4 Phase 2: Reaktionen beschwichtigen

Die andere Partei wird oft emotional auf die schlechte Nachricht reagieren. Die Bandbreite der emotionalen Reaktionen ist natürlich groß. Der eine sieht einem unverwandten Blickes an, wird blass und schweigt; der andere reagiert sofort sehr deutlich und droht Rechtsmittel einzulegen. Die folgenden Verhaltensweisen sind häufig zu beobachten.

Erschrecken
Kommt die schlechte Nachricht unerwartet, so reagiert der Empfänger oft erst erschrocken und verwirrt. „Was!? Das kann doch gar nicht sein!?" Manchmal verschlägt es ihm sprichwörtlich die Sprache es ist daher schwer einzuschätzen, wie man reagieren soll.

Aggression
Die durch die schlechte Nachrricht erzeugte Frustration erregt oft Zorn. Die Reaktion ist gereizt oder sogar wütend.

Unglaube
Manche stellen Fragen wie: „Wie ist das bloß möglich? Ich habe mir doch alle Mühe gegeben, das Projekt innerhalb der festgelegten Zeit zu vollenden."

Mitleid beim Übermittler erregen
Manche verhalten sich bewusst oder unbewusst so, dass sich der Übermittler der schlechten Nachricht schuldig fühlt. Sie machen kein großes Theater, sondern leiden still.

Perseveration
Perseveration meint die beharrliche Wiederkehr von Vorstellungen, Bildern oder Gehörtem: „Oh, das enttäuscht mich sehr ... Nein, wie mich das enttäuscht ..." und so weiter.

Welche Reaktion am häufigsten auftritt, ist schwer zu sagen. Ziel des Übermittlers in der zweiten Phase muss in jedem Fall sein, dem Mitarbeiter Raum zum Reagieren zu geben und die emotionale Reaktion so weit wie möglich zu beschwichtigen. Dies erreicht man durch aufmerksames Zuhören. Außerdem sollte der Überbringer der Nachricht Verständnis zeigen und die Gedanken und Gefühle des anderen respektieren, während er selber ruhig und ernst bleibt. Verständnis zeigt er, indem er auf Gesprächstechniken wie Paraphrasieren des Inhalts und Reflektieren von Gefühlen zurückgreift (vgl. hierzu Kap. 2.2).
Gerade bei schlechten Nachrichten, die starke Reaktionen hervorrufen können, sollte man die Intensität der Gefühlsreflektion beachten. Der andere fühlt sich nur verstanden und akzeptiert, wenn die Intensität der Reflektion mit der Intensität seiner Gefühle übereinstimmt.

Jochen, Mitarbeiter von Sebastian Groth, zu Sebastian: „Es ist doch nicht dein Ernst, dass ich wegen einer Kleinigkeit wie der Sache mit dem Adressenverzeichnis und einiger ärgerlicher Kunden hier nicht länger arbeiten kann?"
Sebastian: „Ich verstehe, dass es für dich eine sehr enttäuschende Nachricht ist, dass du hier nicht mehr arbeiten kannst."

Wenn der Empfänger die schlechte Nachricht noch nicht akzeptieren will oder kann, empfiehlt es sich, die Nachricht gelegentlich in sachlichem Ton zu wiederholen.
Der Empfänger kann auch aggressiv reagieren. Die Aggression bezieht sich auf die **Informationen**, die übermittelt wird, auf den Übermittler oder auf die ganze Organisation. Lässt der Empfänger seine Wut am Übermittler aus, handelt es sich um eine **Identifikation** der schlechten Nachricht mit dem Überbringer. Ein klassisches Beispiel ist der Bote, der den Kaiser über eine Niederlage informiert und daraufhin

getötet wird („Hiobsbotschaft“). Gerade die Aggression, die sich gegen die Person des Überbringers richtet, ist für Letzteren schwer zu akzeptieren. Meistens ist die Reaktion aber gar nicht persönlich gemeint. Aggression ist nun einmal eine häufig auftretende Reaktion auf Frustation und der Empfänger der Nachricht muss dieses Gefühl in diesem Moment irgendwie loswerden. Vergegenwärtigt sich der Überbringer dies, so ist er besser imstande, die Aggression ruhig und verständnisvoll zu beschwichtigen. Das gehört zu professionellem Verhalten.
Die Dauer der zweiten Phase hängt von der Schwere der schlechten Nachricht und der Reaktion des jeweiligen Gegenübers ab. Erst wenn die anfänglichen Gefühle enigermaßen abgeklungen sind, ist er bereit, sich auf weitere Argumente einzulassen und eventuell über alternative Lösungen für das Problem nachzudenken. Voorendonk (1986) stellt folgenden Zusammenhang zwischen Gefühl und rationeller Informationsverarbeitung fest:

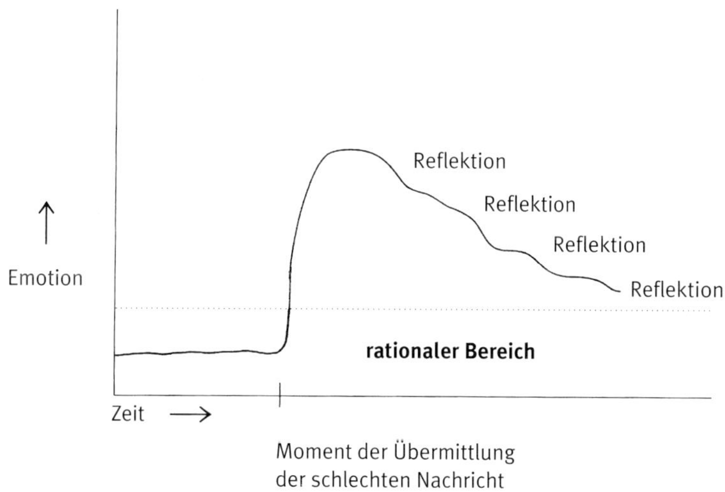

In dieser Grafik ist die Intensität der Emotionen abhängig von der Zeit dargestellt. Sofort nach der Übermittlung der schlechten Nachricht steigt das Gefühlsniveau stark an; es liegt jetzt weit über dem (symbolischen) „rationalen Bereich“. Deshalb ist der Gegenüber vorübergehend nicht imstande, vernünftig zu reagieren. Indem man durch Reflektionen Verständnis für die Gefühle des anderen zeigt, beschwichtigt man sie. Langsam nimmt die Fähigkeit zur rationalen Informationsverarbeitung wieder zu. Der andere kann die Fakten ruhiger aufnehmen. Jetzt ist er eventuell auch in der Lage, eine ausführlichere Erläuterung der schlechten Nachricht zu bewältigen. Ob er dazu bereit ist, äußert er oft selbst: „Aber wieso hat man diese Entscheidung getroffen?“, oder: „Wie soll es mit mir weitergehen?“
In dem Moment sollte der Vermittler passende Argumente parat haben. Er kann sie dann nacheinander erklären. Nach jedem Argument sollte er dem anderen die Gelegenheit geben zu reagieren. Es besteht die Möglichkeit, dass dieser auf bestimmte Argumente wieder emotional reagiert. Auch diese Reaktionen kann man am besten mit Paraphrasen und Reflektionen versuchen zu beschwichtigen. Anschließend kann man wo nötig wiederholt deutliche Informationen geben.

Fehler in der 2. Phase

Obwohl sich das alles logisch anhören mag, ist es gut möglich, dass dem Übermittler eine persönliche Reaktion unterläuft. Im privaten Bereich kann man zwar direkt und persönlich reagieren, im Berufsleben sollte man dies lieber vermeiden. Es folgen einige häufig auftretende Fehler.

Aggressiv kontern
Wenn der andere wütend oder gereizt ist, reagieren manche Übermittler, statt Ruhe zu bewahren, mit ähnlich aggressiven Bemerkungen. Das Gespräch verliert auf diese Weise den sachlichen Charakter und droht zu eskalieren.

Ausführlich verteidigen
Manche Übermittler, die eine negative Entscheidung ausführlich verteidigen, fühlen sich an der Sache oft schuldig. Auch dies ist nicht sachlich. Wie schon erwähnt, sollte man die Begründung am besten auf zwei oder drei Hauptargumente beschränken. Zu viele Argumente führen nur zu sinnlosen Diskussionen.

Bittere Pille versüßen
„Versüßen“ heißt in diesem Fall: Aus der schlechten Nachricht eine gute Nachricht machen, indem man z.B. allerhand Vorteile, die mit der schlechten Nachricht verbunden sind, erörtert.
Natürlich gibt es Personen, die sich damit zufrieden geben; die meisten werden jedoch später feststellen, dass diese Vorstellung der Wirklichkeit nicht entspricht. Eine mögliche Folge: verspätete aggressive Reaktionen (noch ein Gespräch, ein Brief). Ehrlicher ist es, die schlechte Nachricht ohne Weiteres mitzuteilen und sie nicht zu beschönigen.

Verharmlosen
Mit „Verharmlosen“ ist gemeint: Die schlechte Nachricht als eine Kleinigkeit darstellen, die man nicht ernst nehmen soll. Die Verharmlosung führt aber dazu, dass sich der andere in seinen ersten Reaktionen nicht verstanden fühlt. Hierdurch können sich die Emotionen steigern: Je mehr man versucht den anderen zu beruhigen, desto heftiger reagiert er.

„Mir macht das auch keinen Spaß“
Statt auf die Gefühle des anderen lenkt der Übermittler die Aufmerksamkeit auf die eigene unbequeme Lage. Beispiel: „Glauben Sie ja nicht, dass mir das angenehm ist. Sie sind schon der Dritte, den ich diese Woche enttäuschen muss (Seufzer) ... Nun ja, da lässt sich wohl nichts machen.“

9.5 Phase 3: Lösungen suchen

Lösungen sollte man erst suchen, wenn der Empfänger die schlechte Nachricht einigermaßen verkraftet hat. Er macht das oft folgendermaßen deutlich: „Aber was sollen wir jetzt machen?“ Bleibt die Frage aus, muss der Übermittler vorsichtig selbst die Initiative zur 3. Phase ergreifen. Beispiel: „Ich verstehe, dass Sie sehr enttäuscht sind. Aber wollen wir nicht trotzdem versuchen, andere Möglichkeiten durchzuspielen?“

Hier leitet der Übermittler die Phase, in der nach Lösungen gesucht wird, explizit ein. Anschließend sollte man dem Mitarbeiter die Gelegenheit geben, selbst mögliche Lösungen vorzubringen. Schlägt der Übermittler schon gleich zu Beginn Alternativen vor, so werden sie aus schwelender Frustation wohl sowieso abgelehnt werden. Erst nachdem die Vorschläge des Gesprächspartners besprochen worden sind, kann der Übermittler eventuell noch zusätzliche Informationen über andere Möglichkeiten geben.

Es bleibt aber dabei: Meistens ist eine schlechte Nachricht einfach eine schlechte Nachricht und es existieren ohnehin keine anderen Lösungen. In diesen Fällen bleibt beiden Parteien nur, die Situation, wie schwierig sie für beide auch ist, zu akzeptieren. „Es tut mir leid, aber bei diesem Problem kann ich dir wirklich nicht helfen.“ Eine solche Reaktion scheint gefühllos, ist aber oft ehrlicher als eine fieberhafte Suche nach Lösungmöglichkeiten, die keine Chance zur Verwirklichung haben.

Das Gespräch kann man abschließen, indem man die getroffenen Entscheidungen noch einmal zusammenfasst. Eventuell sollte man sich bereit erklären, zu einem späteren Zeitpunkt weitere Fragen zu beantworten.

Fehler in der 3. Phase

Dem Übermittler der schlechten Nachricht ist seine Aufgabe oft unangenehm. Am liebsten würde er das Leid des Empfängers der Nachricht mildern. Also sucht er Lösungen. Dies kann dazu führen, dass er dem anderen zu wenig Zeit gibt, die Nachricht zu bewältigen. Häufig auftretende Fehler in der 3. Phase sind:

Zu schnell zur Phase 3 übergehen

Man kann die 3. Phase zu schnell angehen, zum Beispiel wenn der andere zu Beginn der 2. Phase eine Bemerkung wie „Was nun“ von sich gibt, aber eigentlich noch zu emotional ist, um über die Folgen der Nachricht klar nachdenken zu können.

Selbst eifrig Lösungen vorbringen

Je mehr Lösungsmöglichkeiten der Übermittler vorbringt, desto größer ist das Risiko, dass die Lösungen nicht gut zu den Umständen des anderen passen. Wie gut auch immer sie gemeint sind, dieser wird die Vorschläge meistens ablehnen.

Übermittlung schlechter Nachrichten

	grundlegende Gesprächsfähigkeiten
Phase 1: schlechte Nachrichten sofort mitteilen *ja:* ■ kurze Einleitung ■ schlechte Nachricht sofort mitteilen *nein:* ■ schlechte Nachricht hinausschieben ■ hang yourself-Methode ■ auf undeutliche Weise mitteilen ■ lange Begründung	■ regulieren
Phase 2: Reaktionen beschwichtigen *ja:* ■ Gelegenheit zum Reagieren bieten ■ schlechte Nachricht deutlich begründen *nein:* ■ aggressiv kontern ■ ausführlich verteidigen ■ bittere Pille versüßen ■ verharmlosen ■ „Mir macht das auch kein Spaß“	■ Zuhörfähigkeiten: aufmerksames Verhalten; Gefühle reflektieren; Inhalt paraphrasieren ■ informieren
Phase 3: Lösungen suchen *ja:* ■ Beginn der Lösungsphase deutlich ankündigen ■ nach den Alternativen des Betroffenen fragen ■ Lösungen des Übermittlers vorbringen *nein:* ■ Phase 3 zu schnell starten ■ eifrig Lösungen vorbringen	■ regulieren ■ informieren ■ zusammenfassen

Teil III: Gruppengespräche

In dritten Teil werden verschiedene Gesprächsarten in Organisationen, die von mehr als zwei Personen geführt werden, behandelt; Gespräche, in denen Entscheidungen getroffen (zum Beispiel über die Aufgabenverteilung), Maßnahmen beschlossen oder die Weichen für die Strategie der nächsten Periode gestellt werden. Gespräche, an denen sich mehr als zwei Personen beteiligen, verlangen vielfältige Fähigkeiten. Außer den grundlegenden Gesprächsfähigkeiten wie aktivem Zuhören und der Fähigkeit, eigene Vorschläge, Meinungen und Ansichten zu formulieren, erfordern Gruppengespräche regulierende Fähigkeiten: das Bestimmen und Beibehalten der Gesprächsstruktur. Außerdem sind Kenntnisse des Entscheidungsprozesses, der Problemlösung und Strategieentwicklung unentbehrlich.
Gruppengespräche sind komplexer als Zwiegespräche, es gibt mehr Sender und mehr Empfänger. Dadurch entstehen schneller Missverständnisse und Unverständnis. Ein fähiger Gesprächsleiter kann einen wertvollen Beitrag zur Effektivität des Gruppengesprächs leisten. Effektivität heißt in diesem Fall, dass das mit dem Gespräch angestrebte Ziel erreicht wird.
Eins der komplexesten Gruppengespräche ist die **Konferenz**. Dieses Thema behandelt das 10. Kapitel. In Kapitel 11 wird eine Methode vorgestellt, mit allen Beteiligten eine **Entscheidung** zu treffen, das sog. **Phasenmodell**. Unterschiedliche Meinungen können Konflikte auslösen; **Konfliktbewältigung** ist deshalb das Thema des 12. Kapitels. Kapitel 13 erörtert das **Verhandeln** – sowohl innerhalb der Organisation als auch außerbetrieblich befinden sich Mitarbeiter immer wieder in Situationen, in denen verhandelt werden muss. Kapitel 14 mit Hinweisen zum **Vortrag** schließt diesen Teil ab.

10 Die Konferenz

Die Pläne der Emprimee GmbH, eine neue Zeitschrift herauszugeben, werden verwirklicht. Der Zeitschriftentitel ist „Apoll“ und die Zeitschrift enthält Managementinformationen für das Bank- und Versicherungswesen. Innerhalb eines halben Jahres soll eine ***Nullnummer****, ein sog.* ***Dummy****, auf den Markt gebracht werden. Diese Nullnummer wird vom bestehenden Personal unter der Leitung des neuen Chefredakteurs und eventueller Mitwirkung einiger freier Mitarbeiter hergestellt. Die Pläne über das benötigte Kapital und die Anzahl Mitarbeiter sind bereits fertig. Innerhalb eines Jahres soll eine feste dreiköpfige Redaktion für Apoll gebildet werden. Der Chefredakteur ist schon angestellt worden, es handelt sich um Harald Gutwart (siehe Kapitel 6). Unter seinem Vorsitz werden die anderen Mitarbeiter der Redaktion ausgewählt. Diese wird im Gebäude der Emprimee GmbH ihren Sitz haben. Die Abteilung Werbung & Akquisition leitet die Werbemaßnahmen für die neue Zeitschrift ein und versucht, Inserenten zu akquirieren. Die grafische Abteilung stellt die Entwürfe für den Umschlag und das Dummy fertig, damit sie für die Vorstellung der Zeitschrift bei potenziellen Abonnenten und Inserenten verwendet werden können.*

Der Verlagsleiter Hans-Peter Graf meint, dass es Zeit ist, den anderen Mitarbeitern von Emprimee GmbH die Pläne mitzuteilen. Dann kann vereinbart werden, wer was wann macht. Nach Rücksprache mit Stefan Herzog, dem technichen Direktor, entschließen sie sich, eine Konferenz für alle Mitarbeiter einzuberufen. In der Konferenz wird Hans-Peter den Vorsitz übernehmen, Jens Moser, der Direktionssekretär, führt das Protokoll.

10.1 Einleitung

Das Thema Konferenz wirft verschiedene Fragen auf. Warum werden Konferenzen abgehalten? Was erwartet man von den Teilnehmern der Konferenz? Wer sollte was vorbereiten? Wie sollte man vorgehen? In diesem Kapitel werden der Reihe nach das Ziel, das mit einer Konferenz verfolgt wird (Kap. 10.2), die **unterschiedlichen Rollen**, die die Teilnehmer während der Konferenz spielen (Kap. 10.3), der Unterschied zwischen aufgaben- und **menschenorientiertem Verhalten** (Kap. 10.4), die Aufgaben, die vor, während und nach der Konferenz erledigt werden müssen (Kap. 10.5) und die Struktur, die am besten zum Ziel der Konferenz passt (Abschn. 10.6), behandelt.

10.2 Ziel

Es ist von großer Bedeutung, dass sich die Teilnehmer der Konferenz vorher über das Ziel der Sitzung klar sind, damit Unklarheiten und Erwartungen, die sich nicht erfüllen, vermieden werden. Die Konferenz verläuft effizienter, wenn alle Anwesenden dasselbe Ziel anstreben.
Eine Konferenz wird zum Beispiel einberufen, um die Teilnehmer über neue Pläne zu informieren, ihnen ein Problem darzulegen, neue Strategien zu entwickeln, Aufgaben zu verteilen oder regelmäßig den Stand der Dinge zu besprechen. Vom Ziel der Konferenz hängen auch die Entscheidung über die Struktur und eventuell die Art und Weise, wie Beschlüsse gefasst werden, ab.

Die Konferenz, die Hans-Peter Graf für die Mitarbeiter von Emprimee GmbH einberuft, dient an erster Stelle dazu, die Mitarbeiter über die letzten Entwicklungen in Bezug auf die neue Zeitschrift Apoll zu informieren und ihnen den neuen Chefredakteur vorzustellen. Ein zusätzliches Ziel der Konferenz ist die Neuverteilung der Aufgaben.

10.3 Rollen

In den meisten Konferenzen kann man zwischen drei Rollen unterscheiden: dem Vorsitzenden, dem Protokollführer und den Teilnehmern. Zu diesen spezifischen Rollen gehören nicht nur spezifische Aufgaben, sondern man erwartet auch, dass diejenigen, die die Rollen „spielen", sich jeweils anders verhalten.

Vom **Vorsitzenden** wird erwartet, dass er die Fähigkeit besitzt, die Konferenz zu leiten, über den Parteien zu stehen, seine Meinung nicht dominieren zu lassen, die Struktur im Auge zu behalten, weitschweifige Teilnehmer zu bremsen, ohne dass sie sich abgewiesen fühlen, Teilnehmer anzuregen und sowohl die Atmosphäre als auch die Dauer der Konferenz zu überwachen. – Er sorgt dafür, dass die Konferenz ihren Zweck erfüllt. Das bedeutet, dass Probleme eingehend besprochen, Auskünfte erteilt, Aufgaben verteilt werden und Vorschläge behandelt werden. Zugleich sollte er gute Beziehungen zwischen den Teilnehmern stabil halten. Anders gesagt: Er sollte sich sowohl aufgaben- als auch menschenorientiert verhalten (s. Kap. 10.4).

Vom **Protokollführer** erwartet man, dass er auch manchmal verwickelte Diskussionen und die Vielzahl der Informationen, die ausgetauscht werden, auf strukturierte und relevante Weise zusammenfasst. Er soll sich nicht zu sehr in die Diskussion einmischen. Der Protokollführer ist mehr Beobachter als Teilnehmer.

Die **Teilnehmer** können sich wesentlich freier verhalten als der Vorsitzende und der Protokollführer. Ihre Aufgabe besteht darin, dass sie bei den unterschiedlichen Tagesordnungspunkten mitreden und mitdenken; sie verhalten sich aber auf den ersten Blick nicht gemäß bestimmter Vorschriften. Trotzdem ist es von Vorteil, wenn sich auch die Teilnehmer über ihr Verhalten, das den Verlauf der Konferenz auf konstruktive Weise fördern sollte, bewusst werden.

10.4 Aufgabenorientiertes und menschenorientiertes Verhalten

Für alle Personen, die an der Konferenz teilnehmen, lässt sich zwischen aufgabenorientiertem und menschenorientiertem Verhalten unterscheiden:

Aufgabenorientiertes Verhalten

Angemessenes Verhalten geht aus einer richtigen Einstellung hinsichtlich des Ziels der Konferenz hervor. Diese Einstellung lässt sich am Einsatz der Fähigkeiten, die im ersten Teil besprochen wurden, ablesen. Aufgabenorientierte Zuhörer verhalten sich aufmerksam, stellen offene Fragen nach der Meinung der anderen Anwesenden, stellen erkundigende Fragen nach mehr sachlichen Informationen, bitten sie um Konkretisierungen oder wenden Paraphrasen an, um sich Klarheit über die Absichten der anderen Sprecher zu verschaffen.
Aufgabenorientierte Sender wenden folgende Fähigkeiten an: die eigene Meinung klar formulieren, Meinungen oder Vorschläge anderer unterstützen, damit in der Konferenz schneller eine gemeinsame Beurteilung der Situation erreicht wird, die eigene Meinung oder den eigenen Vorschlag vorstellen, erörtern und abschließen.
Die Teilnehmer verhalten sich kaum aufgabenorientiert, wenn sie einander nicht zuhören, durcheinander reden oder sich ins Wort fallen. Vom Thema abzuschweifen oder ein Thema breit zu treten sind der Effizienz und Effektivität der Konferenz auch nicht gerade förderlich.
Teilnehmer mit einer sog. „geheimen Tagesordnung“ beeinflussen den Fortgang der Konferenz ebenfalls negativ. Mit „geheimer Tagesordnung“ sind Themen gemeint,

die nicht auf der Tagesordnung stehen, die sich Teilnehmer aber „im stillen Kämmerlein" überlegt haben und auf undeutliche Weise zur Sprache bringen. Durch dieses undeutliche Vorgehen ist für den Vorsitzenden schwer zu erkennen, dass ein anderes Thema eingeführt wird; deshalb ist es auch schwierig, dieses Thema auf eine später folgende Konferenz zu verschieben. Solche Teilnehmer stiften häufig Verwirrung.

Menschenorientiertes Verhalten

Teilnehmer können sich auch menschenorientiert verhalten. Dies setzt voraus, dass man den Meinungen, Gedanken und Gefühlen anderer Konferenzteilnehmer Aufmerksamkeit schenkt. Meistens sind die Teilnehmer unterschiedlicher Meinung; für einen positiven Verlauf der Konferenz ist es wichtig, dass jede einzelne Meinung respektiert wird.
Oft spielen während einer Konferenz auch Gefühle eine Rolle, zum Beispiel, wenn das Engagement für ein Thema groß ist oder viel auf dem Spiel steht. Manchmal fühlt sich ein Teilnehmer an einer Konferenz im Stich gelassen, wenn sich keiner der anderen Teilnehmer mit seinem Standpunkt solidarisch erklärt. Enttäuschung, Ärger, Aufregung, Angst, Aggression, Zuneigung, Zufriedenheit und Erleichterung sind Gemütsverfassungen, die beim Prozess der Entscheidungsfindung in einer Konferenz eine Rolle spielen. Es ist sonderbar, dass in vielen Konferenzen Gefühle zwar aufbrechen, aber selten benannt werden. In vielen Fällen ist es aber funktionell, um – entweder als Vorsitzender oder als Teilnehmer an der Konferenz – Gefühlen durchaus Aufmerksamkeit zu schenken; erstens aus Achtung vor dem emotional reagierenden Teilnehmer, zweitens, weil die Diskussion oft wenig ergiebig ist, wenn ein oder mehrere Teilnehmer so emotional reagieren, dass sie nicht mehr klar nachdenken können.

Wie verhält man sich menschenorientiert? Erstens, indem man „Paraphrasen" und „Gefühlsreflektionen", wie im ersten Teil des Buches erörtert, anwendet. Dadurch fühlen sich die Teilnehmer verstanden und akzeptiert. Außerdem treten die Unterschiede zwichen den rationalen Gründen und dem emotionalen Gehalt deutlicher hervor. Außer „Paraphrasen" und „Gefühlsreflektionen" sind Fähigkeiten wie „Fragen stellen" oder „zusammenfassen" nützlich. Hierduch spüren die anderen Teilnehmer, dass ihr Diskussionsbeitrag ernst genommen wird. Wenn Konferenzen in einer Atmosphäre stattfinden, die manchen Teilnehmern unangenehm ist, ist es von Vorteil, über die Fähigkeit zu verfügen, diese Atmosphäre zur Sprache zu bringen. In Kapitel 3.1 wurde diese Fähigkeit als „Situation verdeutlichen" bezeichnet. Es folgt ein Beispiel aus dem Alltag von Emprimee GmbH.

Die Herausgabe einer neuen Zeitschrift kann für die Mitarbeiter von Emprimee GmbH Ungewissheit mit sich bringen. Die Aufgaben der Abteilungen Werbung & Akquisition, Betriebsverwaltung, Vertrieb und grafische Gestaltung, die vielleicht schon genug zu tun haben, werden erweitert. Die Redaktionen der drei bereits bestehenden Zeitschriften befürchten, dass die Herausgabe einer neuen Zeitschrift auf ihre Kosten geht. Wenn der Vorsitzende diesen Gefühlen keine Aufmerksamkeit schenkt, können die Pläne auf Widerstand stoßen, was nicht nur den Fortgang der Konferenz hemmen, sondern auch in Zukunft Probleme für die Zusammenarbeit verursachen kann.

10.5 Aufgaben vor, während und nach der Konferenz

Die Aufgaben – sowohl des Vorsitzenden und Protokollführers als auch der Teilnehmer – werden in drei Phasen unterteilt: die Aufgaben vor der Konferenz, während der Konferenz und nach der Konferenz.

Vor der Konferenz

Der Vorsitzende bereitet sich auf den Inhalt der Konferenz vor: „Worum geht es und wie gehen wir vor?" Er erstellt die Tagesordnung. Die Tagesordnung ist das Programm der Konferenz. Dieses Programm verzeichnet i.d.R. Tagesordungspunkte in fester Reihenfolge (siehe Kap. 10.6). Bei der Festlegung dieser Reihenfolge wägt der Vorsitzende die Bedeutung der einzelnen Punkte ab. Die wichtigsten setzt er am besten oben auf die Tagesordnung, die weniger wichtigen unten. Es kann auch sinnvoll sein, die Punkte, die die Atmosphäre positiv beeinflussen, am Anfang der Konferenz zu behandeln. Weiterhin ist es nützlich, zu jedem Punkt eine Zeitdauer anzugeben, damit die Teilnehmer wissen, was von ihnen erwartet wird und alle an einer sinnvollen Zeiteinteilung mitarbeiten können.
Bei einer formellen Konferenz erhalten die Teilnehmer die Tagesordnung einschließlich der Einladung und der Unterlagen, die sie vorher studieren sollten, mindestens 48 Stunden vor der Konferenz. In der Einladung steht wo, wann, wozu, worüber, mit wessen Beteiligung und wie lange die Konferenz stattfindet.
Der Vorsitzende bereitet sich auch auf die Teilnehmer vor. Er kann sich eine Strategie ausdenken, wenn er weiß, wer an der Konferenz teilnimmt, und er kann die Diskussionsbeiträge, die sie zu den unterschiedlichen Tagesordnungspunkten leisten werden oder können, antizipieren.
Der Vorsitzende ist ebenfalls für die Einrichtung des Konferenzraums verantwortlich. Das heißt, dass er für eine adäquate Aufstellung der Tische und Stühle sorgt (bzw. sorgen lasst). Fur die Kommunikation ist es hilfreich, wenn sich alle Anwesenden ansehen können.
Für die meisten Menschen ist es schwer, 1 oder 2 Stunden konzentriert zuzuhören und sich zu beteiligen. Deshalb empfiehlt es sich, während der Konferenz eine Tafel zu benutzen, auf der die Phasen des Entscheidungsprozesses, die Vorschläge, die gemacht werden, oder die vorgebrachten Lösungsstrategien festgehalten werden. Das Servieren warmer und kalter Getränke beeinflusst die Atmosphäre positiv. Eventuelle Vereinbarungen über das Rauchen während der Konferenz und das Einlegen von Pausen können die Effizienz ebenfalls fördern.

Der **Protokollführer** bereitet sich auf die Konferenz vor, indem er sich überlegt, welche Informationen das Protokoll enthalten sollte, nach welcher Struktur die unterschiedlichen Themen besprochen werden und in welcher Form er das Protokoll erstellen sollte. Er kann darüber am besten nach Rücksprache mit dem Vorsitzenden entscheiden.
Zu diesen Informationen gehören die Namen der An- und Abwesenden, die Gründe für die Abwesenheit, Datum und Ort der nächsten Konferenz, die Standardtagesordnung für die nächste Konferenz und ähnliche Punkte, die nach Rücksprache festgelegt werden und zur Konferenzskultur der Gruppe, der der Protokollführer angehört, zählen.

Für den Protokollführer ist es von Vorteil, wenn er vorher weiß, nach welcher Struktur der Vorsitzende die unterschiedlichen Themen besprechen will. Er kann sich darauf vorbereiten und während der Konferenz am Beibehalten der Struktur mitarbeiten, indem er ab und zu eine kurze Zusammenfassung gibt, wenn die Konferenz droht, den Faden zu verlieren oder schon behandelte Themen noch einmal anspricht.
Das Protokoll kann folgendermaßen gestaltet werden: ein wortwörtlicher Bericht (nur mithilfe von Steno oder einem Aufnahmegerät möglich), ein ausführlicher Bericht mit oder ohne Namen oder ein gekürzter Bericht, in dem nur die Beschlüsse und die vorgebrachten Argumente erwähnt werden.

Die anderen Teilnehmer an der Konferenz bereiten sich vor, indem sie die der Tagesordnung beigefügten Unterlagen studieren. Wenn man sich gut vorbereiten möchte, sollte man vorher Informationen einholen, mit denen man die eigenen Argumente untermauern kann, zum Beispiel indem man sich über konkrete Daten unterrichten lässt. Es kann ebenfalls sehr sinnvoll sein, sich mit den Meinungen anderer Teilnehmer auseinander zu setzen: Auf welche Argumente gründen sich ihre Ansichten, was bestimmt ihre Standpunkte?

Während der Konferenz

Der **Vorsitzende** eröffnet die Konferenz, indem er die Anwesenden willkommen heißt, ihnen neue Teilnehmer vorstellt, Abwesende entschuldigt und fragt, ob jemand der Tagesordnung noch Punkte hinzufügen oder die Reihenfolge der Punkte ändern möchte. Oft wird sofort ein Zeitpunkt vereinbart, an dem die Konferenz beendet wird, damit alle Anwesenden Bescheid wissen und versuchen können, die Themen, die auf der Tagesordnung stehen, innerhalb dieser Frist zu behandeln.
Die Tagesordnungspunkte werden einer nach dem anderen zur Sprache gebracht und die Themen nach der in der Konferenz vereinbarten (oder bisherigen) Struktur behandelt. (Eine solche Struktur kann zum Beispiel das Phasenmodell sein, das im folgenden Kapitel zum Entscheidungsprozess behandelt wird.)

Zur Besprechung eines Themas gibt der Vorsitzende zunächst das Ziel der Besprechung vor. Er fasst die Informationen zusammen, über die alle Teilnehmer verfügen sollten, um das Thema auf konstruktive Weise diskutieren zu können. Schließlich stellt er ggf. die Struktur, nach der die Diskussion vonstatten gehen soll, vor. Dann wird die Diskussion über das Thema eröffnet. Es gehört zu den Aufgaben des Vorsitzenden, die festgelegte Struktur beizubehalten. Dazu sollte er sich sowohl aufgabenorientiert als menschenorientiert verhalten.

Folgende Schemata von STEEHOUDER u.a. (1992) geben eine deutliche Übersicht, welche aufgaben- und menschenorientierte Fähigkeiten sich bei einer Diskussion empfehlen:

Aufgabenorientiertes Verhalten (Struktur beibehalten)

Problem	falsches Vorgehen	besseres Vorgehen
Wortschwall	■ abrupt beenden	■ zusammenfassen und Absicht verdeutlichen
Abschweifung	■ reagieren	■ ignorieren, vorsichtig beenden oder nach dem Zweck fragen
voreiliger Diskussionsbeitrag	■ abrupt beenden	■ auf die Struktur aufmerksam machen
nicht dringende, grundsätzliche Diskussion	■ abrupt beenden ■ weitererzählen lassen	■ zusammenfassen anhand konkreter Aspekte
Verfahrensfragen	■ abrupt beenden ■ zu viel Aufmerksamkeit widmen	■ um einen Vorschlag bittten ■ Kompetenzen klarstellen ■ selber einen Vorschlag machen

Menschenorientiertes Verhalten (Wahrung der Atmosphäre)

Problem	Lösungvorschläge
die Diskussion stockt	■ Interesse zeigen ■ wichtige Punkte wiederholen ■ offene Fragen stellen ■ zusammenfassen
unterschwellige Konflikte	■ persönliche Bemerkungen machen ■ zusammenfassen und persönliche Aspekte ignorieren ■ versöhnliche Teilnehmer zu Wort kommen lassen ■ Pause einlegen
Teilnehmer verhalten sich nicht ernst	■ Pause einlegen oder vertagen ■ motivieren ■ die Konferenz formeller leiten ■ persönliche Bemerkungen machen
träger Fortgang	■ Zusammenfassung mit Schlussfolgerung ■ geschlossene Fragen stellen

Der **Protokollführer** hat während der Konferenz die Aufgabe, Wesentliches von Unwesentlichem zu unterscheiden und Relevantes zu notieren, damit er nach der Konferenz anhand seiner Notizen einen Bericht abfassen kann. Der Bericht sollte sowohl die An- als auch die Abwesenden über die Themen, die behandelt, und die Entscheidungen, die getroffen wurden, unterrichten.

Während der Konferenz sollten sich die **Teilnehmer** aktiv darum bemühen, die Konferenz gemeinsam zu einem guten Abschluss zu bringen. Das heißt, dass sie die Vereinbarungen über Dauer, Reihenfolge und Struktur einhalten; das bedeutet auch, dass sie den anderen Teilnehmern aktiv zuhören, deren Informationen nutzen, auf diese reagieren und ihre eigenen Vorschläge, Erkenntnisse, Ansichten und Meinungen deutlich vorbringen.

Nach der Konferenz

Der **Vorsitzende** kann mit dem Protokollführer eventuell einen ersten Entwurf des Protokolls kurz durchsprechen, bevor die Teilnehmer die endgültige Fassung erhalten. So kann man sich in Zweifelsfällen für Formulierungen entscheiden, die keine Missverständnisse auslöst.

Der **Protokollführer** schreibt möglichst schnell das Protokoll der Konferenz und verschickt. Es ist besser, das Protokoll möglichst bald fertig zu stellen, weil der Protokollführer erstens die Konferenz noch frisch im Gedächtnis hat und zweitens die Teilnehmer rechtzeitig vor der nächsten Konferenz an ihre Aufgaben und Aufträge erinnert werden.

Die **Teilnehmer** lesen das Protokoll und machen sich Notizen zu den Punkten, die noch einer Erklärung bedürfen, oder zu einem Vorschlag zur Änderung bestimmter Textstellen oder sie notieren sich andere Anmerkungen. Außerdem halten die Teilnehmer ihre Verabredungen ein und sorgen dafür, dass sie darüber in der nächsten Konferenz einen Kurzbericht erstatten können.

10.6 Struktur

Die feste Struktur einer Konferenz wird in der Tagesordnung wiedergegeben. Die Tagesordnung besteht aus Punkten, die i.d.R. in fester Reihenfolge behandelt werden, sowie aus verschiedenen wechselnden Themen. Ein Beispiel einer Standardtagesordnung:

- Eröffnung
- Eingegangene Post
- Mitteilungen
- Bericht der letzten Sitzung (Protokoll)
- Diverse Themen
- Verschiedenes
- Rundfrage
- Abschluss

Im Einzelnen sollte folgende Struktur beibehalten werden:

- Der Vorsitzende **eröffnet** die Konferenz, indem er alle Anwesenden willkommen heißt, neue Teilnehmer vorstellt oder alle bittet sich kurz vorzustellen und die Tagesordnung zur Diskussion stellt.
- Zur **eingangenen Post** gehören die Briefe, Broschüren und Berichte, die seit der letzten Sitzung zugestellt wurden. Unterschieden wird dabei meist zwischen Un-

terlagen, deren Inhalt der Vorsitzende ohne weitere Erläuterung mitteilt, und Unterlagen, deren Inhalt er größere Aufmerksamkeit widmet. Es hängt vom Inhalt der Unterlagen ab, ob darüber sofort entschieden oder die Besprechung auf die nächste Sitzung verschoben wird.

- Aktuelle **Mitteilungen** gibt meist der Vorsitzende weiter. Es geht um Angelegenheiten, die für die anderen Teilnehmer wichtig sind. Aber auch die Teilnehmer können Mitteilungen, die zur Kenntnis genommen werden sollen, weitergeben.
- Das **Protokoll** der letzten Sitzung wird der Konferenz zur Genehmigung vorgelegt. In diesem Moment können die Teilnehmer Vorschläge zur Änderung der Formulierung machen, Anmerkungen zu den getroffenen Verabredungen äußern oder Fragen stellen. In einer formellen Konferenz ist es üblich Gelegenheit zu geben, in einer ersten Runde Anmerkungen zum Text und in einer zweiten Runde zum Inhalt des Protokolls zu machen.
- Die **Besprechung diverser Themen** wird in diesem Kapitel noch näher behandelt. Beim Punkt Verschiedenes kommen Fragen, die die Anwesenden während der Konferenz geäußert haben, die aber noch nicht besprochen werden konnten, zur Sprache.
- Die **Rundfrage** bietet jedem Teilnehmer die Gelegenheit, Fragen über Themen, die bis dahin nicht besprochen wurden, zu stellen. Hier sollte sich keine eingehende Diskussion mehr entspinnen. Besser ist es, das Thema auf die nächste Konferenz zu verschieben.
- Zweck des **Abschlusses** der Konferenz ist, allen Anwesenden für ihre Beiträge zu danken, eventuell Datum, Ort und Zeit der nächsten Konferenz zu verabreden und die Konferenz zu beenden.

Besprechung diverser Themen

Ein Thema der Tagesordnung kann ein Punkt sein, über den die Konferenzteilnehmer informiert werden müssen, oder ein Problem, über das sie sich eine Meinung bilden sollten. Das Thema kann auch ein **Antrag** sein. Ein Antrag sollte gestellt und von anderen kommentiert werden. Es kann sich dabei um eine Angelegenheit, zu der eine Entscheidung getroffen werden soll, oder Aufgaben, die verteilt werden müssen, handeln. Die diversen Themen können also unterschiedliche Ziele haben: einen Sachverhalt darstellen, zu einer Meinung kommen, kommentieren, Entscheidungen treffen, informieren, Aufgaben verteilen etc.
In der ersten Phase der Themenbesprechung gibt der Vorsitzende eine kurze Einleitung über die Hintergründe des Themas und das Ziel der Besprechung.

Handelt es sich um eine **orientierende Besprechung**, dann wird die Angelegenheit nach allen Seiten diskutiert. Es ist nicht notwendig, auf Basis der Besprechung Entscheidungen zu treffen. Die Angelegenheit kann noch offen bleiben. Oft aber werden am Ende einer solchen Besprechung Verabredungen über die Fortsetzung getroffen.
Während der ersten Phase der Besprechung wird das Thema erläutert. Was stimmt nicht an der Sache, weshalb entspricht die Situation nicht mehr den Erwartungen, was soll erreicht werden, welches sind die Hindernisse, welches die Konsequenzen? Die Teilnehmer an der Konferenz sollen einen besseren Einblick in die Problematik des Themas bekommen. Die Struktur der Besprechung ergibt sich aus der Beantwortung der genannten Fragen.

Bei der Emprimee GmbH wird das Thema „Die neue Zeitschrift Apoll" diskutiert, damit klar wird, was noch zu leisten ist, um die Zeitschrift in einem Jahr herausgeben zu können. Die Konferenz ist der Art nach ein Brainstorming. Die vorgebrachten Ideen werden in zu vereinbarenden Ausschüssen weiter untersucht. Diese Ausschüsse werden sich mit den unterschiedlichen Aspekten der neuen Zeitschrift beschäftigen.

Eine **kommentierende Besprechung** kann der Vorsitzende strukturieren, indem er denjenigen, der den Antrag gestellt hat, um eine Erläuterung bittet. Dieser fasst seinen Antrag zusammen, anschließend schlägt er ein Verfahren vor, nach dem der Vorschlag besprochen wird. Dann sind die Teilnehmer an der Reihe. Sie können auf den Antrag reagieren. Es ist sinnvoll, den Teilnehmern einige Einschränkungen aufzuerlegen, zum Beispiel dass sie demjenigen, der den Antrag vorgebracht hat, zunächst Fragen stellen und erst in der nächsten Runde kritisieren. Ein anderes Verfahren wäre, dass erst alle Teilnehmer einzeln reagieren und dann der Vorschlag diskutiert wird.
Es kann sein, dass alle dem Vorschlag zustimmen, es ist aber auch möglich, dass der Vorschlag angepasst werden muss oder keine Billigung findet. Der Antragsteller sollte imstande sein, die Kritik hinzunehmen; die Teilnehmer sollten in der Lage sein, den Vorschlag auf konstruktive Weise zu kommentieren. (Die dazu benötigten Fähigkeiten wurden in Kap. 3.1 und 3.2 erläutert.)

Entscheidet sich der Vorsitzende der Emprimee GmbH für eine strukturierte Vorgehensweise, lässt er vor der Konferenz an alle Mitarbeiter Unterlagen verschicken, in denen er einige Vorschläge zur Realisierung der neuen Zeitschrift Apoll macht. Die Vorschläge sind:

- *eine Redaktion für die Zeitschrift bilden und als ersten Schritt einen Chefredakteur anstellen;*
- *Arbeitsraum für die Redaktion von Apoll schaffen; dies darf nicht zu viel Geld kosten, denn die Anzahl der Zimmer im Gebäude ist beschränkt; vielleicht sollten also Zimmer abgetreten werden;*
- *bei potenziellen Inserenten Interesse wecken;*
- *Werbung für die Zeitschrift in andern Fachzeitschriften und in Zeitungen schalten.*

Während der Konferenz erläutert Hans-Peter Graf seine Vorschläge, die anderen Teilnehmer kommentieren, ergänzen und ändern sie.

Wenn ein Thema klar dargestellt worden ist und alle Vorschläge kommentiert worden sind, sollte man sich entscheiden, ob man den Vorschlägen zustimmt und ihre Konsequenzen akzeptiert. Damit sie eine Entscheidung treffen können, sollten die Teilnehmer einer **beschlussfassenden Konferenz** genau wissen, worüber sie eine Entscheidung zu treffen haben und wie sie zu Stande kommt. Die Grundlage der Entscheidung wird nach der Besprechung durch den Vorsitzenden oder Protokollführer noch einmal deutlich formuliert. Die Art und Weise, wie der Beschluss gefasst wird, ist vom formalen Charakter der Konferenz abhängig. In Konferenzen, in der nach einem Reglement vorgegangen wird, sollte man selbstverständlich die Vorschriften des Reglements hinsichtlich der Beschlussfassung und der angeordneten Wahl einhalten. In weniger formalen Versammlungen kann man je nach Lage Vereinbarungen über die Beschlussfassung treffen.

In der Konferenz der Emprimee GmbH werden, nachdem die Vorschläge von Hans-Peter Graf ausführlich kommentiert worden sind, folgende Beschlüsse gefasst:

- *Es soll eine Bewerber-Auswahlkommission gebildet werden, die für die Stellen des zukünftigen Korrektors und Vorauskorrektors von Apoll eine Stellenanalyse vornimmt, dann eine Anzeige entwirft und sich mit der Auswahl der Bewerber beschäftigt. Die Mitglieder dieser Kommission sind: Hans-Peter Graf und Harald Gutwart, der neue Chefredakteur von Apoll.*
- *Er wird eine Kommission gegründet, die sich mit dem Raumproblem beschäftigt. Mitglieder dieser Kommission sind Stefan Herzog (technischer Geschäftsführer), Christian Demmers (Vertriebsabteilung) und Gerald Bassano (grafische Abteilung).*
- *Die Abteilung Werbung & Akquisition (Arnold Deich) leitet die Werbekampagne für Apoll ein.*

Schließlich müssen in vielen Konferenzen die Aufgaben, die aus den Entscheidungen hervorgehen, verteilt werden. Es sollte festgelegt werden, wer welche Aufgaben erledigt, wie die Aufgaben erledigt werden müssen und über welche Mittel derjenige, der sie erledigt, verfügen kann. Diese Fragen sollten in der Konferenz zur Sprache gebracht werden, damit man auf eine deutliche Beschreibung der Anforderungen zurückgreifen kann.

Konferenz

	grundlegende Gesprächsfähigkeiten
Ziel ■ sich ein Bild machen und eine Meinung bilden ■ kommentieren ■ Entscheidungen treffen ■ Aufgaben verteilen	
Rollen ■ Vorsitzender: – aufgaben- und menschenorientiertes Verhalten ■ Protokollführer: – hauptsächlich aufgabenorientiertes Verhalten ■ Teilnehmer: – aufgaben- und menschenorientiertes Verhalten	
Aufgaben vor der Konferenz ■ Vorsitzender: – Tagesordnung erstellen – Themenbesprechung gliedern – Einladungen, Tagesordnung und Unterlagen rechtzeitig verschicken – auf das Verhalten der Teilnehmer vorbereiten (wer in welcher Rolle) – Konferenzsaal organisieren ■ Protokollführer: – überlegen, welche Infomationen erwähnt – werden sollten – überlegen, um welche inhaltlichen Punkte es sich handeln wird	

■ Teilnehmer: – auf die Konferenz vorbereiten – auf die Teilnehmer vorbereiten (wer, was und warum)	
Aufgaben während der Konferenz ■ Vorsitzender: – Konferenz eröffnen (Begrüßung, Tagesordnung) – Ziel und Struktur darstellen – Struktur der Themenbesprechung beibehalten – Atmosphäre wahren – Konferenz schließen ■ Protokollführer: – Ort, Datum, Namen der An/Abwesenden, Ziel aufschreiben – Protokoll untergliedern (z.B. nach Tagesordnungspunkten) – Zusammenfassung der Einführung des Vorsitzenden geben – Standpunkte mit Begründungen festhalten – Entscheidungen mit Begründung festhalten – Datum und Zeit der nächsten Konferenz festhalten ■ Teilnehmer: – konstruktiv teilnehmen (Zeit und Struktur beachten)	■ regulieren ■ Auskünfte geben ■ Situation verdeutlichen ■ aufmerksames Verhalten ■ Fragen stellen ■ Inhalt paraphrasieren ■ Gefühle reflektieren ■ konkretisieren ■ zusammenfassen
Aufgaben nach der Konferenz ■ Vorsitzender: – eventuell Protokoll mit dem Protokollführer besprechen ■ Protokollführer: – möglichst schnell das Protokoll ausarbeiten – Protokoll besteht aus: Überschrift mit Informationen, Zusammenfassung, Besprechung mit/ohne Namen oder den gefassten Entschlüssen ■ Teilnehmer: – Protokoll lesen und Vereinbarungen einhalten	
Struktur: Tagesordnung einhalten, Themen besprechen ■ Problem, Angelegenheit besprechen: – aktuelle Situation beschreiben – gewünschte Situation beschreiben – Problem und Hindernisse benennen – Konsequenzen darstellen ■ Vorschläge kommentieren: – Vorschlag zusammenfassen – auf Vorschlag reagieren – den Vorschlag kritisieren – auf Kommentare und Kritik reagieren ■ Entscheidungen treffen: – nach Phasenmodell (Kapitel 11) – nach Reglement – nach gelegentlicher Verabredung ■ Aufgaben verteilen: – vereinbaren, wer was wann erledigt – begründen, warum etwas erledigt werden muss – vereinbaren, welchen Anforderungen die Aufgabe entsprechen sollte.	

11 Der Entscheidungsprozess

Im Gebäude der Emprimee GmbH müssen für die Redaktion der neuen Zeitschrift Apoll Räume eingerichtet werden. Die Kosten sollten möglichst niedrig gehalten werden. Das ist problematisch, denn im Gebäude gibt es keinen ungenutzten Winkel. Keine Abteilung möchte der neuen Zeitschrift Räume abtreten.
Die Situation ist folgende: Das Gebäude von Emprimee GmbH hat drei Stockwerke. Im Erdgeschoss befinden sich die Betriebsverwaltung (1 Zimmer), die Abteilung Werbung & Akquisition (2 Zimmer), die Vertriebsabteilung (1 Zimmer) und die Küche. Im ersten Stock befinden sich die Geschäftsführung (3 Zimmer), die grafische Abteilung (1 Zimmer) und der Konferenzsaal. Im zweiten Stock sind drei große Zimmer, wo die Redaktionen der drei Zeitschriften Hermes, Pallas und Asklepios arbeiten. Es gibt noch einen Dachboden, der als Lagerplatz dient. Der Dachboden ist nicht isoliert, hat keine Fenster und die Treppe, die hoch führt, ist sehr steil.
Der Ausschuss, der sich mit dem Raummangel beschäftigt, setzt sich aus Stefan Herzog (dem technischen Geschäftsführer), Christian Demmers (Vertiebsmanager) und Gerald Bassano (Artdirector) zusammen. Stefan Herzog ist der Vorsitzende. Alle sind sich darüber einig, dass auf strukturierte Weise eine Entscheidung getroffen werden und man sich die Probleme nicht gegenseitig aufhalsen sollte. Jedes Mitglied des Ausschusses wird sich letztendlich darum bemühen, dass seine Abteilung keine Zimmer abtreten muss.

11.1 Einleitung

Wenn in einer Organisation wichtige Entscheidungen getroffen werden müssen, sind daran meistens mehrere Personen beteiligt. Wenn mehr Menschen am Entscheidungsprozess teilnehmen, werden mehr Meinungen, mehr Erfahrungen und mehr Erkenntnisse hinsichtlich der Angelegenheit, über die zu entscheiden ist, eingebracht. Dadurch sind die Chancen auf einen wohl überlegten Entschluss größer als bei einer Entscheidung, die nur durch eine Person getroffen wird. Außerdem sind Menschen eher bereit, an der Umsetzung eines Beschlusses mitzuwirken, wenn sie an der Beschlussfassung beteiligt waren. Sie kennen die Argumente, die zum Entschluss geführt haben, und auch die verworfenen Möglichkeiten mit den Gründen ihrer Ablehnung.
Ein Entscheidungsprozess, an der eine große Anzahl von Mitarbeitern oder alle Betroffenen beteiligt sind, hat aber auch Nachteile. Erstens verlangt es von den Teilnehmern viel Zeit und Mühe. Es erfordert nicht nur die Fähigkeit einander zuzuhören, sondern auch die Bereitschaft, den eigenen Standpunkt aufzugeben oder abzuschwächen.
Zweitens besteht die Gefahr, dass Gruppenentscheidungen aufgrund einseitiger Vorstellungen getroffen werden, weil die Meinungen der Teilnehmer sich zu sehr ähneln und einander zu sehr bestärken. In der Gruppe sind dann andere mögliche Meinungen nicht ausreichend vertreten.
Ein dritter Nachteil bildet die eventuell mangelhaft ausgebildete Fähigkeit,, einen Entscheidungsprozess in die richtigen Bahnen zu lenken. Dann besteht die Gefahr, dass die verschiedenen Möglichkeiten und die entsprechenden Argumente nicht

ausreichend besprochen werden. Das kann zu überstürzten oder unvernünftigen Beschlüssen führen.
Ein Entscheidungsprozess, an dem sich mehrere Personen beteiligen, hat sowohl Vor- als auch Nachteile. In der Organisation sollte man die Vor- und Nachteile abwägen, bevor man sich für die Beschlussfassung, die mehreren Personen vorgelegt wird, entscheidet. Nach Vroom und Yetton (1975) sind dies Situationen, in denen

- bei den verschiedenen Beteiligten ein großer Bedarf an Informationen über die unterschiedlichen Aspekte des betreffenden Themas besteht;
- der Kern des Problems unklar ist (Worum geht es eigentlich, was ist das Problem, was sind die Ursachen und was die Folgen?);
- eine Angelegenheit von den Mitarbeitern als Problem erkannt wird;
- Mitarbeiter Interesse an der Lösung des Problems oder der Behandlung der Angelegenheit haben;
- die Akzeptanz des Beschlusses für dessen Ausführung wichtig ist;
- Mitarbeiter Unabhängigkeit und Selbstständigkeit anstreben;
- der Zeitdruck nicht zu groß ist.

Es gibt verschiedene Methoden, gemeinsam einen Beschluss zu fassen. Die in diesem Kapitel behandelte Methode ist das Phasenmodell, das eine möglichst sorgfältige Beschlussfassung mehrerer Personen ermöglicht. Der Entscheidungsprozess wird in Phasen untergliedert, die nacheinander durchlaufen werden. Jede Phase hat ihre spezifischen „Fußangeln". In Kap. 11.2 werden die Phasen einzeln behandelt und am Beispiel der Emprimee GmbH erläutert. In Kap. 11.3 werden die Schwierigkeiten, die in jeder Phase überwunden werden müssen, und die Gesprächsfähigkeiten, die der Gesprächsleiter dazu benötigt, besprochen. In Kap. 11.4 werden drei Methoden, mit denen eine Gruppe Lösungen oder Strategien entwickeln kann, vorgestellt.

11.2 Phasen im Entscheidungsprozess

In einer Organisation werden täglich unzählige Entscheidungen getroffen. Zum Beispiel wird in einer Arbeitsbesprechung die Aufgabenverteilung bei der Ausführung verschiedener Projekte entschieden. Hier geht es dagegen um Situationen, in denen das Fassen von Beschlüssen oft am schwierigsten ist, nämlich solche, die unerwünscht sind und deshalb Veränderungen erfordern.

Phase 0: Unerwünschte (aktuelle) Situation wahrnehmen

Wenn Menschen in einer Organisation meinen, dass eine bestehende Situation nicht länger den Anforderungen entspricht, könnte dies der Anfang eines Veränderungsprozesses bedeuten und Entscheidungen, die eine Veränderung herbeiführen, notwendig machen. Damit eine Veränderung eintritt, sollte vorhandene Unzufriedenheit über die bestehende Situation geäußert werden und die Bereitschaft zum Handeln vorhanden sein.

Im Gebäude der Emprimee GmbH muss Platz für die Zeitschrift Apoll geschaffen werden. Keine Abteilung möchte jedoch Zimmer abtreten. Wie ist dies zu lösen?

Phase 1: Aktuelle Situation umschreiben

Das zunächst vage Gefühl der Unzufriedenheit über die Situation sollte konkretisiert werden. Worum geht es genau? Was verursacht die Unzufriedenheit? Welches sind die Ereignisse oder Symptome, die die Unzufriedenheit ans Licht bringen?

Im Moment sind alle mit der bestehenden Situation zufrieden. Jede Abteilung hat genügend Raum, um ihre Arbeit zu erledigen. Durch die neue Zeitschrift wird dies zu einem Problem, da die neue Zeitschrift auch Platz beansprucht. Kann die Redaktion bei den Redaktionen der anderen drei Zeitschriften untergebracht werden? Wie verteilt man drei Zimmer unter vier Redaktionen? Die anderen Abteilungen haben auch keine Lust, der neuen Redaktion Zimmer abzutreten.

Phase 2: Gewünschte Situation umschreiben

Wenn klar geworden ist, wo es hapert, ist es auch möglich, die ideale oder gewünschte Situation zu beschreiben. Man spricht von einem Problem, wenn die aktuelle Situation nicht mit der gewünschten übereinstimmt. Mit der Beschreibung dieser Diskrepanz wird das Problem formuliert. Die Umschreibung der gewünschten Situation beinhaltet eine Zielsetzung. Es stellt sich dann die Frage, was dem Erreichen des Ziels im Wege steht.

Es soll Platz für Apoll geschaffen werden, ohne dass die anderen Abteilungen Zimmer abtreten müssen. Die neue Zeitschrift soll in einem zugänglichen Raum untergebracht werden. Damit die Zeitschriftmitarbeiter regelmäßig miteinander beraten können, ist die leichte Erreichbarkeit vor allem für die drei anderen Redaktionen wichtig.

Phase 3: Problem und Hindernisse formulieren

Wenn klar geworden ist, was in der aktuellen Situation fehlt und was die gewünschte Situation ist, kann man das Problem deutlich formulieren. Die Formulierung ist der Abschluss der letzten Phase und zugleich der Anfang der Phase, in der die Hindernisse, die dem Erreichen der gewünschten Situation im Wege stehen, sondiert werden. Das Beseitigen von Hindernissen ist meistens der Schlüssel zur Lösung des Problems und dient in dieser Phase einer Bestandsaufnahme der Folgen der unerwünschten Situation. Aus dieser Bestandsaufnahme geht hervor, wie ernst das Problem ist. Man kann, eventuell in einer späteren Phase, die **Kosten** des Aufwands für die Beseitigung der Hindernisse und den Nutzen, den die Beseitigung der negativen Folgen bringt, gegeneinander abwägen.

Stefan Herzog formuliert das Problem, einen passenden Arbeitsraum für Apoll zu finden, am Ende der 3. Phase folgendermaßen: „Nach der jetzigen Aufteilung des Gebäudes von Emprimee gibt es keinen Platz für Apoll. Es muss Platz geschaffen werden. Die Hindernisse, die unter anderen genannt werden, sind:

- Die drei bestehenden Zeitschriften haben drei Zimmer im 2. Stock. Apoll kann nicht über diese drei Räume verteilt werden. Außerdem würde es viel Zeit, Geld und Belästigung kosten, daraus vier Zimmer zu machen.

- Die Abteilung Werbung & Akquisition hat zwei Zimmer. Arnold Deich möchte aber kein Zimmer abtreten, da die Abteilung aus fünf Mitarbeitern besteht und die Zimmer nicht gerade groß sind."

Phase 4: Strategien entwickeln

In dieser Phase sollte die ganze Gruppe alle möglichen Strategien zur Beseitigung der Hindernisse, die dem Erreichen der gewünschten Situation im Wege stehen, vorbringen können. Strategie meint hier einen Plan zur Verwirklichung; es ließe sich auch von Alternativen oder Möglichkeiten sprechen.
Während dieser Phase, die die kreativste im Entscheidungsprozess ist, ist es von großer Bedeutung, dass keinerlei Werturteile über die vorgebrachten Strategien gefällt werden. Je mehr Strategien vorgebracht werden, desto größer ist die Chance auf die Entwicklung neuer, auch unüblicher Ideen.

Während der Konferenz des Ausschusses werden unter anderen folgende Ideen vorgebracht:
- Apoll wird im Konferenzsaal untergebracht; wenn Konferenzen einberufen werden, finden sie ab jetzt außer Haus statt.
- Es wird eine Zwischenwand im Zimmer der grafischen Abteilung errichtet; der Raum ist groß und die Abteilung besteht nur aus drei Mitarbeitern.
- Der Dachboden wird umgebaut.
- Die Küche wird zum Redaktionsraum umgebaut.

Phase 5: Strategien an den Kriterien prüfen

Wenn die Ideen ausgeschöpft sind und eine Bestandsaufnahme aller Ideen vorgenommen worden ist (eventuell an einer Tafel), lässt sich beurteilen, welche Strategie oder eventuell Strategienkombination für eine weitere Ausarbeitung in Betracht kommt. In dieser Phase sollten Kriterien aufgestellt werden, anhand derer die Strategien überprüft werden können. Mit den Strategien, die aufgrund der Kriterien ausgewählt werden, sollte man das Ziel erreichen können. Außerdem gibt es auch einige praktische Anforderungen, denen die Strategien entsprechen sollten.

Stefan Herzog hat alle vorgebrachten Strategien (Alternativen/Möglichkeiten) an die Tafel geschrieben und die Kriterien, denen die Strategien entsprechen sollten, genannt:
- Durchführbarkeit: Inwieweit lässt sich die Alternative praktisch durchführen?
- Nutzen: Inwieweit beseitigt die Alternative die Hindernisse, ist die Alternative effektiv?
- Kosten: Wie viel Zeit, Geld und Energie kostet die Alternative?
- Ist der Nutzen höher als die Kosten?

Phase 6: Entscheidung treffen

Jetzt ist die Phase der endgültigen Entscheidung erreicht. Aufgrund der Kriterien hat man verschiedene Strategien verworfen und einige ausgewählt. Oft ist es möglich, mehrere Ideen gleichzeitig durchzuführen.

Bei Emprimee GmbH entscheidet man sich für den Umbau des Dachbodens. Die Redaktion der neuen Zeitschrift befindet sich dann in direkter Nähe der anderen Zeitschriften, sodass sie leicht miteinander kommunizieren können. Das fordert eine Investition von 50.000 DM und der Umbau wird die Mitarbeiter ziemlich lange belästigen. Ist der Umbau nicht rechtzeitig fertig, wird vorübergehend der Konferenzsaal genutzt.

Phase 7: Aufgaben verteilen

Nachdem man sich für eine bestimmte Vorgehensweise entschieden hat, sollte noch eine Aufgabenbesprechung stattfinden:
- Welche Aufgaben müssen erledigt werden?
- Wie müssen sie erledigt werden?
- Wer muss sie erledigen?
- Wann muss er/sie damit fertig sein?

Daraufhin werden die Aufgaben erledigt.

Phase 8: Konsequenzen der Entscheidung evaluieren

Nach einiger Zeit sollte man untersuchen, ob die getroffene Entscheidung zur gewünschten Situation geführt hat. Vielleicht sollten noch Anpassungen vorgenommen werden, bis man mit dem Ergebnis zufrieden ist.

Nachdem alles verwirklicht und die Redaktion der neuen Zeitschrift auf dem Dachboden installiert worden ist, erstellen Stefan Herzog (Vorsitzender) und Christian Demmers (Vertriebsmanager) einen Fragebogen, den sie unter den Mitarbeitern von Emprimee GmbH verteilen. Aus der Umfrage kann man schließen, inwieweit die Mitarbeiter von Emprimee GmbH mit der neuen Situation zufrieden sind. Außerdem wird untersucht, ob der Dachboden der Redaktion von Apoll den Anforderungen des neuen Teams entspricht.

11.3 Fußangeln

Bislang wurde in diesem Kapitel ein Idealprozess beschrieben. Die Phasen werden schrittweise durchlaufen, was zu einer Entscheidung führt, mit der alle Beteiligten zufrieden sind. Leider verläuft der Entscheidungsprozess in der Praxis, auch mithilfe eines strukturierten Modells, oft weniger befriedigend.
Jede Phase hat ihre spezifischen Schwierigkeiten. Es ist die Aufgabe der ganzen Gruppe und besonders des Gesprächsleiters, diese Schwierigkeiten wahrzunehmen und die Besprechung wieder in die richtige Richtung zu lenken.
In den Phasen 1 und 2, in denen das Problem noch nicht deutlich formuliert ist, besteht oft Verwirrung über die Art des Problems. Oft hält man die Symptome für das Problem.

Ist die Herausgabe der neuen Zeitschrift Apoll oder das kleine Gebäude, in dem der Verlag haust, das Problem?

Menschen sind oft geneigt, schnell eine Erklärung für Situationen, die sie nicht beherrschen, zu suchen. Das kann dazu führen, dass Mitglieder einer Gruppe einen Sündenbock für die unangenehme Situation suchen.

Arnold Deich, Leiter der Abteilung Werbung & Akquistion, der einzigen Abteilung mit zwei Zimmern, weigert sich, ein Zimmer abzutreten. Die anderen Mitglieder des Ausschusses halten zwei Zimmer für einen übertriebenen Luxus und schieben Arnolds Bedenken beiseite.

Solches Verhalten enthebt die Beteiligten schon im Frühstadium der Notwendigkeit, aktiv nach Lösungsstrategien zu suchen.
Die Neigung, unsichere Situationen schnell zu beenden, kann dazu führen, dass die Beteiligten schon nach Lösungen suchen, bevor das Problem geklärt ist. Zunächst muss **Übereinstimmung** über die **Definition** des **Problems** in der 3. Phase erreicht werden: Ist das, was als Problem bezeichnet wird, auch wirklich das Problem oder verbirgt sich dahinter ein anderes, grundsätzlicheres Problem?

Bei Emprimee GmbH kann man zwar versuchen, die neue Zeitschrift dort unterzubringen, wo sie den anderen Abteilungen keinen Ärger bereitet; vielleicht wehren sich die Mitarbeiter aber tatsächlich gegen die Herausgabe einer neuen Zeitschrift, da es für die meisten Abteilungen mehr Arbeit bedeutet. Auch braucht eine Zeitschrift, die sich noch einen Namen machen muss, eine lange Anlaufzeit, und das ist teuer.

Für den Gesprächsleiter sind die Fähigkeiten „Fragen stellen“, „paraphrasieren“, „reflektieren“, „konkretisieren“ und „zusammenfassen“ wichtig, um sich sowohl ein Bild über die Unzufriedenheit mit der jetzigen Situation zu machen als auch ein deutliches Bild über die gewünschte Situation. Mit einer deutlichen Formulierung, die alle Anwesenden verstehen und mit der alle einverstanden sind, schließt der Gesprächsleiter die 3. Phase ab.
In der 4. Phase, in der Strategien entwickelt werden, das heißt, in der Alternativen vorgebracht werden, können mehrere Fehler auftreten. Einer der häufigsten Fehler ist das sofortige Diskutieren jeder einzelnen Strategie. Anerkennung und Missbilligung werden sofort ausgesprochen, was den kreativen Prozess oft hemmt. Die Gruppe passt sich dann zu schnell aneinander an.
Ein zweiter Fehler ist, dass Strategien, die von Mitarbeitern, die einen höheren Status in der Gruppe innehaben, vorgebracht werden, mehr Aufmerksamkeit und Anerkennung geschenkt wird als Vorschlägen von Kollegen, die ein weniger hohes Ansehen genießen. Wenn eine Lösung sofort negative Reaktionen hervorruft, kann das Menschen, die die mögliche Alternative vorgebracht haben, schnell entmutigen.
Ein weiterer Fehler ist das Zurückgreifen auf Lösungen, die sich in der Vergangenheit bewährt haben, ohne nach neuen Strategien zu suchen.
Eine wichtige Gesprächsfähigkeit des Gesprächsleiters in dieser Phase ist „aufmerksames Verhalten“. Blickkontakt, eine „duldsame“ Haltung und Intonation und „kleine Anregungen“ regen Beteiligte an, ihre Beiträge zu leisten. Mit einer deutlichen Zurückweisung jeglicher Diskussion kann der Gesprächsleiter die Gruppe gleichsam zwingen, die Vereinbarung, dass in dieser Phase Ideen gesammelt und noch nicht beurteilt werden, einzuhalten. Der Gesprächsleiter kann hierzu die Senderfähigkeit „Situation verdeutlichen“ einsetzen.

Während der Prüfung der Strategien in der 5. Phase besteht die Chance, dass man die Strategien nicht auf ihre Konsequenzen hin untersucht, weil man schon von vornherein eine Strategie bevorzugt. Ein anderes Hindernis in dieser Phase ist die Neigung, Strategien mit den Personen, die sie vorbringen, gleichzusetzen, sodass die Strategien nicht mehr objektiv miteinander verglichen werden können.
Die Gesprächsfähigkeiten, die der Gesprächsleiter in dieser Phase oft einsetzen sollte, sind „Fragen stellen", „paraphrasieren", „konkretisieren" und „zusammenfassen".
Die Schlussphase, in der der Beschluss gefasst wird, hat außer manchen der oben erwähnten Probleme weitere spezifische schwierige Momente. Die Überbewertung von Strategien, die (für andere) wichtige oder sympathische Personen vorbringen, ist ein Problem, das schon angesprochen wurde. Eine andere Schwierigkeit ist das Erhalten der Zustimmung aller Anwesenden. Zu Unrecht wird Schweigen manchmal für Zustimmung gehalten.
Der Gesprächsleiter wird in dieser Phase vor allem die Zuhörfähigkeiten „konkretisieren" und „zusammenfassen" anwenden. Wenn er vermutet, dass die Schweigenden nicht zustimmen, sollte er dies ansprechen, um Deutlichkeit zu schaffen.

Zu jeder Phase wurden mehrere Probleme geschildert, die der Gesprächsleiter mithilfe der im 1. Teil behandelten Gesprächsfähigkeiten bewältigen kann. Auf diese Weise trägt seine Führung dazu bei, dass

- alle Anwesenden die Chance erhalten, ihre Diskussionsbeiträge zu leisten,
- allen Beiträgen Aufmerksamkeit geschenkt wird,
- alle Beiträge eingehend untersucht werden,
- alle Beiträge eine gleich große Chance haben, ausgewählt zu werden.

11.4 Drei Methoden für die Strategieentwicklung

Im Folgenden werden kurz drei Methoden vorgestellt, die während der Phase, in der nach möglichst vielen Lösungen gesucht wird, herangezogen werden können. Diese sind das Brainstorming, die Delphimethode und das Nominalgruppenverfahren.

Brainstorming

Brainstorming ist eine Methode, um mit einer Gruppe unvorbereitet Lösungen, die spontan hervorsprudeln, zu entwickeln. Diese Methode kennzeichnet sich vor allem dadurch, dass die Menschen, die mit dem Problem konfrontiert werden, ungehemmt Lösungsstrategien suchen.
Sobald das Problem allen Anwesenden klar ist, werden die Mitglieder der Gruppe gebeten, möglichst spontan zu reagieren. Besonders sollen sie, alles, was ihnen einfällt, sagen, ohne dass sie sich fragen, ob es verrückt, albern, dumm oder durchführbar ist. Außerdem fordert man sie auf, sich durch Aussagen anderer anregen zu lassen, Assoziationen zu bilden oder diese fortzuspinnen.
Alle mündlich vorgeschlagenen Strategien werden an eine Tafel geschrieben.

Einige Hinweise zum Brainstorming:
- keine Kritiknicht gestatten;
- möglichst viele Ideen fördern;
- Verschiedenheit fördern;
- Assoziationen und Kombinationen fördern.

Delphimethode

Bei der Delphimethode reagieren die Mitglieder der Gruppe schriftlich auf die einzelnen Beiträge. Wenn das Problem allen klar ist, überlegen sich die Teilnehmer möglichst viele Lösungsstrategien und schreiben sich diese auf. Die einzelnen Beiträge werden vervielfältigt und an alle Teilnehmer geschickt. Jeder Teilnehmer kommentiert die Strategien der anderen und wird vielleicht auf neue Ideen gebracht. Sämtliche Kommentare und neuen Ideen werden an die Beteiligten verschickt und wieder kommentiert. Dies wiederholt sich, bis sich die Gruppe auf eine Strategie einigt.

Nominalgruppenverfahren

Das Nominalgruppenverfahren setzt sich aus den beiden vorhergehenden Methoden zusammen. In der ersten Phase der Konferenz sprechen die Teilnehmer nicht miteinander. Sie sitzen rings um den Tisch, werden über das Problem informiert und entwickeln individuell Lösungsstrategien. Der Reihe nach stellen die Teilnehmer ihre Strategien vor.
Alle Strategien werden an eine Tafel geschrieben. Anschließend kommentiert die Gruppe die einzelnen Lösungsstrategien. Dann stuft jeder Teilnehmer sämtliche vorgebrachten Lösungen ein. Die Strategie, die die meisten Punkte erzielt, wird letztendlich ausgewählt.

Entscheidungsprozess

	grundlegende Gesprächsfähigkeiten
Phase 0: (unerwünschte) Situation wahrnehmen	
Phase 1: aktuelle Situation umschreiben	■ Fragen stellen ■ Gefühle reflektieren ■ Inhalt paraphrasieren
Phase 2: gewünschte Situation umschreiben	■ konkretisieren ■ zusammenfassen ■ regulieren
Phase 3: Probleme und Hindernisse formulieren	■ deutlich formulieren
Phase 4: Strategien entwickeln mithilfe von: ■ Brainstorming ■ Delphimethode ■ Nominalgruppenverfahren	■ aufmerksames Verhalten ■ kleine Anregungen ■ regulieren ■ Situation verdeutlichen

Phase 5: Strategien an folgenden Kriterien prüfen: ■ Durchführbarkeit ■ Effektivität ■ Effizienz	■ Fragen stellen ■ Inhalt paraphrasieren ■ konkretisieren ■ zusammenfassen
Phase 6: Entscheidung treffen	
Phase 7: Aufgaben verteilen und erledigen	
Phase 8: Situation evaluieren	■ konkretisieren ■ zusammenfassen

12 Konfliktbewältigung

Arnold Deich, Leiter der Werbe- und Akquisitionsabteilung, hat mit der Softwarefirma „Escape" einen Kontrakt für eine Anzeige in allen drei Zeitschriften geschlossen. Der Verhandlungspartner bei „Escape" ist Paul Liefden.
Für das Layout der Anzeige ist Emprimee GmbH zuständig. Die Softwarefirma ist aber mit der inserierten Anzeige unzufrieden: Sie enthält Fehler. Die Farbe des Logogramms stimmt nicht und nennt außerdem eine falsche Telefonnummer.
Für den Entwurf der Anzeige war die grafische Abteilung verantwortlich. Es ist nicht das erste Mal, dass dieser Abteilung bei der Erledigung eines Auftrags Fehler unterlaufen. Außerdem sind Aufträge des Öfteren nicht zum vereinbarten Zeitpunkt fertig. Arnold wirft Gerald Bassano Nachlässigkeit vor. Gerald hatte aber mit dem Setzer vereinbart, dass dieser dem Auftraggeber, Paul Liefden, eine Korrekturfahne der Anzeige schickt. Liefden sollte daraufhin den Korrekturabzug genehmigen, paraphieren und zurücksenden. Dies fand nicht statt; der Setzer hat die Korrekturfahne wahrscheinlich aus Zeitmangel nicht aufgegeben, behauptet aber, dass ihm das abgezeichnete Fax abhanden gekommen ist.
Gerald wirft Arnold vor, den Auftrag für die Anzeige zu spät weitergeleitet zu haben, wodurch die grafische Abteilung und der Setzer in Zeitnot geraten seien. Arnold meint, dass Gerald zu viel Zeit für die Erledigung von Aufträgen benötigt und dass dies die Ursache des Zeitmangels ist. Er will sich hierüber mit Gerald unterhalten.

Dieses Beispiel enthält drei Konfliktsituationen: Erstens den Konflikt zwischen Arnold Deich, der meint, dass Gerald nachlässig und ineffiezent arbeitet, und Gerald Bassano, der Arnolds Vorwurf für unberechtigt hält und außerdem findet, dass Arnold Aufträge oft erst im letzten Moment weiterleitet; zweitens besteht ein Konflikt zwischen Arnold und dem Setzer, der den Auftrag Geralds, der Firma eine Korrekturfahne zu senden, nach Geralds Ansicht nicht ausgeführt hat; und drittens gibt es einen Konflikt zwischen Arnold und Paul Liefden, dem Auftraggeber, über die Anzeige. Der Auftraggeber ist mit der Anzeige unzufrieden und fordert Entschädigung.

12.1 Einleitung

Es ist von einem Konflikt die Rede, wenn Menschen (Personen) oder Gruppen (Parteien)

- gegensätzliche Meinungen, Auffassungen, Ansichten hinsichtlich bestimmter Fragen haben;
- die Situation als Konfliktsituation interpretieren;
- Gefühle haben, die hierbei eine Rolle spielen;
- durch diese Situation und ihren individuellen Stil in ihrer Verhaltensweise beeinflusst werden.

In diesem Kapitel handelt es sich zunächst um Konflikte zwischen zwei Personen und die Art und Weise, mit bestimmten Fähigkeiten Konflikte zu vermeiden oder zu lösen. An zweiter Stelle geht es um Differenzen zwischen zwei Personen, die diese nicht ohne Vermittlung einer dritten Partei aus dem Wege räumen können. Es werden nacheinander einige **Merkmale der Konfliktsituation** (Kap. 12.2), **konfliktbewältigendes Verhalten** (Kap. 12.3), **provozierendes Verhalten** (Kap. 12.4), **Konfliktbewältigung durch einen Vermittler** (Kap. 12.5) und ein **Gesprächsmodell**, das sowohl ein Vermittler als auch zwei Personen, die den Konflikt eigenständig lösen wollen, anwenden können (Kap. 12.6).

12.2 Merkmale der Konfliktsituation

Eine Konfliktsituation weist folgende Merkmale auf:

- die Streitfrage (Um welche Frage geht es?);
- die Wichtigkeit der Frage (Wie wichtig ist diese Frage für die Parteien?);
- Abhängigkeit (Inwieweit sind die Parteien voneinander abhängig?);
- Macht (Wie verhalten sich die Machtfaktoren?);
- Verfahren (Gibt es festgelegte oder ungeschriebene Vorschriften, nach denen man den Konflikt bereinigen kann?);
- Zeitdruck (Muss der Konflikt schnell beseitigt werden oder steht mehr Zeit zur Verfügung?).

Streitfrage

Die Streitfrage ist das Thema, um das es im Konflikt handelt. Es kann eine rationale oder eine emotionale Angelegenheit sein.

Ein rationales Problem ist bei Emprimee GmbH die mangelhafte Erledigung von Aufträgen.

Bei emotionalen Fragen handelt es sich oft um Identitätsfragen oder unterschiedliche Konventionen.

Der emotionale Aspekt des Konflikts zwischen Arnold Deich und Gerald Bassano ist Arnolds Zweifel an Geralds Professionalität. Außerdem hält er Gerald für arrogant. Gerald hält Arnold für unflexibel und unfähig, die kreative Leistung des Entwerfens zu würdigen.

Wichtigkeit

Der Wert, den beide Parteien der Frage beimessen, kann unterschiedlich groß sein.

In der Konfliktsituation bei Emprimee GmbH handelt es sich nicht um entgegengesetzte Interessen. Wohl ist es für Arnold wichtiger, die Kunden zufrieden zu stellen als für Gerald. Wenn ein Inserent seinen Kontrakt mit Emprimee GmbH nicht verlängert, muss Arnold sich um einen neuen Kunden bemühen; Gerald erledigt mit seiner Abteilung nur Aufträge, die Arnold weiterleitet.

Abhängigkeit

Die gegenseitige Abhängigkeit ist groß. Arnold verliert möglicherweise Kunden, wenn Gerald Aufträge mangelhaft ausführt. Er muss dann neue Kunden werben, was sehr zeitaufwändig ist. Außerdem schadet es dem Image von Emprimee GmbH als zuverlässigem Verlag. Gerald braucht Arnold, weil dieser ihm Aufträge und damit Arbeit gibt.

Macht

In Situationen, in denen die Macht zwischen den Parteien ungleich verteilt ist, kann der Konflikt bewältigt werden, indem der Mächtigere seine Position ausnutzt. Es ist jedoch fraglich, ob sich diese Strategie auf Dauer bewährt. Der weniger Mächtige hat nicht an der Lösung mitgearbeitet und widersetzt sich deshalb möglicherweise den Konsequenzen.

Bei Arnold und Gerald liegt keine hierarchische Machtungleichheit vor. Dennoch ist hier die psychologische Macht ungleich verteilt. Geralds Eigensinn könnte bei Arnold ein Gefühl der Ohnmacht hervorrufen. Vielleicht fühlt Gerald sich seinerseits Arnold wegen dessen Geschaftstuchtigkeit und Schlagfertigkeit unterlegen.

Verfahren

In manchen Fällen kann ein Konflikt durch Richtlinien für bestimmte Problemsituationen bewältigt werden.

Die Verantwortlichkeit für die Fehler in der Anzeige liegt letztendlich bei der Geschäftsführung. Es können auch ungeschriebene Richtlinien für die Bewältigung innerbetrieblicher Konflikte existieren. So kann man einen Dritten, den beide Parteien vertrauen, um seine Meinung bitten.

Zeitdruck

Zeitdruck ist ein wichtiges Element bei der Konfliktbewältigung. Wenn man keine Zeit hat, ausführlich über eine Lösung zu verhandeln, ist die Chance groß, dass eine Lösung erzwungen wird. Es besteht die Gefahr, dass die Parteien die getroffenen Entscheidungen nicht konsequent umsetzen werden.
Trotzdem kann Zeitmangel in manchen Sitationen einen Kompromiss in einer Frage, die sonst lange verschleppt worden wäre, herbeiführen.

Emprimee GmbH unterliegt einem knappen Zeitplan. Jeden Monat muss je eine neue Ausgabe der drei Zeitschriften fertig gestellt werden; deshalb wird Zeitmangel Arnold und Gerald wahrscheinlich veranlassen, ihren Konflikt schnell zu bewältigen. Eine Korrektur der Anzeige muss im nächsten Heft erscheinen. Inwiefern der Konflikt unterschwellig fortbesteht, hängt von der Art und Weise ab, wie Arnold und Gerald das Problem diesmal bereinigen.

12.3 Konfliktbewältigendes Verhalten

Aufgrund von Persönlichkeits- und Situationsmerkmalen – z.B rationale oder emotionale Fragen, Macht und Abhängigkeit, vorhandene Richtlinien und Zeitmangel – „entscheidet“ man sich für eine bestimmte Verhaltensstrategie, um den Konflikt zu lösen.

In groben Zügen lassen sich einige Methoden unterscheiden, mit deren Hilfe Menschen Konflikte bewältigen. Diesen Methoden oder Stilen liegen zwei Persönlichkeitsmerkmale zugrunde:
1. die Neigung, vor allem dem Gesprächspartner entgegenzukommen;
2. die Neigung, vor allen Dingen eigennützig zu handeln.

Methoden oder Arten der Konfliktbewältigung, zu denen man aufgrund seiner individuellen Präferenzen neigt, sind:
- Konflikte vermeiden oder ausweichen,
- sich dem anderen anpassen, über Konflikte hinwegsehen,
- mit dem anderen verhandeln, um einen Kompromiss zu erreichen,
- den anderen als Gegner bekämpfen, eine Lösung erzwingen;
- mit dem anderen zusammenarbeiten, um eine Lösung zu erreichen.

Blake und Mouton (1968) stellen diese Konfliktbewältigungsstrategien mittels einer Grafik dar. Die x-Achse verzeichnet, in welchem Maße man eigennützig handelt. Die y-Achse gibt an, inwieweit man das Interesse des anderen berücksichtigt. Die fünf Konfliktbewältigungsmethoden finden sich zwischen den Achsen.

Konfliktbewältigungsstrategien

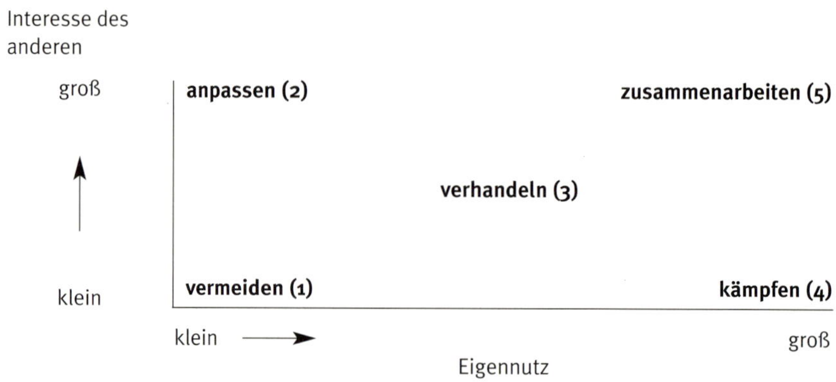

Es folgt eine Beschreibung der fünf aufgeführten Arten der Konfliktbewältigung. Hierzu muss man anmerken, dass es sich bei diesen Strategien um Extremfälle handelt. Normalerweise treten diese Extreme – abhängig von der Konfliktsituation – gleichzeitig auf; zur Verdeutlichung wird hier dagegen jede Strategie idealtypisch zusammen mit dem Menschentyp, der sie bevorzugt anwendet, beschrieben. Anschließend werden denkbare Situationen dargestellt, in denen eine bewusste Entscheidung für die jeweilige Strategie effektiv sein könnte.

Vermeiden

Menschen, die in geringem Maße dazu neigen, eigennützig zu handeln, und zugleich das Interesse anderer kaum berücksichtigen, versuchen Konflikte zu vermeiden bzw. ihnen auszuweichen. Möglicherweise gehen sie Konflikten grundsätzlich aus dem Weg, da sie glauben, ihre Situation nicht verändern zu können. Außerdem haben sie Angst, zurückgewiesen zu werden, wenn sie es versuchen würden. Sie ver halten sich dermaßen zurückgezogen, dass Konflikte kaum noch mehr auftreten können.
Es kann sich aber auch um eine bewusste Entscheidung handeln, die nur in bestimmten Situationen getroffen wird, weil man eine Angelegenheit für aussichtslos hält, man vor der anderen Partei Angst hat, man sich nicht für das Problem verantwortlich fühlt, einem die Frage nicht wichtig genug ist oder man meint, dass die Zeit für einen Konflikt noch nicht reif sei.

Anpassen

Hält man das Interesse anderer am Thema hoch ein, den eigenen Nutzen dagegen niedrig, führt dies zu Anpassung. Diese zweite passive Methode der Konfliktbewältigung kann aus der Persönlichkeitsstruktur hervorgehen, wenn man seine eigenen Wünsche nicht berücksichtigt, wohl aber die Wünsche anderer: Man möchte anderen gefallen, hat Angst vor der Zurückweisung oder hält Eigennutz für unangemessen. Menschen, die sich oft anpassen, sind manchmal sehr vom Urteil anderer abhängig und oft wenig selbstsicher.
Es gibt aber auch Situationen, in denen man sich bewusst anpasst, so wenn man merkt, dass das Problem für die andere Partei tatsächlich eine wesentlich größere Bedeutung hat. Man passt sich an, um „Goodwill“ aufzubauen. Das heißt, dass man in der einen Situation nachgibt, um sich in einer anderen Situation weniger nachgiebig verhalten zu können, in der Hoffnung, dass die andere Partei dann nach dem Prinzip nachgeben wird: Eine Hand wäscht die andere. Es handelt sich häufig um Situationen, in denen eine Beziehung nicht gefährdet werden darf.

Verhandeln

Verhandeln ist eine Konfliktbewältigungsstrategie, in der die Parteien einerseits ihr eigenes Interesse berücksichtigen, andererseits aber die Beziehung zum anderen pflegen möchten. Die Strategien des Verhandelns und des Zusammenarbeitens unterscheiden sich im Ergebnis. Beim Zusammenarbeiten bemüht man sich um ein maximales Resultat für beide Parteien. Manchmal weiß man von vornherein, dass ein maximales Ergebnis für beide Parteien unerreichbar ist und eine für beide Parteien akzeptable Lösung angestrebt werden sollte: ein Kompromiss.

Manche verhandeln über jede Frage in jeder Situation. Das bedeutet, dass sie jedes Mal viel Energie und Zeit auf Probleme verwenden, obwohl sich das nicht in jeder Situation lohnt; das bedeutet vor allem auch, dass sie in jeder Situation zu Zugeständnissen bereit sind, auch wenn die Frage dazu vielleicht viel zu wichtig ist.
Entscheidet man sich bewusst für die Verhandlungsstrategie, ist das Ziel das Erreichen eines Kompromisses, bei dem beide Parteien Zugeständnisse machen. Dies kann der Fall sein, wenn eine gegenseitige Abhängigkeit vorliegt und die Frage für beide Parteien gleich wichtig ist. Im 13. Kapitel zum Thema Verhandlungen wird diese Strategie eingehend behandelt.

Kämpfen

Hier streitet man sich mit der anderen Partei, um den Konflikt zu gewinnen. Menschen, die jeden Konflikt auf diese Weise angehen, verbeißen sich in die Probleme und berücksichtigen kaum die Beziehung zum anderen. Sie gehen immer aufs Ganze, notfalls auch auf Kosten anderer.
In einer Situation, deren Bedeutung für die eigene Partei so groß ist, dass man die Interessen der anderen Partei kaum oder gar nicht berücksichtigen will, kann man sich auch bewusst für diese Form der Konfliktbewältigung entscheiden:

- in Situationen, in denen man sich in Zeitnot befindet, ist es nicht möglich, lange zu verhandeln oder zusammenzuarbeiten;
- in Situationen, in denen man von der Vernünftigkeit des eigenen und der Unvernunft des anderen Standpunkts überzeugt ist;
- bei Angelegenheiten, in die man dermaßen emotional involviert ist, dass man nicht nachgeben will, weil es sich um prinzipielle Fragen handelt und die eigenen Grundsätze auf dem Spiel stehen.

Zusammenarbeiten

In einer Konfliktsituation zusammenzuarbeiten bedeutet, dass sich Menschen im Einvernehmen um die Bewältigung des Konflikts bemühen. Manchmal geht es dabei um die Pflege der gegenseitigen Beziehung und das Finden einer befriedigenden Lösung. Man strebt eine Lösung an, mit der beide Parteien zufrieden sind.
Menschen, die zusammenarbeiten, verwenden viel Energie und Zeit auf die Kontaktpflege und ein für beide Parteien positives Ergebnis. Sie sind meistens sehr selbstsicher, verfügen über eine große Selbsterkenntnis und können ihre Energie deshalb auf das Nachempfinden der Gedanken und Gefühle der anderen Partei richten.
Es handelt sich um eine Strategie, die große kommunikative Fähigkeiten beider Parteien voraussetzt. Zusammenarbeit schafft man nicht alleine. Eine bewusste Entscheidung für diese Strategie heißt, dass beide Parteien die Beziehung zum anderen optimal pflegen möchten und darauf viel Zeit verwenden möchten.

Es liegt nun eine Übersicht einiger Konfliktbewältigungsmethoden vor. Viele Menschen handeln aufgrund ihres persönlichen Stils in einer Konfliktsituation immer wieder auf dieselbe Weise. Entweder neigen sie dazu, im Interesse des anderen zu handeln oder sie verhalten sich eigennützig. Es wurden zwei passive Methoden – Vermeiden und Anpassen – und drei aktive Methoden – Zusammenarbeiten, Verhandeln und Kämpfen – genannt.

Oft ist es effektiver, seine Strategieabhängig von der Situation und dem jeweiligen Problem zu wählen. Man entscheidet sich dann bewusst für eine Strategie, um den Konflikt möglichst adäquat zu bewältigen.

12.4 Provozierendes Verhalten

Bis jetzt wurden in diesem Kapitel hauptsächlich personen- und situationsabhängige Konfliktbewältigungsmethoden behandelt. Oft verhält man sich aber auch so, dass man einen Konflikt auslöst oder verstärkt; manchmal ist man sich dessen gar nicht bewusst. Verhalten, das Konflikte auslöst oder verstärkt, ist in der Regel Verhalten, das andere irritiert. Hier einige Beispiele:

- weitschweifige Monologe halten;
- dem anderen ins Wort fallen;
- ein Übermaß an Argumenten vorbringen, die den eigenen Standpunkt untermauern;
- unzumutbare Vorschläge machen;
- Diskussionstechniken anwenden („Sie sind doch sicherlich auch der Meinung ...“, „Frau X, eine Experte in diesem Bereich, meint...“);
- Suggestivfragen stellen.

Konflikte werden oft auch ausgelöst, weil man sich persönlich angegriffen fühlt, zum Beispiel wenn die eigene Integrität angezweifelt wird.

Bei der Emprimee GmbH führt Arnold Deich den Konflikt herbei, indem er Gerald Bassano auf folgende Weise anredet: „Gerald, du hast mal wieder die Anzeige der Softwarefirma vermasselt. Der Auftraggeber hat mich angerufen, da würde überhaupt nichts stimmen.“
Die suggestive, beschuldigende und verallgemeinernde Formulierung („mal wieder vermasselt“, „nichts stimmen“) reizt Gerald und er reagiert entsprechend: „Wenn du die Aufträge nicht immer zu spät weiterleiten würdest, wäre dies nicht passiert. Wir arbeiten unter enornem Zeitdruck, bloß weil du meinst, uns im letzten Moment noch eine Menge Arbeit aufhalsen zu können.“
Gerald verteidigt sich und kontert, indem er Arnold vorwirft, dass er die Aufträge immer zu spät weiterleitet.

Ein solcher Konflikt kann schnell eskalieren, weil nicht das Problem, sondern die Personen Gegenstand des Gesprächs werden.
Um Konflikte zu vermeiden oder zu mildern, stellt man am besten die eigenen Absichten deutlich dar, bleibt für andere Ansichten aufgeschlossen und vermeidet provozierendes Verhalten. Es folgen einige Verhaltensvorschläge, die die Gefahr einer Eskalation des Konflikts verringern:

- die Ich-Form verwenden („Ich verstehe, dass...“, „Ich merke, dass...“);
- sich auf die eigene Meinung beschränken („Ich sehe das doch anders.“);
- nach der Meinung des anderen fragen („Was hältst du davon?“);
- das Gespräch auf das Problem lenken und nicht auf die Person („Es geht um viel Geld“, und nicht: „Du verschwendest Geld“);
- keine entschiedenen Äußerungen machen (Es ist nun mal so, dass...“);

- das Wort *nie* vermeiden („Nie du denkst an die finanziellen Konsequenzen.“);
- das Wort *immer* vermeiden („Du denkst immer nur an dich.“);
- Raum für Verhandlungen lassen („Wenn du noch auf das Thema zurückkommen möchtest...“);
- Verhandlungen nicht abbrechen („Ich möchte nicht mehr auf das Thema zurückkommen.“);
- Lösungsvorschläge machen („Wollen wir die Frage noch einem Dritten vorlegen?“).

Das Gespräch zwischen Arnold und Gerald eskaliert wahrscheinlich weniger schnell, wenn Arnold folgendermaßen beginnt: „Gerald, ich erhielt einen Anruf von der Softwarefirma, deren Anzeige wir veröffentlicht haben. Sie waren mit dem Resultat nicht zufrieden. Hast du ihnen die Anzeige nicht vorher vorgelegt?“
Gerald wird dann, durch den fragenden Ton Arnolds hoffentlich ermuntert, über mögliche Fehlerursachen nachdenken. Das Problem wird offen gehalten und beide Parteien können in Ruhe besprechen, wie solche Fälle in Zukunft vermieden werden können. Gerald kann zum Beispiel Folgendes vorschlagen: „Ich werde in Zukunft selber kontrollieren, ob dem Auftraggeber eine Korrekturfahne geschickt wurde. Ich rufe die Firma an und frage, ob der Auftrag zu aller Zufriedenheit erledigt wurde. Wenn sie bis dahin noch keine Korrekturfahne erhalten haben, werde ich den Setzer darauf ansprechen.“

12.5 Konfliktbewältigung durch einen Vermittler

Manche Konflikte werden mithilfe eines Vermittlers gelöst. In der Regel ist ein Konflikt, bei dem ein Dritter um Hilfe gebeten wird, schon außer Kontrolle geraten. Ist das Konflikt noch nicht eskaliert, so sind beide Parteien meistens selber imstande, ihn zu lösen. Die dritte Partei kann durch die Konfliktparteien gebeten werden, bei der Lösung des Konflikts zu helfen. Die dritte Partei kann seine Hilfe auch selber anbieten, wie der Personalchef, der merkt, dass die Zusammenarbeit zwischen Arbeitnehmern durch eine konfliktgeladene Atmosphäre nicht gut funktioniert.

Ziel des Vermittlers

Wenn ein Dritter zwischen zwei Parteien vermittelt, so muss er an erster Stelle herausfinden, um welche Art von Konflikt es sich handelt. Normalerweise kann man bei Konflikten zwischen einem inhaltlichen (die Konfliktfrage) und einem relationalen Aspekt (das gespannte Verhältnis) unterscheiden. In der Regel strebt der Vermittler – nach der Konfliktanalyse – zwei Ziele an. Erstens versucht er die Spannung zwischen den Parteien abzubauen. Erst wenn er dieses Ziel erreicht hat, ist genügend Raum für das zweite Ziel: das Lösen des Problems.
Wie in Kap. 12.2 schon festgestellt, geht es in manchen Konfliktsituationen um rationale Fragen und in manchen um emotionale Fragen. Handelt es sich um eine rationale Frage, so kann der Vermittler eine Lösung herbeiführen, indem er zum Beispiel Vereinbarungen schließt oder Übereinstimmung bezüglich einer Strategie oder eines Plans erreicht. In emotionalen Fragen kann er helfen, indem er zum Beispiel Übereinstimmung in den Auffassungen, auf die sich eine Organisationsphilosophie

gründet, erreicht oder gegenseitiges Verständnis für und Akzeptanz der jeweiligen Unterschiede fördert.

Fähigkeiten des Vermittlers

Erstens muss der Vermittler die Regie des Gesprächs führen können, indem er eine Gesprächsstruktur vorschlägt und sie beibehält. Zweitens muss der Vermittler über einige Zuhörfähigkeiten verfügen, mit denen er den Parteien helfen kann, ihre Ansichten bezüglich der Konfliktfrage deutlich vorzubringen. Durch konkretisierende Fragen und zwischenzeitliche Zusammenfassungen kann er die Unterschiede in den Ansichten klar darstellen. Er muss imstande sein, die Kommunikation zwischen beiden Parteien zu fördern, indem er Vorschriften für die Art und Weise, wie kommuniziert wird, aufstellt. Beispiele solcher Vorschriften sind: abwechselnd reden, dem anderen nicht ins Wort fallen und Interesse zeigen, indem man auf die Aussagen des anderen reagiert.
Der Vermittler muss hier mit gutem Beispiel vorangehen. Indem er sich den Gesprächspartnern gegenüber aufmerksam verhält, Fragen stellt, paraphrasiert, reflektiert und zwischenzeitlich zusammenfasst, ist er das Muster eines aufmerksamen Zuhörers.
Außerdem sollte der Vermittler auf einfallsreiche Weise helfen, Lösungen zu suchen, die für beide Parteien akzeptabel sind. Hierzu sollte er auch die Gesprächspartner auffordern.

12.6 Modell eines Konfliktbewältigungsgesprächs

Im Folgenden wird das Modell für ein Gespräch behandelt, in dem ein Konflikt gelöst werden soll. Das Gespräch wird in diesem Fall durch einen Gesprächsleiter oder Vermittler geleitet. Das Modell kann aber auch für ein Gespräch zwischen zwei oder mehr Personen herangezogen werden, die einen Konflikt aus dem Weg räumen wollen.
Nicht in allen Situationen ist es möglich, das Problem in einem einzigen Gespräch zu lösen. Manchmal benötigt man hierzu mehrere Sitzungen, während sich in anderen Situationen getrennte Vorgespräche anbieten. Der Vermittler unterhält sich erst einzeln mit den Parteien.
Das Konfliktbewältigungsgespräch setzt sich aus vier Phasen zusammen: die **Eröffnungsphase**, die **Untersuchungsphase**, die **Verhandlungsphase** und die **Schlussphase.**

Eröffnungsphase

Zunächst nennt der Vermittler den Gesprächsanlass. Die Konfliktparteien haben ihn zum Beispiel gebeten zu vermitteln. Es kann auch sein, dass der Vermittler das Gespräch selber arrangiert hat, weil er meint, dass die Situation dies verlangt.
Der Vermittler betont die Gefahr einer Eskalation, wenn man sich nicht mit dem Konflikt auseinander setzt, und betont, dass der jetzigen Situation im Interesse der Organisation und der beiden Parteien Einhalt geboten werden muss. Schließlich bittet er die Parteien um ihre Bereitschaft, das Gespräch mit dem Ziel zu führen, eine

für alle akzeptable Lösung zu finden. Es ist sinnlos, das Gespräch fortzusetzen, wenn eine der Parteien nicht bereit ist mitzuarbeiten.
Der Vermittler schlägt Spielregeln bezüglich der Art und Weise, wie man miteinander redet, vor und achtet darauf, dass nicht gegen sie verstoßen wird. Beispiele solcher Spielregeln: den anderen ausreden lassen, die Ansichten bezüglich des Konflikts wechselweise darstellen, Persönliches vermeiden und sich auf das akute Problem beschränken.
Der Vermittler wendet hier seine regulierenden Fähigkeiten an. Er nennt den Anlass und das Ziel des Gesprächs, schlägt eine Gesprächsdauer, eine Struktur und Spielregeln vor und bittet um Mitarbeit.

Untersuchungsphase

In der Untersuchungsphase werden die Ansichten der Parteien besprochen. Der Vermittler bittet zuerst eine Partei, ihre Auffassungen bezüglich des Konflikts zu schildern; die andere Partei reagiert hier noch nicht auf die vorgebrachte Position. Anschließend darf sie ihren Standpunkt darstellen. Nachdem beide Ansichten dargestellt worden sind, fasst der Vermittler sie zusammen. Anschließend können die Parteien aufeinander reagieren. Sie können erst Fragen stellen und dann die Punkte vorbringen, mit denen sie nicht einverstanden sind. In dieser Phase wird das Verständnis für die gegenseitigen Standpunkte gefördert und Raum für eine konstruktive Lösung des Konflikts geschaffen.
Der Vermittler spielt eine wichtige Rolle bei der Darlegung der Auffassungen, indem er die Aussagen zusammenfasst, deren Genauigkeit fördert und um Konkretisierungen bittet, hilft er den Parteien, ihre Auffassungen bezüglich der Konfliktfrage klar darzustellen. Er kann auch die Bereitschaft zur Konfliktlösung fördern, indem er die Parteien bittet, ihre Klagen als Wunsch zu formulieren (Vrolijk, 1985).

Verhandlungsphase

Charakteristisch für die Verhandlungsphase ist das Treffen von Vereinbarungen. Der Vermittler fasst die Konfliktfrage auf Grundlage der Ergebnisse der Untersuchungsphase, in der der Konflikt und die beiden Standpunkte verdeutlicht wurden, noch einmal deutlich zusammen. Vielleicht kann er den Konflikt in einige Teilprobleme zerlegen, die sich einzeln leichter lösen lassen als der ganze Konflikt. Indem er zuerst die leicht erfüllbaren Wünsche, die in der vorherigen Phase geäußert wurden, zur Diskussion stellt, fördert er die Bereitschaft zur Konfliktlösung. Durch solche kleinen Konzessionen nähern sich die Parteien Schritt für Schritt an und der Konflikt wird entschärft.
Der Vermittler sollte die Parteien dazu anregen, mögliche Lösungen für den Konflikt zu suchen. Er hilft ihnen dabei, wenn er die Vor- und Nachteile der vorgebrachten Lösungen auflistet, wodurch ein deutliches Bild der verschiedenen Alternativen entsteht. Der Vermittler kann auch selber verschiedene Möglichkeiten vorschlagen, wenn die Parteien hierzu nicht ausreichend imstande sind.
Die Parteien müssen zu jedoch zu Konzessionen bereit sein. Der Vermittler sollte die Vereinbarungen zusammenfassen und schriftlich festhalten, um spätere Missverständnisse zu vermeiden.

Schlussphase

In der Schlussphase wird das Gespräch auf deutliche Weise beendet. Der Vermittler kündigt das Gesprächsende an und wiederholt eventuell noch einmal die Vereinbarungen. Er veranlasst, dass Kopien der niedergeschriebenen Verabredungen erstellt werden, und schlägt einen Termin für die nächste Sitzung vor, in der die Vereinbarungen evaluiert und wo nötig angepasst werden.
Zum Schluss fragt der Vermittler, ob beide Parteien mit dem Gespräch zufrieden sind und gibt seine eigene Bewertung. Durch diese Metakommunikation kann unausgesprochenem Ärger Luft gemacht werden. Außerdem ist es der Kommunikation in künftigen Gesprächen förderlich.

Konfliktbewältigung

	grundlegende Gesprächsfähigkeiten
Eröffnungsphase ■ Anlass nennen ■ Grenzen setzen (so geht es nicht länger, aus folgenden Gründen) Eskalationsgefahr betonen (wenn wir so weitermachen, verschlimmert sich die Lage) ■ um Mitarbeit bitten (sind Sie damit einverstanden, die Situation zu ändern?) ■ Dauer vereinbaren ■ Struktur vorschlagen ■ Spielregeln festlegen	■ regulieren ■ informieren
Untersuchungsphase (Wie sehen die Parteien die Konfliktfrage?) ■ Auffassungen und Interessen der Parteien besprechen ■ Zuhören fördern ■ zwischenzeitlich um Konkretisierungen bitten und zusammenfassen ■ Klagen in Wünsche umsetzen ■ Kommunikation wiederherstellen (auf die Spielregeln verweisen)	■ Fragen stellen ■ konkretisieren ■ Inhalt paraphrasieren ■ Gefühle reflektieren ■ Situation verdeutlichen ■ zusammenfassen
Verhandlungsphase (Vereinbarungen treffen) ■ Lösungen entwickeln ■ konkrete Vereinbarungen treffen, um Eskalationen zu vermeiden ■ Vereinbarungen schriftlich festlegen	■ Fragen stellen ■ konkretisieren ■ zusammenfassen
Schlussphase ■ eine Kopie der Vereinbarungen ankündigen ■ Termin zur nächsten Sitzung vereinbaren ■ nach der Zufriedenheit mit dem Gespräch fragen	■ regulieren ■ zusammenfassen

13 Die Verhandlung

Verkaufsleiter Arnold Deich hat sich mit dem Niederländischen Institut für das Bank- und Versicherungswesen (NIBV) in Verbindung gesetzt. Dieser Verein veranstaltet für ihre Mitglieder Kurse, Konferenzen und Workshops. Arnold bietet dem Institut ermäßigte Jahresabonnements für seine Mitglieder an. Das Abonnement gilt für die neue Zeitschrift Apoll, die Managementinformationen für das Bank- und Versicherungswesen enthält.
Nachdem man sich das Dummy der Zeitschrift angesehen hat, akzeptiert das Institut Arnolds Angebot. Sie müssen nur noch über den Preis des Abonnements verhandeln. Ein Jahresabonnement kostet normalerweise 130 DM. Arnold führt im Auftrag von Emprimee GmbH die Verhandlungen mit dem NIBV.

13.1 Einleitung

Verhandeln ist eine Fähigkeit, die MASTENBROEK (1991) als eine soziale Errungenschaft bezeichnet. Wer sich diese Fähigkeit aneignet, verfügt über ein Instrument, mit dem er viele Situationen zur Zufriedenheit (d.h. sowohl für sich als für die andere Partei) aller beeinflussen kann.
In diesem Kapitel werden der Reihe nach behandelt: die **Unterhändler** (Kap. 13.2), der **Verhandlungsspielraum** (Kap. 13.3), die **Verhandlungslage** (Kap. 13.4), die **Verhandlungsfähigkeiten** (Kap. 13.5) und ein **Verhandlungsmodell** (Kap. 13.6).

13.2 Unterhändler

Das Kennzeichen einer Verhandlung schlechthin ist die Komplexität der Ziele und Interessen. Einerseits streben beide Parteien dasselbe Ziel an: Übereinstimmung über das Thema. Andererseits verfolgen sie unterschiedliche Ziele, nämlich jeweils ein für sich selbst möglichst günstiges Resultat. Der Wert, den beide der Übereinstimmung beimessen, hängt von der Lage, in der sie sich befinden, und von den Verhältnissen ab.
In Kapitel 12 wurde die Fähigkeit „des Verhandelns als Verhalten“ beschrieben, bei dem der Unterhändler einerseits eigennützig und andererseits gemeinnützig handelt. Das heißt, dass der Unterhändler den Eigennutzen nicht auf Kosten der (Geschäfts-)beziehung zum anderen durchsetzen sollte. Das Verhältnis mit dem Verhandlungspartner sollte nach der Verhandlung unverändert sein, jedoch nicht auf Kosten der eigenen Interessen.
Diese Situation – beachten der eigenen Interessen und der Interessen anderer – zwingt den Unterhändler, dauernd zwischen Zusammenarbeit oder Streit bzw. Sondieren oder Vermeiden zu wählen. Einerseits muss er seine eigene Position stärken, andererseits an einer Lösung mitarbeiten. Ebenso gilt es, möglichst viele Informationen zu sammeln, damit alternative Lösungen offen gelegt werden können, während er selbst möglichst viele Informationen zurückhalten und auf seinem Standpunkt beharren will. Verhält sich der Unterhändler nicht flexibel, so verringern sich die Chancen auf Übereinstimmung.

Arnold Deich strebt in den Verhandlungen mit dem NIBV einen möglichst hohen Abonnementspreis an. Er legt für sich auch einen Mindestpreis fest, den er nicht un-

terschreiten wird. Die Emprimee GmbH kann dem Institut zwar einen Rabatt gewähren, aber das Geschäft muss auch für den Verlag lohnend sein. Arnold kann außerdem sondieren, ob das Institut bereit wäre, einen Teil der Abonnementskosten zu übernehmen. Zudem würde Arnold allen Mitgliedern ein Probeheft von Apoll mit einer angehefteten Antwortkarte schicken - er interessiert sich also auch für das Adressenverzeichnis des Instituts. Eine solche Aktion muss allerdings vom Institut genehmigt werden.
Einerseits muss Arnold für Emprimee GmbH einen möglichst günstigen Preis aushandeln, andererseits eine gute Beziehung und Zusammenarbeit zwischen dem Verlag und dem Institut anstreben.
Das Institut wünscht natürlich einen möglichst niedrigen Preis für ihre Mitglieder und wird die Mitbenutzung seines Adressenverzeichnisses wahrscheinlich nicht ohne weiteres begrüßen.

Damit die Kontinuität der geschäftlichen Beziehung nicht gefährdet und ein gutes Resultat erzielt wird, sollten sich beide Parteien an dem „Spiel“ beteiligen. Hierzu brauchen sie Freiraum: den Verhandlungsspielraum.

13.3 Verhandlungsspielraum

Verhandlungen können sich in dem Freiraum zwischen den Soll- und Widerstandspunkten beider Parteien abspielen. Der Sollpunkt ist das Resultat, das für die jeweilige Partei optimal wäre. Der Widerstandspunkt ist das Resultat, das beide minimal erreichen wollen.

Das folgende Schema zeigt die Soll- und Widerstandspunkte von Emprimee GmbH und dem NIBV während der Verhandlungen über den Preis, den die Mitglieder des Instituts für die Zeitschrift Apoll zu zahlen haben. Aus der Grafik geht hervor, dass den Verhandlungsspielraum in diesem Fall durch die Beträge 85 DM und 95 DM begrenzt wird. Das NIBV würde die Abonnementskosten für ihre Mitglieder am liebsten auf 65 DM im Jahr beschränken und wird dies in den Verhandlungen anstreben. Die maximalen Abonnementkosten setzt das Institut auf 95 DM fest. Emprimee GmbH möchte minimal 85 DM pro Abonnement erhalten, strebt aber ein Jahresabonnement zum Preis von 110 DM an.

Soll- und Widerstandspunkte/Verhandlungsspielraum

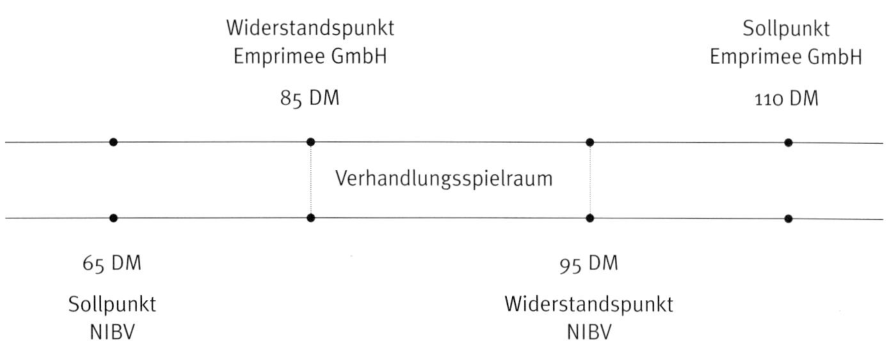

Natürlich legen beide Parteien ihre Widerstandspunkte nicht offen. Erst muss man vorsichtig herausfinden, wo sich die Grenzen der anderen Partei befinden und welche Möglichkeiten es innerhalb dieser Grenzen gibt.
Überlappen sich die Widerstandspunkte der Parteien nicht, so sind Verhandlungen im Grunde zwecklos – sie führten zu keinem für beide Parteien befriedigendem Resultat. Das folgende Schema stellt die Situation dar, in der Verhandlungen keinen Zweck haben.

Situation ohne Verhandlungsspielraum

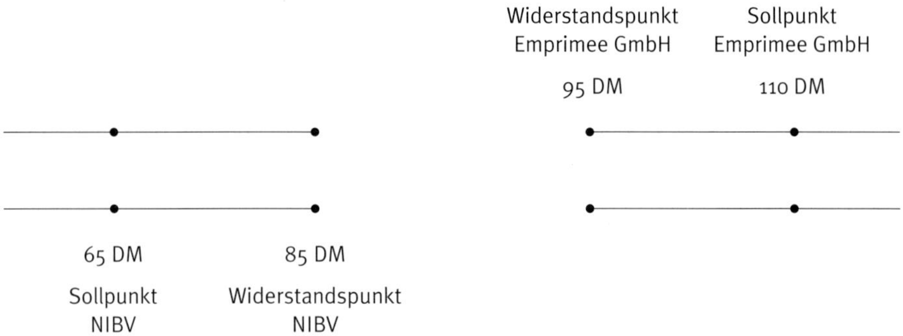

Aus dem Schema geht hervor, dass das NIBV für ihre Mitglieder ein Abonnement zum Preis von maximal 85 DM anstrebt. Emprimee will aber mindestens 95 DM pro Mitglied erhalten.

In der Praxis verhandelt man oft über bestimmte Fragen, ohne dass vorher deutliche Soll- und Widerstandspunkte formuliert wurden. Auf diese Weise überfällt einen die Strategie der anderen Partei; man kann nichts erwidern, man hat kein „Wechselgeld". Die andere Partei macht ein Angebot, verlangt aber auch ein Entgelt.
Zwischen dem Soll- und dem Widerstandspunkt befinden sich die Möglichkeiten eines Kompromisses. Indem man sich vorher „Kleingeld" besorgt, ist man auf alles gefasst und kann den Verhandlungsspielraum voll ausnutzen.
Der Verhandlungsspielraum wird nicht nur durch die Soll- und Widerstandpunkte begrenzt. Auch psychologische Faktoren bestimmen den Verhandlungsspielraum mit. Die Verhandlungsspielraum verkleinert sich, wenn die Unterhändler in einem bestimmten Fall sehr am Erfolg hängen oder wenn sie Angst vor einem Gesichtsverlust haben. Der Wunsch, auf den Verhandlungspartner einen guten Eindruck zu machen, kann der Verhandlungsspielraum vergrößern.

Das erste Heft der Zeitschrift Apoll muss erst noch erscheinen. Es wird natürlich dauern, bis sie sich einen Namen gemacht hat. Die Marketingtätigkeiten für die Zeitschrift kosten viel Geld. Das Geschäft mit dem NIBV ist sehr günstig für Emprimee GmbH. Auf diese Weise hätten sie schon vor der Nullnummer einen festen Abonnentenstamm.
Für das NIBV ist das Geschäft vielleicht weniger interessant. Arnold Deich von Emprimee GmbH ist deshalb eher bereit, einen niedrigeren Preis zu akzeptieren, als er anfänglich vorgeschlagen hat.

13.4 Verhandlungslage

Die Verhandlungslage wird von der Zahl der Teilnehmer an der Verhandlung, dem Thema, über das verhandelt wird, und dem Verhältnis zwischen den Unterhändlern bestimmt.

Die Zahl der Teilnehmer

Je mehr Personen am Verhandlungsgespräch teilnehmen, desto komplexer ist die Situation und desto formeller der Ton. In einem Zwiegespräch beziehen sich die Unterhändler direkt aufeinander. Sie bestimmen die Kommunikationsregeln selber. Der Unterhändler, der über gute Gesprächsfähigkeiten verfügt, ist dann oft im Vorteil. Er gibt meistens den Ton an und beeinflusst den Gesprächsverlauf.
Handelt es sich um ein Gruppengespräch, so wird meistens ein Gesprächsleiter oder Vorsitzender gewählt, der die Verhandlungen gemäß eines vereinbarten Verfahrens leitet. Das Gespräch besteht aus mehreren Phasen, die in Kap. 13.6 behandelt werden. Das Phasenmodell strukturiert die Komplexität der Verhandlung, lässt alle Teilnehmer zu Worte kommen und bietet die Gelegenheit, den Verhandlungsspielraum gründlich zu sondieren.

Das Verhandlungsthema

Man verhandelt über ein bestimmtes Thema. In manchen Fällen geht es um die Verteilung von Geld oder Gütern. Bei diesen so genannten distributiven Verhandlungen handelt es sich um eine materielle Angelegenheit. Es muss ein Verteilerschlüssel ausgehandelt werden.

Arnold Deich und das NIBV verhandeln über den Verteilerschlüssel. Wie groß ist der Rabatt für die NIBV-Mitglieder und welchen Teil der Abonnementsgebühren wird das Institut bezahlen?

Man kann auch integrativ verhandeln. Bei diesen Verhandlungen geht es um eine Angelegenheit, die man zusammen lösen oder bewältigen soll. Geklärt wird, wer wann was macht.

Bei den Verhandlungen zwischen Emprimee GmbH und einer Softwarefirma über das Inserieren einer Anzeige in einer der Zeitschriften (siehe hierzu Kapitel 8) trifft man Vereinbarungen über den Entwurf der Anzeige. Die Softwarefirma kann die Anzeige selber entwerfen, es kann aber auch die Emprimee GmbH diese Aufgabe übernehmen. Beide Parteien bemühen sich, zum gemeinsamen Ziel, der Anzeige in der Zeitschrift, beizutragen.

Das Verhältnis zwischen den Unterhändlern

Unterhändler können sich in vielerlei Hinsicht voneinander unterscheiden. Vielleicht sind sich die Gesprächspartner also nicht ebenbürtig. Alter, Stellung, Erfahrung und Position können die Verhandlungen schon im Voraus zugunsten einer Partei beeinflussen. Unter anderem deshalb sollte sich der Unterhändler, der sich in einer schwächeren Position befindet, auf diese Situation vorbereiten (siehe hierzu auch Kap. 13.5 und 13.6). Sogar bei einfachen Verhandlungsgesprächen nützt eine gründliche Vorbereitung.

13.5 Verhandlungsfähigkeiten

Der Unterhändler kann in Verhandlungen fünf Elemente beeinflussen: den *Verhandlungsspielraum, die Positionen, die Atmosphäre, die Struktur sowie die Tragweite der Vollmacht.*
Diese fünf Elemente sind nicht trennbar; sie beeinflussen sich gegenseitig. Wenn in einem Element Änderungen auftreten, verändern sich auch die übrigen Elemente. Werden beispielsweise die Verhandlungspositionen härter, wirkt sich das ungünstig auf die Atmosphäre und den Verhandlungsspielraum aus. Zur Beeinflussung dieser Elemente muss der Unterhändler über gute Zuhörfähigkeiten verfügen und seine Verhandlungsposition kennen

Beeinflussung des Verhandlungsspielraums

Bevor er den Verhandlungsspielraum beinflussen kann, sollte sich der Unterhändler überlegen, dass sich hinter jedem Standpunkt ein Motiv verbirgt. Warum bezieht man diesen Standpunkt, welches ist das Prinzip oder die Idee hinter dem Standpunkt? Welche Konventionen beeinflussen das Denken und Handeln der anderen Partei, welche eigenen Konventionen spielen eine Rolle?
Indem der Unterhändler Fragen stellt, reflektiert und zusammenfasst, kann er die unterschwelligen Interessen offen legen. Informiert er die andere Partei über die eigenen verborgenen Interessen, so liegen vielleicht mehr gemeinsame Interessen vor als anfänglich erwartet. Außerdem lassen sich leichter Lösungen formulieren, wenn der Verhandlungsspielraum mehr Möglichkeiten als die bloße Gegenüberstellung zweier Standpunkte bietet.

Beeinflussung der Positionen

Unterhändler befinden sich in einer gegenseitigen Abhängigkeit; sie brauchen einander, um eine Übereinstimmung zu erreichen. Dies besagt jedoch nicht, dass sich beide ebenbürtig sind.

Bei der Verhandlung zwischen Emprimee GmbH und dem NIBV hat Emprimee GmbH eine gute Position, weil sie der einzige Verlag ist, der eine Zeitschrift für das Bank- und Versicherungswesen herausgibt. Vorteilhaft für Emprimee GmbH ist ebenfalls, dass das NIBV für ihre Kurse und Konferenzen in Apoll Reklame macht. Andererseits ist die Position des NIBVs stark, weil Apoll eine neue Zeitschrift ist und einen Verein wie das NIBV braucht, um ein Kundenstamm aufzubauen.

Die Stärke der Position hängt von dem Maße ab, in dem der Unterhändler die Situation beeinflussen kann. Deshalb sollten sich die Unterhändler vor der Verhandlung vor Augen führen, welche Positionen sie selbst und die andere Partei einnehmen und wie sich die Positionen verändern lassen. Eine Analyse der Stärken und Schwächen beider Seiten hilft dem Unterhändler, die Möglichkeiten sichtbar zu machen.

Arnold Deich hat dem NIBV eine Zusammenarbeit vorgeschlagen. Für Emprimee GmbH ist diese Zusammenarbeit sehr wichtig, weil sie auf diese Weise die Mitglieder des Instituts auf die startende Zeitschrift Apoll aufmerksam machen kann. Emprimee GmbH ist also von den Bedingungen des NIBVs abhängig. Arnold Deich weiß aber, dass das Institut leichter neue Mitglieder werben kann, indem sie ihnen ein preisreduziertes Abonnement einer Fachzeitschrift wie Apoll anbietet. Mit diesem Wissen ist Arnold in der Lage, die Position von Emprimee GmbH stärken.

Außerdem lassen sich Positionen stärken, indem man für den Fall, dass kein Abkommen geschlossen wird, eine Alternative bereit hält. Eine Alternative verringert die Abhängigkeit des Unterhändlers.

Für Emprimee GmbH kann ein anderer Verein im Bank- und Versicherungswesen eine Alternative darstellen. Emprimee GmbH hält eine solche Alternative bereit, wenn die Verhandlungen mit dem NIBV nicht das gewünschte Resultat bringen.

Beeinflussung der Atmosphäre

Eine goldene Regel beim Verhandeln (Piët, 1990) ist die Trennung der inhaltlichen von der persönlichen Beziehung. Wie sehr der Unterhändler seinen Standpunkt auch verteidigt, er sollte die andere Partei immer respektieren. Ein gutes persönliches Verhältnis zwischen den Unterhändlern fördert eine entspannte Atmosphäre, in der einfallsreiche Lösungen entwickelt werden können.
Wenn man sich für persönliche Angelegenheiten interessiert und die gegenseitige Abhängigkeit nicht mehr außer Acht lässt, kann dies zu einer Atmosphäre beitragen, die nicht nur „geschäftlich" ist.

Beeinflussung der Struktur

Ein effektiver Unterhändler versucht einen möglichst großen Einfluss auf den Ablauf der Verhandlungen auszuüben. So kann er vorschlagen, nach dem Phasenmodell (siehe hierzu Kap. 13.6) zu verfahren. Die Strukturierung des Gesprächs wirkt sich meistens günstig auf eine ruhige Atmosphäre aus. Der Verhandlungsspielraum kann ausgedehnt werden, verschiedene Alternativen lassen sich entwickeln und untersuchen.
Solches Handeln setzt eine flexible Haltung des Unterhändlers voraus. Er muss imstande sein, Fragen zu stellen, Alternativen zu entwickeln, laut über Vorschläge der anderen Partei nachzudenken und Brainstorming zu praktizieren – kurz: für ein optimales Resultat muss er sich explorativ verhalten.

Beeinflussung der Tragweite der Vollmacht

Unterhändler handeln meistens in Vertretung anderer, z.B. der Organisation, für die sie arbeiten. In diesem Fall ist der Unterhändler autorisiert, innerhalb vorher festgelegter Grenzen (der Soll- und Widerstandspunkte) mit der/den anderen Partei(en) ein Abkommen zu schließen.
Die Organisation hegt manchmal Erwartungen, die der Unterhändler nicht erfüllen kann. Sie hat keinen direkten Kontakt zu der anderen Partei. Für sie besteht eine Verhandlung im Grunde ausschließlich aus Forderungen, entgegengesetzten Interes-

sen und Gegnern. Der Unterhändler gehört jedoch einerseits der Gruppe an, die er vertritt, andererseits der Gruppe, mit der er verhandelt. Er fühlt sich auch mit dieser verbunden.
Damit er die Verhandlungslage gründlich sondieren kann, muss er über eine gewisse Freiheit verfügen. Es ist also wichtig, im Vorfeld mit der eigenen Organisation seinen Verhandlungsspielraum auszuhandeln. Auch hier kann der Unterhändler den Verhandlungsspielraum (in diesem Fall zum Thema „Verhandlungsspielraum"), die Positionen, die Atmosphäre und die Struktur beeinflussen.

13.6 Verhandlungsmodell

Das Verhandlungsgespräch kann in sechs Phasen gegliedert werden: die **Vorbereitungsphase**, die **Einführungsphase**, die **Sondierungsphase**, die **Diskussionsphase**, die **Entscheidungsphase** und die **Endphase.**

Vorbereitungsphase

In Kap. 13.5 wurden fünf Elemente genannt, die der Unterhändler beeinflussen kann. Hierzu ist eine gute Vorbereitung vonnöten. Der Unterhändler sollte zunächst alle relevanten Informationen zum Verhandlungsthema studieren. Er muss sich Ziele setzen und seine Motive überlegen: Er sollte seine Strategie begründen können. Außerdem ist es sinnvoll, eine Einschätzung über die Strategie der anderen Partei zu gewinnen. Was strebt sie an und warum? Als Nächstes sollte der Unterhändler über die Soll- und Widerstandspunkte sowie den Verhandlungsspielraum nachdenken. Verhandelt er im Auftrag anderer, legt er mit seinem Auftraggeber das maximale und das minimale Resultat zusammen fest. Ebenso müssen die Tragweite der Vollmacht und der Verhandlungsspielraum endgültig bestimmt werden.
In der Vorbereitungsphase nimmt der Unterhändler eine Analyse der starken und schwachen Seiten beider Parteien vor. Außerdem sollte er sich mögliche Lösungen überlegen sowie eine Alternative für den Fall, dass die Verhandlungen nicht das gewünschte Resultat bringen. Auch die Atmosphäre kann einbezogen werden. Erwartet der Unterhändler z.B. eine negative Stimmung, kann er sich vornehmen, dies zur Verbesserung der Atmosphäre zur Sprache zu bringen. Hierzu sollte er den Unterschied zwischen dem entschiedenen und fragenden Ton beachten. Ein entschiedener Ton kann die Atmosphäre negativ beeinflussen (siehe hierzu Kap. 2.2). Informiert sich der Unterhändler über den persönlichen Hintergrund der anderen Partei und zeigt er sich interessiert, so fördert er dagegen die Atmosphäre.
Schließlich bereitet sich der Unterhändler auf die Struktur des Gesprächs vor. Es ist sinnvoll, den Inhalt der unterschiedlichen Phasen vorher noch einmal durchzugehen.

Einführungsphase

Der Unterhändler, der strukturiert vorgehen möchte, oder der Vorsitzende/Leiter des Verhandlungsgesprächs erläutert zu Anfang das Ziel der Konferenz. Leitet z.B. ein Vorsitzender die Verhandlungen, gibt dieser die verfügbare Zeit an und schlägt ein Verfahren vor. Die Teilnehmer wissen, was zu erwarten ist und an welche Regeln sie sich zu halten haben.

Sondierungsphase

In dieser ersten Runde der eigentlichen Verhandlungen schlägt der Vorsitzende vor, dass alle Parteien nacheinander ihre Wünsche und Prioritäten offen legen. Er fragt nach nicht zur Sprache gekommenen Interessenlagen und regt die Teilnehmer an, Fragen zu stellen, damit die Situation jedem klar ist.
Zweck dieser Phase ist eine Bestandsaufnahme der Ausgangspunkte. Hier werden keine Rechtfertigungen gefordert, sondern Erläuterung erbeten. Wie jeder andere auch fühlt sich ein Unterhändler schnell bedroht, wenn er das Wie und Warum seines Verhaltens rechtfertigen muss und dies ruft eine defensive Haltung hervor. Wenn es keinen Bedarf an Erläuterungen mehr gibt, fasst der Vorsitzende die Wünsche und Interessen der Teilnehmer deutlich zusammen (siehe hierzu auch Kap. 12.6).

Diskussionsphase

Nach der Zusammenfassung des Vorsitzenden besprechen die Parteien die jeweiligen Standpunkte und suchen nach gemeinsamen Interessen. In dieser Phase sondiert man den Verhandlungsspielraum. Es fördert die Verhandlungen, wenn in dieser Phase kleine Erfolge gemacht werden, die als vorläufige Vorschläge akzeptiert werden.
Der Vorsitzende sollte darauf achten, dass Vorschläge nicht sofort kritisiert oder abgelehnt, sondern in Erwägung gezogen werden. Ebenso wenig sollten Vorschläge nicht als endgültige Lösungen begrüßt werden. In dieser Phase werden alle Vorschläge und Lösungen als mögliche Alternativen betrachtet (siehe hierzu auch Kap. 11.2, Phase 4).

Entscheidungsphase

In der Entscheidungsphase werden Angebote gemacht und Kompromisse geschlossen. Nach der vorbereitenden Arbeit der vorangegangenen Phasen wissen die Unterhändler i. d. R., wo sich die Grenzen des Verhandlungsspielraums befinden. Sie machen jetzt Vorschläge, die nach einigen Konzessionen zu einem definitiven Kompromiss führen sollten. Nach jedem Vorschlag kann sich die andere Partei Bedenkzeit ausbitten, um zu überlegen, ob der Verhandlungsspielraum noch verändert werden kann, oder um Rücksprache mit weiteren Vertretern der eigenen Partei oder den Auftraggebern zu halten.

Endphase

Wenn die Parteien ihre Verhandlungen abgeschlossen haben, werden definitive Vereinbarungen festgelegt. Wichtig ist, dass dies schriftlich erfolgt. Die Vereinbarungen werden, wo nötig, vorgelesen. Die teilnehmenden Parteien haben jetzt noch Gelegenheit, ggf. andere Formulierungen vorzuschlagen. Danach sollten sie die Beschlüsse bestätigen, indem sie den Text unterschreiben. Auf diese Weise vermeidet man nachträgliche Differenzen über das Vereinbarte. Die Vereinbarungen sollten möglichst klar und konkret formuliert werden, um die Gefahr unkorrekter Interpretationen zu verringern. In manchen Fällen ist es sinnvoll, auch bei einfachen Verhandlungen nicht nur mündliche Verabredungen zu treffen, sondern das Resultat aufzuzeichnen und zur Unterschrift vorzulegen.

Die Verhandlung

	grundlegende Gesprächsfähigkeiten
Phase 1: Vorbereitungsphase ■ vorbereiten auf: – Verhandlungsthema – Positionen – Atmosphäre – Struktur ■ (eventuell) mit der eigenen Organisation beraten/verhandeln	
Phase 2: Einführungphase ■ festlegen: – Ziel – Dauer – Verfahren	■ regulieren
Phase 3: Sondierungsphase ■ sondieren: – Verhandlungsspielraum – verborgene Interessen	■ aufmerksames Verhalten ■ Fragen stellen ■ Inhalt paraphrasieren ■ konkretisieren ■ zusammenfassen
Phase 4: Diskussionsphase ■ diskutieren: – Ausgangspunkte – Interessen ■ gemeinsame Interessen suchen ■ kleine Anregungen	■ kleine Anregungen ■ Fragen stellen ■ konkretisieren ■ Inhalt paraphrasieren ■ Gefühle reflektieren ■ zusammenfassen ■ Situation verdeutlichen
Phase 5: Entscheidungsphase ■ Angebote machen ■ reagieren ■ nachgeben	■ regulieren ■ konkretisieren ■ zusammenfassen
Phase 6: Endphase ■ definitive Vorschläge formulieren ■ Formulierungen bestätigen ■ Verabredungen schriftlich festlegen ■ unterschreiben	■ regulieren ■ zusammenfassen

14 Der Vortrag

Harald Gutwart, Chefredakteur der neuen Zeitschrift Apoll, soll auf einer Sondertagung des Niederländischen Instituts für das Bank- und Versicherungswesen (NIBV) einen Vortrag halten. Harald möchte bei dieser Gelegenheit die Aufmerksamkeit auf die neue Zeitschrift Apoll lenken. Die erste Nummer der Zeitschrift ist vor kurzem erschienen und hat dasselbe Thema wie die Tagung: „Teammanagement". Die Besucher erhalten die erste Nummer der Zeitschrift gratis. Einige Redner, die auf der Sondertagung anwesend sind, haben auch einen Artikel für die erste Nummer von Apoll geschrieben.

Harald ist wegen des Vortrags nervös. Es ist der erste Vortrag, den er als Chefredakteur hält. Er muss sich gründlich vorbereiten. Für welchen Inhalt soll er sich entscheiden? Er kann schlecht aus dem Inhaltsverzeichnis der Zeitschrift vortragen; das können die Anwesenden schließlich auch selber lesen. Der Vortrag sollte auch nicht zu langweilig sein, denn das Publikum soll Apoll schließlich abonnieren. Aber er kann den Zuhörern auch nichts aufschwatzen. Es gilt, sich inhaltlich mit dem Thema auseinander zu setzen und dabei auf die Zeitschrift zuverweisen. Es soll ein anregender Vortrag werden, aber kein zu populärer. Harald hat den Vorteil, dass er selber fünf Jahre bei einer Bank gerarbeitet hat. Er weiß also, was für ein Publikum er zu erwarten hat und welche „Sprache" es spicht. Das Publikum ist relativ homogen, es besteht ausschließlich aus ausgebildeten Betriebswirten, die eine leitende Stelle bei einer Bank oder Versicherungsgesellschaft innehaben.

14.1 Einleitung

In diesem Kapitel werden die verschiedenen Schritte, die vor, während und nach einem Vortrag über ein bestimmtes Thema zu beachten sind, behandelt.

Grob lässt sich der Prozess in drei Phasen gliedern: der **Vorbereitung**, dem **Halten des Vortrags** und dem **Eingehen auf Reaktionen**.

Während der Vorbereitung (Kap. 14.2) werden die Umstände, unter denen der Vortrag gehalten werden soll, analysiert. Der Redner stellt sich verschiedene Fragen, sucht nach Informationen und ordnet sie. Der Vortrag selbst (Kap. 14.3) besteht aus drei Teilen: der Einführung, dem Kern und dem Schluss („Kopf-Rumpf-Schwanz-Gliederung"). In der letzten Phase (Kap. 14.4) sollte auf die Reaktionen der Zuhörer eingegangen werden. Wichtig ist hierbei vor allem, dass derjenige, der Fragen stellt oder kritisiert, sich verstanden fühlt. Dann sollte der Redner die Fragen möglichst deutlich beantworten (siehe hierzu auch Kap. 3.1 und 3.2).

14.2 Vorbereitung

Im Beispiel von Emprimee GmbH wurden schon einige Fragen aufgeführt, die sich jeder Redner stellen sollte. Erstens sollte er sich fragen, was er mit seinem Vortrag beabsichtigt: Was ist das Ziel seines Vortrags? Zweitens sollte er sich überlegen, wie er dieses Ziel am besten erreichen kann. Dabei geht es vor allem um die Struktur des Vortrags. Drittens sollte er versuchen, Informationen über sein Publikum einzuholen. Schließlich sollte er Informationen über die Umstände, unter denen er den Vortrag halten soll, sammeln.

Ziel

Mit einem Vortrag kann man verschiedene Ziele anstreben. Der Redner will zum Beispiel Informationen übermittteln, er will, dass seine Zuhörer nach dem Vortrag mehr zum Thema wissen als vorher. Beispiele sind Vorträge auf Kongressen oder Vorlesungen über ein bestimmtes Thema. Es kann auch sein, dass der Redner eine Änderung der Haltung der Zuhörer hinsichtlich des Themas bewirken will. Denkbar ist eine Konferenz, in der der Redner eine strittige Entscheidung verteidigt. In diesem Fall versucht er also, seine Zuhörer zu überzeugen. Der Redner kann auch versuchen, das Verhalten seiner Zuhörer zu beeinflussen; er hofft, dass dass seine Zuhörer anschließend auf eine bestimmte Art handeln. Der Redner ist zum Beispiel ein städtischer Beamter, der einen Vortrag über Mülltrennung hält.
Oft liegen mehrere dieser Ziele gleichzeitig vor. Wenn der Redner seine Zuhörer überzeugt, werden sie eine andere Haltung entwickeln und ihr Verhalten dementsprechend anpassen.

Harald Gutwart, Chefredakteur der neuen Zeitschrift Apoll, versucht das Verhalten seines Publikums zu beeinflussen. Er möchte, dass sie die Zeitschrift Apoll abonnieren.

Struktur

Die Struktur des Vortrags besteht aus einer Einführung („Kopf"), einem Kern („Rumpf") und einem Schluss („Schwanz"). Diese Dreiteilung gliedert die Informationen, die die Zuhörer verarbeiten müssen. In der Einführung wird das Interesse am Thema geweckt und der Zuhörer erhält einen Überblick über den Inhalt des Vortrags. Im Kern wird das Thema selbst behandelt und in der Schlussphase die Informationen noch einmal in geraffter Form dargeboten und ein letzter Eindruck hinterlassen.
In der Vorbereitungphase sammelt der Redner Informationen über sein Thema, gliedert es und überlegt sich, welche Informationen er in welchem der drei unterschiedlichen Teile vermitteln möchte.

In der Einführung, die ungefähr 10 % der Vortragsdauer einnimmt, sollte das Interesse der Zuhörer erregt werden. Versäumt man dies, sind die Bemühungen des Redners größtenteils umsonst. Das Interesse wird beispielsweise geweckt, indem man den Zuhörern ein kleines Rätsel aufgibt oder eine rhetorische Frage stellt. Manche Redner denken sich kleine Geschichten aus, die sich in ein paar Sätzen erzählen lassen, oder benutzen Sprichwörter, Redensarten oder Sprüche, die sich auf den Inhalt des Vortrags beziehen.

Titel von populären Büchern, Fernsehprogrammen oder Filmen dienen oft als Fundgrube. Hier gilt natürlich, dass die Eröffnung einen Bezug zum weiteren Vortrag haben sollte.
Da es vor allem am Anfang eines Vortrags für die Zuhörer schwer zu durchschauen ist, worauf der Redner hinaus will, ist es sinnvoll, eine deutliche Übersicht der Gliederung, nach der er das Thema behandelt, und der Dauer des Vortrags zu geben. Die Zuhörer wissen, was sie zu erwarten haben und wann sie Fragen stellen können (siehe auch Kap. 14.4).

Der mittlere Teil enthält den Kern des Vortrags und nimmt etwa 80 % der verfügbaren Zeit in Anspruch. Der Aufbau hängt von Ziel und Thema des Vortrags ab. Will der Redner ein Problem darstellen, kann er eine Bestandsaufnahme über Ursachen und Folgen vornehmen und diese Punkte nacheinander behandeln. Gibt er eine historische Übersicht, kann er diese in chronologischer Reihenfolge darstellen. Wenn er einen Standpunkt verteidigen muss, kann der Redner erst alle Argumente, die den Standpunkt untermauern, erörtern oder den Standpunkt erläutern und dann Argumente vorbringen.
Möchte der Redner, wie im Beispiel von Emprimee, die Zuhörer um ihre Mitarbeit bitten, sollte er zunächst die Notwendigkeit der Aktivität erläutern und dann das Verfahren in seinem chronologischen Ablauf Reihenfolge darlegen.
Während der Vorbereitung gliedert der Redner seinen Vortrag nach der gewählten Struktur und schreibt den Vortrag nieder. Um reines Ablesen zu vermeiden, kann er in einer Spalte neben dem geschriebenen Text Stichwörter notieren, die den ausformulierten Text kurz zusammenfassen. Hält der Redner den Vortrag anhand dieser Stichwörter, wird er sich während des Vortrags eher einer natürlich wirkenden Umgangssprache bedienen. Sollte er trotzdem den Faden verlieren, kann er immer noch auf den ausformulierten Text zurückgreifen. Selbstverständlich sollte sein, dass der Redner seine Unterlagen übersichtlich ordnet, um nervöses Blättern zu vermeiden.

Für den Schluss des Vortrags benötigt der Redner, genauso wie für die Einführung, ungefähr 10 % der gesamten Vortragsdauer. In dieser Phase kann er auf die Frage, die er in der Einführung gestellt hat, zurückkommen. Es ist wichtig, dass der Redner eine Schlussfolgerung formuliert, eventuell mit einer kurzen Wiederholung der Argumente.
Mit dem letzten Satz lässt sich ausnutzen, dass Menschen vor allem zu Beginn als auch am Ende eines Vortrags aufmerksam zuhören und relativ viele Informationen aufnehmen. Der Schlusssatz kann also einen besonders prägnanten Eindruck hinterlassen.

Harald Gutwart gibt seinem Vortrag den Titel „Teamarbeit im Verlag“. Nach einer Zusammenfassung rundet er seinen Vortrag folgendermaßen ab: „Ein klares Ziel, verantwortungvolles Verhalten und eine deutliche Aufgabenverteilung haben zu dem Produkt Apoll geführt, dem Resultat unserer Teamarbeit. (Zeigt die Zeitschrift.) In dieser ersten Nummer von Apoll, die Ihnen nachher ausgehändigt wird, steht das Phänomen ‚Team‘ im Mittelpunkt.“
Ziel seines Vortrags ist, die Aufmerksamkeit der Zuhörer auf die Zeitschrift Apoll zu lenken; außerdem möchte er das Thema der Tagung, „Teammanagement“, mit in seinen Vortrag einbeziehen.

Das Publikum

Es ist sinnvoll und wichtig, dass sich der Redner vorher das Bildungsniveau und die „Sprache“ seiner Zuhörer vergegenwärtigt (siehe auch Kap. 3.1).
Die Fähigkeit zu abstrahieren und zu verallgemeinern ist abhängig vom Bildungsniveau und vom kulturellen Hintergrund. Je höher das Ausbildungsniveau der Zuhö-

rer ist, desto leichter kann sich der Redner auf theoretische Zusammenhänge beziehen. In vielen Fällen ist es aber besser, den Vortrag durch konkrete Beispiele zu illustrieren.
Außerdem sollte sich der Redner fragen, welche Vorkenntnisse über das behandelte Thema sein Publikum hat. Ist es das erste Mal, dass es mit dem Thema konfrontiert wird, sollte er mit einigen grundlegenden Informationen beginnen.
Zum Schluss kann es wichtig sein, dass der Redner weiß, wie die Zuhörer zum Thema und zur Organisation, die er vertritt, stehen.

Harald Gutwart weiß, welches Publikum zu erwarten ist. Er hat fünf Jahre lang bei einer Bank gearbeitet und kann somit die Besucher der Tagung gut einschätzen. Im Hinblick auf das Thema „Teammanagement" werden hauptsächlich Menschen in leitenden Funktionen anwesend sein. Weiterhin erwartet er, dass sich das Publikum formell kleidet, sich einer konventionellen Ausdrucksweise bedient und den neuesten Trends und Entwicklungen im Bereich von Management und Organisationen großes Interesse entgegenbringt.

Umstände

Bevor man sich auf einen Vortrag vorbereitet, empfiehlt es sich, sich zunächst die Umstände, unter denen er gehalten wird, zu vergegenwärtigen. Zu diesen Umständen gehören die verbleibende Vorbereitungszeit, der Vortragsort, die eventuell benötigten Hilfsmittel und die geschätzte Anzahl der Zuhörer. Der Redner sollte sich vorher fragen, was sich unter diesen Bedingungen verwirklichen lässt.
Wie viel Vorarbeit kann er vor dem Vortragstermin leisten? Es ist sinnvoll, auch ausreichend Zeit für die Vorbereitungen einzuplanen: Informationen über die Zielgruppe sammeln, sich den Tagungsort anschauen, die Informationen ordnen und formulieren, eventuell Folien anfertigen, sich Dias, Videoaufnahmen oder Filme ansehen. Dies nimmt oft mehr Zeit in Anspruch als man denkt.
Die Zeit, die für den Vortrag selbst zur Verfügung steht, bestimmt die Informationsmenge, die vermittelt werden soll.
Ein Besuch des Vortragsorts bietet dem Redner die Gelegenheit, für eine möglichst vorteilhafte Einrichtung zu sorgen, sodass er nachher nicht unangenehm überrascht wird.
Der Redner sollte sich vorher überlegen, welche Hilfsmittel er im Hinblick auf das Ziel des Vortrags benutzen will. Ein Vortrag wirkt oft lebendiger, wenn ein Overheadprojektor oder audiovisuelle Mittel eingesetzt werden. Für Diagramme und Tabellen könnte man einen Overheadprojektor verwenden, für die Vorstellung eines Gesprächsmodells Video-Aufnahmen. Der Erfolg eines Vortrags hängt aber nicht von der möglichst intensiven Nutzung verschiedenster Hilfsmittel ab; manchmal werden sie auch zu häufig eingesetzt (siehe Kap. 14.3).
Außerdem beeinflusst die geschätzte Zahl der Zuhörer die Möglichkeiten des Redners. Abhängig von der Gruppengröße bereitet der Redner seine Vortragsweise vor. Vor einer großen Gruppe kann er zum Beispiel nur an einem Pult und mit einem Mikrofon eine Rede halten. Mit einer kleinen Gruppe kann er sich eventuell an einen Tisch setzen. Bei einer großen Gruppe ist die Möglichkeit, im Falle von Unklarheiten während des Vortrags Fragen zu stellen, geringer als bei einer kleinen Gruppe.

14.3 Halten eines Vortrags

Für viele Menschen ist es schwierig Informationen zu verarbeiten, die nur mündlich übermittelt werden. Sie sind oft schnell abgelenkt, können sich nicht lange konzentrieren und merken sich die Informationen nur selektiv. Um die Aufmerksamkeit zu fesseln und es den Zuhörern zu erleichtern, dem Vortrag zu folgen, kann der Redner expressive Fähigkeiten, Struktur und textunterstützende Hilfsmittel benutzen. Es folgt eine kurze Erörterung dieser Möglichkeiten.

Expressive Fähigkeiten

Mithilfe expressiver Fähigkeiten unterstützt und ergänzt der Redner seine Worte mit seinem Körper und seiner Stimme (De Vries, 1990). Wir unterscheiden zwischen Körpersprache und Stimmgebung. Zur Körpersprache gehören: Blickkontakt, Gesichtsausdruck, Gestik und Körperhaltung. Zur Stimmgebung gehören die Merkmale Sprechgeschwindigkeit, Timing, Lautstärke, Satzmelodie und Artikulation.

Körpersprache

Durch **Blickkontakt** fesselt der Redner die Aufmerksamkeit des Publikums. Er stellt einen direkten Kontakt zu den Zuhörern her, die dadurch ein Gefühl der Zusammengehörigkeit erhalten. Der Redner nimmt die Reaktionen seiner Zuhörer wahr und kann sich daran orientieren.
Mit seinem **Gesichtsausdruck** unterstützt und verstärkt der Redner die emotionale Seite. Er erhöht die innere Teilnahme der Zuhörer für seinen Vortrag. Auch die Gestik unterstreicht die Bedeutung der Worte und fesselt die Aufmerksamkeit der Zuhörer.
Die **Körperhaltung** des Redners drückt seine Gemütsverfassung aus. Diese Haltung kann Begeisterung, Interesse für die Zuhörer und Selbstsicherheit ausdrücken, aber auch Desinteresse, Mattigkeit, Ärger oder Spannung. Die Körperhaltung bewirkt bei den Zuhörern oft eine ähnliche Gemütsverfassung. Deshalb ist es wichtig, dass sich der Redner über seine Gefühle hinsichtlich seiner Zuhörer und seiner eigenen Worte bewusst ist.
Eine natürliche Anwendung dieser Fähigkeiten kann den Effekt des Vortrags steigern. Ein übertriebener und unnatürlicher Einsatz dieser Mittel lenkt dagegen ab und wirkt manchmal sogar lächerlich. Diese Fähigkeiten lassen sich trainieren, indem man zu Hause vor dem Spiegel übt oder seine Mitbewohner bittet, den Effekt der Körpersprache zu kommentieren.

Stimmgebung

Die **Sprechgeschwindigkeit** wird als angenehm empfunden, wenn sie nicht so schnell ist, dass sie einen gehetzten Eindruck macht oder Nervösität vermittelt, aber auch nicht so langsam, dass sie die Aufmerksamkeit senkt oder einschläfernd wirkt.
Timing bezeichnet den bewussten Einsatz von Atem- und Sprechpausen. Sprechpausen können Ruhephasen für Redner und Zuhörer sein, aber auch eingelegt werden, um die Aufmerksamkeit auf den nachfolgenden Satz zu lenken.

Der Redner sollte die **Lautstärke** seiner Stimme der Akustik, dem Raum und dem Geräuschpegel anpassen. Außerdem bringt Abwechslung in der Lautstärke die Bedeutung, die der Sprecher den Worten beilegt, deutlicher zum Ausdruck.
Die **Intonation** ist der melodische Aspekt der Sprache. Eine angenehme Intonation unterstreicht die Bedeutung der Worte und fesselt das Publikum. Eine monotone Intonation wirkt dagegen langweilig und einschläfernd.
Eine deutliche **Artikulation** steigert die Verständlichkeit und erleichert es somit dem Publikum aufmerksam zuzuhören. Alle Silben und Laute eines Wortes sollte präzise und deutlich ausgesprochen werden.
Auch diese Fähigkeiten können den Erfolg des Redners fördern oder behindern. Eine übertriebene Anwendung bewirkt bei den Zuhörern dasselbe wie eine übertriebene Körpersprache: Ärger oder ungewollte Heiterkeit und sinkendes Interesse am Inhalt.

Struktur beibehalten

Die Struktur des Vortrags kann der Redner auf eine Tafel schreiben oder auf Folien darstellen. So kann er während seines Vortrags anzeigen, an welchem Punkt er und seine Zuhörer inzwischen angelangt sind.

Die Struktur des Vortrags von Harald Gutwart über Teammanagement sieht folgendermaßen aus:
1. Die Redaktion: ein Team
2. Redaktionsmanagement
3. Eine Theorie, die zutrifft
4. Eine Theorie, die nicht zutrifft
5. Produkt des Teams
6. Reaktionen

Zu jedem Punkt gibt er auf einer Folie eine Gliederung an. Zum Beispiel zu Punkt 2:

Redaktionsmanagement:
- *Arbeiten an der Zusammengehörigkeit;*
- *Feeling für individuelles Interesse und Gruppeninteresse;*
- *Spannungsfeld zwischen Verantwortung und Delegieren.*

Eine andere Methode, den Zuhörern zu erleichtern, dem Faden des Vortrags zu folgen, sind sinnvolle Überleitungen. Zum Abschluss eines bestimmten Punktes kann der Redner durch einen Satz, mit dem er das Vorhergehende abschließt und den nächsten Punkt einführt, die Zuhörer „an der Hand führen".

Harald Gutwart kann den 1. Punkt folgendermaßen abrunden: „Wir wissen jetzt, was ein Redaktionsteam ist und wo die Engpässe in einem solchen Team liegen, aber wie gehen Sie als Chef mit einem solchen Redaktionsteam um? Dazu gehen wir zum 2. Punkt über: dem Redaktionsmanagement."

Eine weitere Methode, die die Beibehaltung der Struktur erleichtert, sind zwischenzeitliche Zusammenfassungen:

Harald Gutwart schließt den 3. Punkt seines Vortrags mit folgender Zusammenfassung ab: „Aus der Theorie, die Frau Julia heute Vormittag vorgestellt hat und die ich gerade auf die Arbeit mit Redaktionsteams übertragen habe, geht deutlich hervor, wie eine Spannung zwischen dem individuellen und dem gemeinsamen Ziel besteht. In einer Redaktion arbeiten Individualisten mit eigenen Meinungen über das Endprodukt, mit dem sie sich identifizieren möchten. Damit komme ich jetzt zum nächsten Thema: dem Umgang mit einer nicht zutreffenden Auffassung. Übrigens können Sie sich über alle Themen, die heute angesprochen worden sind, noch einmal in aller Ruhe in der ersten Nummer von Apoll, die ihnen nachher ausgehändigt wird, informieren."

Textunterstützende visuelle Mittel

Wie bereits erwähnt erleichtert die Orientierung an einer sichtbaren Struktur den Zuhörern, dem Vortrag zu folgen.
Grafiken und Tabellen dienen auch der Unterstützung des Texts. Sie können den gesprochenen Text mit einem Blick verdeutlichen, ihn aber nie ersetzen. Auch hier sollte der Zuhörer mithilfe der Worte des Redners an den Grafiken entlanggeführt werden.

Die Benutzung einer Tafel oder eines Overheadprojektors hat spezifische Vor- und Nachteile. Der große Vorteil einer Tafel ist, dass der Denkprozess des Redners schrittweise an der Tafel nachvollzogen werden kann und sie somit die Beteiligung des Zuhörers fördert. Der Zuhörer sieht, wie das Bild entsteht. Ein Nachteil ist, dass der Text schnell und dadurch manchmal schludrig aufgeschrieben wird.
Der Vorteil eines Overheadprojektors ist, dass man den Text schon während der Vorbereitung auf Folien schreiben kann. Nachteilig ist dagegen, dass der Redner während des Vortrags auf der Folie nichts oder nur wenig hinzufügen kann. Dafür ist es möglich, einen EDV-erfassten auf Folien zu kopieren – vor allem große Buchstaben lassen sich leicht lesen.
Den gesprochenen Text kann man auch mit Dias, Videoaufnahmen oder Filmen beleben. Dias erfordern meistens zahlreiche Erläuterungen, Videoaufnahmen und Filme sprechen dagegen für sich – sie können einen Teil des Vortrags ersetzen.
Die genannten Hilfsmittel stehen schon während der Vorbereitung zur Verfügung stehen und müssen nur im richtigen Moment eingesetzt werden. Außerdem geben sie oft in kurzer Zeit sehr viele Informationen, die durch die Kombination von Wort und Bild besser haften bleiben. Für die Zuhörer ist es allerdings ziemlich ärgerlich, wenn die Anlage nicht funktioniert oder der Redner am Gerät herumhantiert. Auch hier gilt, dass eine sorgfältige Vorbereitung, bei der die unterschiedlichen Hilfsmittel getestet werden, die Erfolgsaussichten des Vortrags steigert.

14.4 Auf Reaktionen eingehen

Während der letzten Phase des Vortrags sind Fragen und Anmerkungen zu erwarten, zumindest dann, wenn der Redner vorher deutlich betont, dass dazu am Vortragsende Gelegenheit besteht. Es gibt jedoch verschiedene Methoden, durch die der Redner das Äußern von Fragen, Bemerkungen oder Kritik fördern kann. Eine Methode ist, den Zuhörern die Gelegenheit zu bieten, Fragen zu stellen, sobald im

Vortrag etwas unklar ist, eine zweite, das Publikum zu bitten, Fragen und Bemerkungen erst nach dem Vortrag vorzubringen.

Der Vorteil im ersten Fall ist, dass die Unklarheiten sofort beseitigt werden. Das fördert die Beteiligung der Zuhörer und der Vortrag wird dadurch lebendiger. Es sind hiermit aber auch einige Nachteile verbunden. Zuhörer bitten oft um eine Erläuterung, die im nachfolgenden Redetext sowieso noch zur Sprache kommen. Manche Zuhörer haben nur eine Information nicht mitbekommen, die in der Zusammenfassung noch einmal wiederholt wird. Andere Zuhörer denken assoziativ. Wenn ein bestimmtes Thema angesprochen wird, denken sie sofort an eine ähnliche Situation und wollen darauf eingehen. Andere wiederum wollen ihr Steckenpferd reiten und versuchen mittels Fragen die Aufmerksamkeit darauf zulenken. Durch zu spontanes Fragen kann der Vortrag ziemlich chaotisch verlaufen. Der Redner kommt jedes Mal aus dem Konzept, und der Großteil der Zuhörer wird vom Verlauf des Vortrags abgelenkt.

Eine Lösung dieses Problems ist, die Zuhörer zu bitten, im Falle von Unklarheiten direkt zu reagieren, die inhaltlichen Fragen und Bemerkungen aber erst nach dem Vortrag vorzubringen. Wenn ein Zuhörer trotzdem während des Vortrags inhaltliche Bemerkungen macht, kann der Redner auf die Fähigkeit „Situation verdeutlichen“ (siehe Kap. 3.1) zurückgreifen, indem er zum Beispiel sagt: „Ich merke, dass Sie nun doch einen inhaltlichen Punkt zur Sprache bringen wollen. Ich kann mir vorstellen, dass es für Sie interessant wäre, darauf einzugehen, trotzdem würde ich vorschlagen, dass Sie den Punkt erst nach meinem Vortrag ansprechen. Sind Sie damit einverstanden?“

Nach dem Abschluss des Vortrags sind verschiedene Arten von Reaktionen zu erwarten: Fragen des interessierten Zuhörers, der um zusätzliche Informationen bittet; Fragen des Zuhörers nach der Meinung des Redners; Fragen des Zuhörers, der sich zum Ziel gesetzt hat, zu jeder Gelegenheit selbst das Wort zu führen; Fragen des Zuhörers, der sich sehr unglücklich und unzusammenhängend ausdrückt; Fragen des Zuhörers, der den Redner überlisten möchte; also Fragen, die aus den unterschiedlichsten Motiven gestellt werden.

Auch ist Kritik von Zuhörern zu erwarten: von Zuhörern, die nicht mit dem Inhalt des Vortrags einverstanden sind, die ganz anderer Meinung sind oder die meinen, dass der Redner wichtige Faktoren übersieht: Kritik von Menschen, die aus verschiedenen Gründen nicht mit dem Vortrag einverstanden sind.

Der Redner steht vor der schwierigen Aufgabe, all diejenigen, die Fragen stellen und kritisieren, zufrieden zu stellen und durch die Art und Weise, wie er reagiert, das Image der Organisation, für die er arbeitet, zu verbessern oder wenigstens nicht negativ zu beeinflussen.

Grob gibt es zwei Methoden, um auf Fragen zu reagieren: sofort möglichst deutlich auf die Frage einzugehen, Erläuterungen zu geben und darauf zu achten, ob derjenige, der die Frage stellt, mit der Antwort zufrieden ist, oder die Frage kurz zusammenzufassen. Dies ist vor allem sinnvoll, wenn die Frage nicht richtig verstanden wird oder derjenige, der die Frage stellt, erst eine ausführliches und verwickeltes Statement abgibt. Eine Zusammenfassung bietet dem Fragesteller die Gelegenheit, die Frage eventuell anders zu formulieren oder zu korrigieren, seine Gedanken zu ordnen sowie dem Redner Zeit, seine Antwort zu formulieren.

Werden die Aussagen des Redner angezweifelt, bestätigt er am besten, dass auch andere Meinungen möglich sind und betont, welche Aspekte der vorgebrachten Erwiderung er durchaus positiv einschätzt. Zugleich sollte er begründen, wie er zu seiner eigenen Auffassung gelangt ist (siehe Kap. 3.2). Hier ist wichtig, dass der Fragesteller sich nicht zurückgewiesen fühlt und keinen Machtkampf anzettelt, um das Gesicht zu wahren. Ein solcher Streit ist meistens nicht sehr ergiebig und langweilt die anderen Zuhörer schnell.

Vortrag

	grundlegende Gesprächsfähigkeiten
■ **Vorbereiten** – Ziel festlegen (was will ich erreichen) – Informationen zum Thema sammeln (über was) – Informationen über die Zielgruppe sammeln (für wen) – Informationen über die Umstände sammeln (wann und wo) – Informationen strukturieren (wie)	
■ **Vortrag halten** – mit einer Aussage, die Interesse erregt, eröffnen – zur Einführung des Themas Struktur und Zeitdauer angeben – expressive Fähigkeiten anwenden – Überleitungen benutzen – zusammenfassen – Ende ankündigen – mit einer Aussage, die einen prägnanten Eindruck hinterlässt, abschließen	■ regulieren ■ zusammenfassen ■ Auskünfte geben
■ **auf Fragen und Kritik reagieren** – demjenigen, der Fragen stellt oder kritisiert, Aufmerksamkeit widmen – Fragen/Kritik zusammenfassen – (eventuell teilweise) zustimmen – Fragen beantworten – Deutlichkeit über die eigenen Ansichten schaffen	■ regulieren ■ zusammenfassen ■ Auskünfte geben ■ Situation verdeutlichen ■ auf Kritik reagieren

Übungen

Einleitung: Rollenspiele

Rollenspiele haben den Vorteil, dass man in einer „unverbindlichen" Atmosphäre arbeiten kann. „Fehler" oder „Patzer" werden nirgendwo negativ verbucht und man es lässt sich experimentieren, ohne Angst, einen „echten" Gesprächspartner zu benachteiligen.
Festgelegte Rollen, eignen sich einerseits, weil viele Studenten nach wie vor nur wenige Erfahrungen mit betriebsähnlichen Situationen gemacht haben, andererseits aus praktischen Gründen, weil sich bei den meisten behandelten Gesprächsarten die Rollen von Gesprächsleiter und Gesprächspartner aufeinander beziehen. Die Gesprächsdauer ist unterschiedlich. Im Rollenspiel werden unterscheiden:
1. die Vorbereitung,
2. die Vorbesprechung,
3. das Spielen und Beobachten,
4. die Nachbereitung.

Vorbereitung

Eine gute Vorbereitung ist die Grundvoraussetzung für den Erfolg eines Rollenspiels. Derjenige Teilnehmer, der den **Gesprächsleiter** spielt, muss sich vorher überlegen, was das Ziel und wie die Struktur des Gesprächs sein soll, welche Fähigkeiten angewendet werden können und welche Lernziele beachtet werden sollen.
Teilnehmer, die die Rollen des **Bewerbers**, des **Kunden** oder des **Mitarbeiters**, also der **Gesprächspartner** einnehmen, sollten sich schon vorher in diese Rollen hineinversetzen. Sämtliche Teilnehmer sollten sich bei der Vorbereitung auf eine festgelegte Rolle ein möglichst konkretes Bild von der Gesprächsumgebung und -atmosphäre machen. Auch die Haltung und Ausdrucksweise sollte möglichst gut der Rolle angepasst werden: Jemand, der sich als Ladenangestellter bewirbt, stellt sich anders vor als ein Abteilungsleiter im Mitarbeitergespräch.
Neben festgelegten Rollen werden manchmal auch Rollen, die die Teilnehmer sich selbst gestalten müssen, benutzt. Auch hier gilt: Nehmen Sie die Rollen ernst und versuchen Sie, sich möglichst gut in sie hinein zu versetzen. Wenn man sich während des Rollenspiels noch überlegen muss, wie alt oder ob man verheiratet ist, kann das beide Spieler sehr verwirren. Schließlich müssen die Fähigkeiten des Gesprächsleiters berücksichtigt werden; die eigene Rolle sollte so vorbereitet werden, dass auch Gelegenheit hat, seine Fähigkeiten anzuwenden.
Der **Beobachter** muss sich wie der Gesprächsleiter über das Gesprächsziel, die Gesprächsstruktur, die passende Haltung und die zugehörigen Fähigkeiten im Klaren sein.

Vorbesprechung

Der Beobachter ist zugleich der „Regisseur" des Rollenspiels. Zu Beginn des Rollenspiels spricht er mit dem Gesprächsleiter einige Punkte durch. Der Gesprächspartner ist dabei nicht anwesend. Der Beobachter und der Gesprächsleiter vereinbaren die Dauer des Gesprächs, und wer die Uhr im Auge behält (Beobachter oder Gesprächsleiter). Der Beobachter sollte auch die Lernziele des Gesprächsleiters ansprechen, damit er weiß, worauf er besonders achten muss. Vereinbart werden sollte auch, was passiert, wenn das Gespräch nicht nach Plan verläuft: Signalisiert der Gesprächsleiter in diesem Fall selber ein „Timeout" oder zieht er es vor, dass der Beobachter eingreift, wenn dieser das für nötig hält. Während einer eventuellen Unterbrechung kann der Gesprächleiter sich mit dem Beobachter beraten, wie das Gespräch am besten weitergeführt werden sollte.

Spielen und beobachten

Für den Gesprächsleiter ist es wichtig, dass er seine Rolle konsequent durchhält. Ihm steht es selbstverständlich jederzeit frei, aufzuhören, wenn er nicht weitermachen kann. Trotzdem sollte er versuchen, Schwierigkeiten im Gespräch zu beheben; das steigert den Lerneffekt.
Seine Rolle sollte der Gesprächsleiter möglichst „natürlich" spielen. Stellen Sie sich dazu die Situation vor, dass Sie sich in einem Vorstellungsgespräch „verkaufen" müssen dass Ihr Chef massive Kritik an Ihnen übt. Für alle Gespräche gilt, dass man auch andere zu Worte kommen lässt und dem Gesprächsleiter die Gegelegenheit, seine Rolle zu üben – machen Sie es ihm weder zu leicht noch zu schwer.

Der Beobachter sollte die Darsteller während des Rollenspiels möglichst wenig stören. Seine Aufgabe besteht darin, die Kommunikation zwischen Gesprächsleiter und Gesprächspartner zu registrieren und zu erkennen, welchen Fähigkeiten die Reaktionen des Gesprächsleiters zuzuordnen sind. Der Beobachter hilft durch seine Beobachtungen und die Art und Weise, wie er ein Feedback gibt, dem Gesprächsleiter beim Erlernen von Gesprächsfähigkeiten. Dieser kann sich so ein Bild darüber machen, wie er im Gespräch „funktioniert" und wie dies den Gesprachsverlauf beeinflusst. Aufgrund der Beobachtungen kann er in den nächsten Gesprächen versuchen sein Verhalten zu ändern. Um dieses Ziel – eine Verhaltensänderung – zu erreichen, sollten die Beobachtungen möglichst anhand konkreter Verhaltensweisen erläutert werden. Vage Beobachtungen über den allgemeinen Verlauf des Rollenspiels nützen dem Gesprächsleiter kaum. Er erhält dann zu wenig Hinweise, wie er seine Haltung und sein Verhalten ändern könnte.

Alles im Gespräch zu beobachten ist eine unmögliche Aufgabe. Man muss ständig auswählen. Dazu sollte Folgendes immer beachtet werden:
- Was ist das Ziel des Gesprächs?
- Um welche Fähigkeiten geht es?
- Welche Bedeutung haben diese Fähigkeiten im Gespräch? (Das sollte nach dem Gespräch erläutert werden!)

Nach dem Gespräch werden also folgende Informationen benötigt:
- Was sagte und wie verhielt sich der Gesprächsleiter im Gespräch? Welche Fähigkeiten benutzte er? Wie äußerte er die Fähigkeiten?
- Wurde die Fähigkeit funktionell angewandt? Was war der Effekt? Wie reagierte der Gesprächspartner?

Nachbereitung

Gleich nach dem Rollenspiel wird dem Gesprächsleiter Gelegenheit gegeben, „Dampf abzulassen“: Was meint er zum Gespräch angesichts des Ziels, das er sich gesetzt hat? Wie fühlte er sich? Welche waren die schwierigsten Momente im Gespräch? Dann kann auch der Gesprächspartner seine Eindrücke wiedergeben: Was hält er von der Vorgehensweise und dem Verhalten des Gesprächsleiters? Was empfand er dabei? Was wäre ihm lieber gewesen? Danach schildert der Beobachter in konkreten Umrissen kurz seinen Eindruck vom Gespräch: Wurde das Gesprächsziel erreicht? Wurde die Struktur beibehalten? Wie war die Haltung, insbesondere die nonverbale Ausdrucksform? Dann wird anhand der Notizen des Beobachters oder der Video-Aufnahmen ein mehr systematisches Feedback gegeben. Dieses konzentriert sich auf die **zu erlernenden Fähigkeiten** und die eventuellen **Lernziele** des Gesprächsleiters. Sowohl derjenige, der kommentiert, als auch derjenige, dessen Verhalten kommentiert wird, sollte sich darüber im Klaren sein, dass sich dieses Feedback nur auf das Verhalten des Gesprächsleiters in Wechselwirkung mit dem Verhalten seines Gesprächspartners bezieht, nicht auf seine gesamte Persönlichkeit. Nun verläuft ein Gespräch meistens nicht „nach Plan“. Für den angehenden Gesprächsleiter ist es schwierig, alle Punkte gleichzeitig zu beachten. Wenn deshalb das ein oder andere misslingt, ist das nicht tragisch, sondern oft sogar sehr lehrreich, denn eine solche Übung sollte dabei helfen, eine professionelle Gesprächsführung „spielend“ in den Griff zu bekommen. Trotzdem lehrt die Praxis, dass viele Kursteilnehmer mit an Kritik ihren Kollegen Schwierigkeiten haben – ein gegenseitiges Feedback ist aber unverzichbar.

Einige Hinweise, die die Rückkopplung – ob als kritische oder lobende Bemerkungen – vielleicht erleichtern:

- Das Feedback bezieht sich immer auf bestimmte Fähigkeiten oder Lernziele. Sachliche Kritik beschränkt sich darauf und beschäftigt sich nicht mit der Person des Gesprächsleiters.
- Wenn Sie Ihre Kritik durch die Frage „Was erhofften Sie sich von Ihrer Reaktion?“, erläutern und Sie eigenen Vorschlag oder bessere (Re-)Aktion vorschlagen, erleichtern Sie die Diskussion.
- Eine solche Übung ist am Erfolg versprechendsten, wenn die Teilnehmer „spielend“ lernen können und die Chance erhalten, ihr Verhalten zu trainieren, ohne dass Fehler angerechnet werden.

Wenn der Beobachter sein Feedback gegeben hat und ein weiterer Betreuer anwesend ist, sollte dieser die Nachbereitung abschließen. Er kann die Beobachtungen ggf. ergänzen, außerdem kann er auch dem Beobachter hinsichtlich der Art und Weise, wie dieser beim Rollenspiel Regie geführt hat und wie er seine Beobachtungen mitteilt, ein Feedback geben. Diese Methode hilft, anderen eine gute Gesprächsführung zu vermitteln.

Es werden also nicht nur an den Gesprächsleiter und -partner, sondern auch an den Beobachter hohe Anforderungen gestellt. Zunächst fällt es nicht leicht, allen Anforderungen gerecht zu werden. Hilfreich kann die Entwicklung eines eigenen Systems sein, mit dessen Hilfe sich die eigenen Beobachtungen und Bemerkungen schnell notieren und bei der Nachbereitung wiederfinden lassen. Es folgen ein Beispiel eines solchen Systems sowie eine kurze Anleitung für die Regie.

Beispiel einer Beobachtungsmethode:

Lernziele des Gesprächsleiters

....
....
....

Gesprächsleiter	Gesprächspartner	Beobachter
Äußerungen möglichst vollständig notieren	Äußerungen in Stichworten notieren	■ Benennen der Fähigkeit ■ Beurteilung der Fähigkeiten, z. B. + – ? ■ Alternativen, Vorschläge (..............................) ■ Gesamteindruck von Stil, Atmosphäre, Haltung des Gesprächsleiters, Blickkontakt usw.
....	....	
....	....	
....	....	
....	....	
....	....	
....	....	
....	....	
....	....	
....	....	
....	....	
....	....	
....	....	

Kurzanleitung Regie Rollenspiel

Der Beobachter führt die Regie beim Rollenspiel. Außer der Beobachtung gehört die Überwachung der Dauer des Rollenspiels zu seinen Aufgaben. Er sollte die Vorbesprechung und Nachbereitung des Rollenspiels möglichst effektiv und effizient gestalten.

Vorbesprechung

- Rücksprache mit dem Gesprächsleiter
  - kurze Anleitung zum Gespräch
  - Lernziele
  - Verabredungen treffen über
  - Dauer des Rollenspiels und Nachbereitung
  - „Time-out" und Eingreifen des Beobachters

Nachbereitung

- Gesprächsleiter Gelegenheit geben, Dampf abzulassen
- Gesprächspartner bitten, den ersten Eindruck zu erläutern
- selbst kurzes Feedback geben
  - zum Erreichen des Ziels
  - zur Beibehaltung der Struktur
  - zur Haltung des Gesprächsleiters (besonders nonverbal)
- beiden Gelegenheit bieten, kurz zu reagieren

- Beobachter bekommt kurz die Gelegenheit, seine Beobachtungen zu ordnen
- pro Phase
  - andeuten, welche Fähigkeiten funktionell eingesetzt wurden
  - andeuten, welche Fähigkeiten nicht oder nicht funktionell angewendet wurden
  - Verbesserungsvorschläge machen
  - Gesprächsleiter (und eventuell Gesprächspartner) Gelegenheit bieten zu reagieren
- Zusammenfassung anhand „alter" und „neuer" Lernziele
- eventuell Betreuer das Wort erteilen

Kapitel 1: Regulative Fähigkeiten

Übung
In dieser Übung geht es um regulierende Fähigkeiten.
1. Bilden Sie Gruppen von jeweils drei Personen.
2. Verteilen Sie pro Gruppe drei Rollen: Gesprächsleiter, Gesprächspartner und Beobachter.
3. Führen Sie das Gespräch (ca. 10 Minuten).
4. Bereiten Sie das Gespräch gemäß der Regeln des Rollenspiels, wie sie in der Einleitung zu den Übungen ausgeführt wurden, nach.
5. Wechseln Sie die Rollen und wiederholen Sie das Gespräch. Beachten Sie die Anmerkungen zum vorangegangenen Gespräch.
6. Wie 5.

Rolle Gesprächsleiter
Sie werden gleich mit Ihrem Gesprächspartner ein Gespräch über den ersten Teil dieses Buches führen. Verwenden Sie in diesem Gespräch an erster Stelle die Fähigkeiten, die in Kapitel 1 erörtert wurden. Erwähnen Sie in einer kurzen Einleitung, was das Ziel des Gesprächs ist (Sie möchten zum Beispiel erfahren, ob und wie er diesen Teil studiert hat, was er davon hält, wie viel Zeit er darauf verwendet hat usw.), wie lange das Gespräch dauert und wie Sie das Gespräch führen möchten (Struktur oder Gesprächsthemen darstellen). Bereiten Sie sich erst auf dieses Gespräch vor. Führen Sie das Gespräch und versuchen Sie die Struktur, die Sie sich zurechtgelegt haben, beizubehalten. Beenden Sie das Gespräch, sobald die festgelegte Gesprächsdauer erreicht ist.

Rolle Gesprächspartner
Sie führen ein Gespräch über den ersten Teil dieses Buches. Reagieren Sie, wie Sie das in ähnlichen Situationen gewohnt sind.

Rolle Beobachter
Siehe die Einleitung zu den Übungen.

Kapitel 2: Zuhörfähigkeiten

Übung 1

In dieser Übung geht es um aufmerksames Verhalten.

1. Bilden Sie Gruppen von jeweils drei Personen.
2. Verteilen Sie pro Gruppe drei Rollen: Gesprächsleiter, Gesprächspartner und Beobachter.
3. Führen Sie das Gespräch (ca. 10 Minuten).
4. Bereiten Sie das Gespräch gemäß der Regeln des Rollenspiels, wie sie in der Einleitung zu den Übungen ausgeführt wurden, nach.
5. Wechseln Sie die Rollen und wiederholen Sie das Gespräch. Beachten Sie die Anmerkungen zum vorangegangenen Gespräch.
6. Wie 5.

Rolle Gesprächsleiter

Fragen Sie Ihren Gesprächspartner, wie er seinen letzten Urlaub verbracht hat. Verhalten Sie sich während des Zuhörens abwechselnd unaufmerksam und aufmerksam.

Rolle Gesprächspartner

Reagieren Sie, wie Sie das in ähnlichen Situationen gewohnt sind. Achten Sie auf das Verhalten des Gesprächsleiters und registrieren Sie das möglichst konkret.

Rolle Beobachter

Besprechen Sie möglichst konkret (hinsichtlich des aufmerksamen Verhaltens) die Wechselwirkung der beiden Gesprächspartner.

Übung 2

In dieser Übung geht es um aufmerksames Verhalten und das Stellen von Fragen.

1. Bilden Sie Gruppen von jeweils drei Personen.
2. Verteilen Sie pro Gruppe drei Rollen: Gesprächsleiter, Gesprächspartner und Beobachter.
3. Führen Sie das Gespräch (ca. 10 Minuten).
4. Bereiten Sie das Gespräch gemäß der Regeln des Rollenspiels, wie sie in der Einleitung zu den Übungen ausgeführt wurden, nach.
5. Wechseln Sie die Rollen und wiederholen Sie das Gespräch. Beachten Sie die Anmerkungen zum vorangegangenen Gespräch.
6. Wie 5.

Rolle Gesprächsleiter

Versuchen Sie in einem Gespräch herauszufinden, welchen Tätigkeiten Ihr Gesprächspartner neben seinem Studium nachgeht. Entscheiden Sie für sich, auf welche Tätigkeit Sie näher eingehen wollen.

Rolle Gesprächspartner

Machen Sie es dem Gesprächsleiter nicht zu leicht. Antworten Sie mit „ja“ oder „nein“, wenn er geschlossene Fragen stellt, und erzählen Sie nichts von sich aus.

Stellen Sie sich vor, dass Sie kein flotter Erzähler sind. Kommen Sie dem Gesprächsleiter erst entgegen, wenn er sich wirklich einladend verhält.

Rolle Beobachter
Siehe die Einleitung zu den Übungen.

Übung 3
In dieser Übung geht es um das Paraphrasieren des Inhalts und das Reflektieren von Gefühlen.
1. Bilden Sie Gruppen von jeweils drei Personen.
2. Verteilen Sie pro Gruppe drei Rollen: Gesprächsleiter, Gesprächspartner und Beobachter.
3. Führen Sie das Gespräch (ca. 10 Minuten).
4. Bereiten Sie das Gespräch gemäß der Regeln des Rollenspiels, wie sie in der Einleitung zu den Übungen ausgeführt wurden, nach.
5. Wechseln Sie die Rollen und wiederholen Sie das Gespräch. Beachten Sie die Anmerkungen zum vorangegangenen Gespräch.
6. Wie 5.

Rolle Gesprächsleiter
Versuchen Sie sich ein möglichst deutliches Bild vom Verlauf des vorigen Semesters Ihres Gesprächspartners zu machen. Versuchen Sie vor allem herauszufinden, was die unterschiedlichen Tätigkeiten beinhalteten und wie ihm während dieser Zeit zu Mute war.

Rolle Gesprächspartner
Gehen Sie möglichst deutlich auf die Bitte des Gesprächsleiters ein. Teilen Sie ihm mit, wenn er mit seinen Paraphrasen und Reflektionen falsch liegt und korrigieren Sie ihn.

Rolle Beobachter
Bitten Sie den Gesprächsleiter vor der Nachbesprechung um eine kurze chronologische Übersicht der Tätigkeiten des Gesprächspartners und seiner Gemütslagen in dieser Zeit. Fragen Sie den Gesprächspartner, ob dies stimmt.

Übung 4
In dieser Übung geht es um die Fähigkeiten Konkretisieren und Zusammenfassen.
1. Bilden Sie Gruppen von jeweils drei Personen.
2. Verteilen Sie pro Gruppe drei Rollen: Gesprächsleiter, Gesprächspartner und Beobachter.
3. Führen Sie das Gespräch (ca. 10 Minuten).
4. Bereiten Sie das Gespräch gemäß der Regeln des Rollenspiels, wie sie in der Einleitung zu den Übungen ausgeführt wurden, nach.
5. Wechseln Sie die Rollen und wiederholen Sie das Gespräch. Beachten Sie die Anmerkungen zum vorangegangenen Gespräch.
6. Wie 5.

Rolle Gesprächsleiter
Führen Sie mit Ihrem Gesprächspartner ein Gespräch über die Tätigkeiten, die er neben dem Studium ausübt oder ausgeübt hat, wie z. B. Ferien- oder Teilzeitarbeit oder Gelegenheitsarbeit über ein Jobvermittlungsbüro. Versuchen Sie sich ein möglichst genaues Bild von dem Arbeitsinhalt, den Erfahrungen und dem Verhältnis zu anderen Mitarbeitern, Chefs usw. zu erhalten. Fassen Sie am Ende des Gesprächs das Thema zusammen und fragen Sie Ihren Gesprächspartner, ob die Zusammenfassung stimmt.

Rolle Gesprächspartner
Beantworten Sie die Fragen des Gesprächsleiters möglichst deutlich. Erzählen Sie keine Einzelheiten von sich aus, geben Sie ihm aber eine Chance, sich ein konkretes Bild von Ihren Tätigkeiten neben (oder vor) Ihrem Studium zu machen.

Rolle Beobachter
Siehe die Einleitung zu den Übungen.

Kapitel 3: Senderfähigkeiten: initiativ und reaktiv

Übung 1
In dieser Übung geht es um Kritik und Reaktionen auf Kritik.
1. Bilden Sie Gruppen von jeweils drei Personen.
2. Verteilen Sie pro Gruppe drei Rollen: Uwe, Peter und Beobachter.
3. Führen Sie das Gespräch (ca. 10-15 Minuten).
4. Bereiten Sie das Gespräch gemäß der Regeln des Rollenspiels, wie sie in der Einleitung zu den Übungen ausgeführt wurden, nach.

Spielen Sie das Spiel dreimal:
1. Uwe kritisiert auf falsche Weise.
   Peter reagiert, wie er normalerweise in solchen Situationen reagiert
2. Uwe kritisiert auf richtige Weise.
   Peter reagiert auf falsche Weise.
3. Uwe Kritisiert auf richtige Weise.
   Peter reagiert auf richtige Weise.

Situationsbeschreibung
Uwe und Peter sind gut befreundet. Sie wohnen im selben Haus, arbeiten beide, gehen manchmal zusammen, manchmal alleine aus. In letzter Zeit sind ihre gemeinsamen Unternehmungen nicht mehr so nett wie früher. Peter trinkt viel, bleibt häufig lange weg und es passiert immer öfter, dass Uwe dann alleine nach Hause geht. Sie haben eine Art stillschweigender Vereinbarung, dass am nächsten Tag nicht mehr darüber geredet wird, was am vorherigen Abend passiert ist.

Rolle Uwe
Ihr Verhältnis zu Peter lässt in letzter Zeit zu wünschen übrig. Es ärgert Sie, dass Peter so viel trinkt, vor allem aber finden Sie, dass er immer mehr trinkt. Er verhält sich dann nach ein paar Stunden sehr unangenehm, erzählt Geschichten und macht

Witze, die nicht witzig, sondern für andere verletzend sind. Außerdem rührt er sich nicht vom Fleck. Wenn Sie ihn darauf ansprechen, wird er böse und kann sehr aggressiv reagieren. Sie gehen dann nach Hause und ärgern sich einerseits sehr über den verdorbenen Abend, andererseits machen Sie sich aber auch Sorgen um Peters Zustand. Obendrein genieren Sie sich an solchen Abenden eigentlich für sein Verhalten.
Obwohl Sie normalerweise nicht darüber sprechen, entschließen Sie sich, diese Angelegenheit zur Sprache zu bringen. Sie treffen sich, nachdem es gestern Abend wieder schief gegangen ist.

Rolle Peter
In letzter Zeit geht es Ihnen nicht sehr gut. Ihr Verhältnis zu Uwe ist ziemlich kühl geworden, obwohl Sie sich doch immer glänzend verstanden haben. Sie gehen ab und zu noch zusammen weg, aber Uwe verträgt nichts mehr. Er geht oft früh nach Hause, sagt, dass morgen der Tag früh anfängt und schaut Sie missbilligend an. Sie wissen, dass er meint, Sie würden zu viel trinken, aber wenn Uwe den Schulmeister spielt, wollen sie erst recht weitermachen. Außerdem trinken Sie Ihrer Meinung nach wirklich nicht zu viel. Sie wissen schon, wann Sie aufhören müssen.

Rolle Beobachter
Bereiten Sie die drei Spiele separat nach. Widmen Sie während der Nachbereitung vor allem dem Effekt der unterschiedlichen Verhaltensweisen der beiden Gesprächspartner Aufmerksamkeit.

Übung 2
In dieser Übung geht es um Kritik und Reaktionen auf Kritik. Ziel ist das Erkennen des selbstsicheren, des schüchternen und des aggressiven Stils bei der Anwendung der Fähigkeiten „Kritisieren" und „auf Kritik reagieren".
1. Arbeiten Sie in Gruppen von jeweils sechs Personen (A-F) und einem Betreuer.
2. Dauer: ca. 30 Minuten

Schritt 1: Jeder Teilnehmer notiert sich zwei Lernziele (zum Beispiel nicht mehr zu spät kommen, Verabredungen einhalten).

Schritt 2: Die Teilnehmer erhalten je eine Aktionskarte und eine Reaktionskarte. Auf diesen Karten steht die Anweisung schüchtern, selbstsicher oder aggressiv.

Schritt 3: A gibt B seinen ersten Lernziel auf angeordnete Weise (steht auf der Karte). B reagiert auf angeordnete Weise. C, D, E und F wird folgende Beobachtungsaufgabe erteilt: beobachten, wie A kritisiert und B reagiert.

Schritt 4: Betreuer fragt C, D, E und F nach ihrer Meinung zu der Kritik und konkretisiert.

Schritt 5: Betreuer schreibt die Reaktionen, die für schüchternes, selbstsicheres und aggressives Verhalten charakteristisch sind, an die Tafel.
Es können Fehler beim „Entcodieren" (zum Beispiel jemand, der aggressiv vorgeht, während er sein Verhalten als selbstsicher einschätzt) und beim „Decodieren" (zum Beispiel jemand, der schüchtern für selbstsicher hält) auftreten.

Schritt 6: Fortsetzung: B → C
1. Runde: 6x Kritik + 6x Reaktion
Dauer: ca. 6x 2 Minuten = 12 Minuten

Schritt 7: 2. Runde: wie 6
Karten abgeben + erneut verteilen
Dauer: ca. 12 Minuten

Schritt 8: Betreuer gibt eine Zusammenfassung anhand der Punkte, die er an die Tafel geschrieben hat.

Übung 3
In dieser Übung geht es um das Bitten und Verweigern.
1. Bilden Sie Gruppen von jeweils drei Personen.
2. Verteilen Sie pro Gruppe drei Rollen: Hans, Hans-Peter und Beobachter.
3. Führen Sie ein Gespräch gemäß der Theorie des „Bittens/Verweigerns" aus Kapitel 3 (ca. 10-15 Minuten).
4. Bereiten Sie das Gespräch gemäß der Regeln des Rollenspiels, wie sie in der Einleitung zu den Übungen ausgeführt wurden, nach.

Situationsbeschreibung
Unten geben wir einen Teil des Gesprächs zwischen Jens Moser und Hans-Peter Graf von Emprimee GmbH wieder.

Verlagsleiter Hans-Peter Graf übt Kritik an der Art und Weise, wie sein Sekretär Jens Moser ihn wegen seiner Tageseinteilung zurechtweist. Er verweigert Hans die völlige Kontrolle über seinen Terminkalender.
Jens: „Hans-Peter, du hältst dich in letzter Zeit nicht mehr an deinen Terminkalender. Du änderst die Terminfolge ohne mich zu verständigen. Du bittest die aufgedrehte Frau Richter wieder zu dir ins Büro, obwohl sie mit mir keinen Termin vereinbart hat. Ich hatte ihr deutlich gesagt, dass du erst nächste Woche wieder Zeit hättest. Ich fühle mich hier allmählich überflüssig."
Hans-Peter: „Hör mal, es wäre mir sehr recht, wenn ich ab und zu mal selber über meine Zeit verfügen könnte. Es scheint so, als hättest du noch nie einen Zeitplan angepasst. Misch dich doch nicht immer überall ein. Übrigens, dein Ton gefällt mir nicht!"

Übung 4
Diese Übung wird auf dieselbe Art und Weise wie die Übung zum 1. Kapitel über regulierende Fähigkeiten durchgeführt. Hier steht aber die Fähigkeit „Situation verdeutlichen" im Mittelpunkt.
1. Bilden Sie Gruppen von jeweils drei Personen.
2. Verteilen Sie pro Gruppe drei Rollen: Gesprächsleiter, Gesprächspartner und Beobachter.
3. Führen Sie das Gespräch (ca. 10 Minuten).
4. Bereiten Sie das Gespräch gemäß der Regeln des Rollenspiels, wie sie in der Einleitung zu den Übungen ausgeführt wurden, nach.
5. Wechseln Sie die Rollen und wiederholen Sie das Gespräch. Beachten Sie die Anmerkungen zum vorangegangenen Gespräch.
6. Wie 5.

Rolle Gesprächsleiter
Sie werden gleich mit Ihrem Gesprächspartner ein Gespräch über das erste Teil dieses Buches führen. Greifen Sie in diesem Gespräch zunächst auf die Fähigkeiten, die im 1. Kapitel erörtert wurden, zurück. Erwähnen Sie in einer kurzen Einleitung, was das Ziel des Gesprächs ist (Sie möchten zum Beispiel erfahren, ob und wie er diesen Teil studiert hat, was er davon hält, wie viel Zeit er darauf verwendet hat usw.), wie lange das Gespräch dauern soll und wie Sie das Gespräch führen möchten (Struktur oder Gesprächsthemen darstellen). Bereiten Sie sich auf dieses Gespräch vor. Führen Sie das Gespräch und versuchen Sie die Struktur, die Sie sich zurechtgelegt haben, beizubehalten. Beenden Sie das Gespräch, wenn die festgelegte Gesprächsdauer erreicht ist.

Rolle Gesprächspartner
Sie führen ein Gespräch über den ersten Teil dieses Buches. Reagieren Sie, wie Sie das aus ähnlichen Situationen gewohnt sind.

Rolle Beobachter
Siehe Einleitung zu den Übungen. Achten Sie in diesem Gespräch außer auf die Fähigkeiten aus früheren Übungen besonders auf die Art und Weise, wie der Gesprächsleiter die „Situation verdeutlicht“.

Kapitel 4: Das Interview

Übung
In dieser Übung geht es um das Interview.
1. Bilden Sie zwei Gruppen: Gruppe A und Gruppe B.
2. Gruppe A interviewt Gruppe B
3. Gruppe B interviewt danach Gruppe A.

Anweisungen
(Diese Anweisungen gelten sowohl für die Gruppe A als auch für die Gruppe B.)
- Erstellen Sie zu zweit ein Interviewschema für die betreffende Untersuchung.
- Vergleichen Sie die Interviewschemen.
- Erstellen Sie aufgrund des Vergleichs gemeinsam (Gruppe A oder B) ein neues Interviewschema. Dieses ist wahrscheinlich ausführlicher als die individuellen Schemen.
- Erstellen Sie zu zweit einen Interviewplan (Einleitung, Kern, Ende) und verteilen Sie die Aufgaben zum Interview: Wer macht wann was?
- Jedes Paar einer Gruppe interviewt einen Studenten der anderen Gruppe. Der Vierte ist Beobachter.
- Der Beobachter bereitet das Gespräch gemäß der Regeln des Rollenspiels, wie sie in der Einleitung zu den Übungen ausgeführt wurden, nach.
- Verarbeiten Sie zu zweit die Informationen zu einem Protokoll.
- Verarbeiten Sie die individuellen Protokolle zu einem Gesamtprotokoll.

Gruppe A
Gruppe A besteht aus Studenten, die die Mitarbeiter einer Studentenorganisation für Forschung spielen. Ein Studentenverein hat die Organisation beauftragt, die

Freizeitgestaltung von Fachhochschulstudenten zu untersuchen. Ziel dieser Untersuchung ist, dass sich der Verein besser auf die eventuellen Bedürfnisse von Studenten nach organisierter Freizeitbeschäftigung einstellen kann. Der Verein möchte über die Zeit, die den Studenten neben dem Studium bleibt, informiert werden: wie sie diese Zeit gestalten und wo sich die Engpässe hinsichtlich Studienbelastung, Reisezeit, Wohnheime usw. befinden.

Gruppe B

Gruppe B besteht aus Studenten, die die Mitarbeiter einer Studentenorganisation für Forschung spielen. Die lokalen Fachhochschulen haben die Organisation beauftragt, die Bedürfnisse von Studenten nach anderen Ausbildungsformen zu untersuchen: einerseits vielleicht mehr individuelle Betreuung, weniger Klausuren und mehr Feedback zu den Arbeiten und Klausuren, andererseits mehr Extensivierung – also eher weniger persönliche Betreuung – und mehr schriftlicher Kontakt zur Schule über den PC, der ans Netz von Schule, Dozenten und Studenten angeschlossen ist.

Kapitel 5: Das Bewerber-Auswahlgespräch

Kapitel 6: Das Vorstellungsgespräch

Übung

In dieser Übung geht es um das Bewerber-Auswahlgespräch (Kapitel 5) und um das Vorstellungsgespräch (Kapitel 6). Diese Übung nimmt mehrere Stunden ein.

1. Bilden Sie vier Gruppen: Studenten, Mentor, Praktikumskoordinator und Beobachter.
2. Befolgen Sie die Anweisungen aus der Einleitung zu den Übungen.

Anweisungen

Die Übung setzt sich aus mehreren Runden zusammen:

1. Die Praktikumskoordinatoren überlegen sich, welche Tätigkeiten ihre Studenten bei Emprimee GmbH ausüben könnten und formulieren eine Anzeige. Die Anzeige wird den Studenten ausgehändigt.
2. Die Studenten verfassen auf diese Anzeige ein Bewerbungsschreiben, erklären, warum sie sich für die Stelle eignen, und begründen ihren Wunsch, gerade bei Emprimee GmbH ein Praktikum zu absolvieren.
3. Die Praktikumskoordinatoren und die Mentoren stellen die Kriterien auf, anhand derer sie eine Auswahl aus den Briefen treffen und die Gespräche beurteilen können. Sie lesen die Briefe, treffen eine vorläufige Auswahl und laden letztendlich doch alle Bewerber zu einem Gespräch ein. Sie bereiten das Gespräch vor, damit es gemäß den Ausführungen Kapitel 5 geführt werden kann.
4. Die Studenten bereiten sich auf das Vorstellungsgespräch vor (siehe Kapitel 6).
5. Manche Beobachter beobachten das Verhalten der Mitglieder der Bewerber-Auswahlkommission, manche das Verhalten des Bewerbers. Sie vereinbaren, wen und was sie beobachten, und erstellen ein Beobachtungsschema.

6. Die Gespräche werden von den Beobachtern geführt und gemäß der Regeln des Rollenspiels, wie sie in der Einleitung zu den Übungen ausgeführt wurden, nachbereitet.
7. Die Praktikumskoordinatoren und Mentoren treffen ihre Wahl. Erst teilen sie mit, welche Bewerber aufgrund ihres Schreibens eingeladen worden wären. Dann folgt die endgültige Entscheidung, einschließlich der Begründung.

Situationsbeschreibung
Emprimee GmbH hat Kontakte mit der Bildungsanstalt, an der Sie studieren. Bei Emprimee gibt es einige offene Praktikantenstellen und man bittet den Praktikumskoordinator der Bildungsanstalt, Kandidaten für die Stellen zu suchen. Der Praktikumskoordinator will erst selber eine Vorauswahl treffen, bevor er Emprimee die Studenten vorstellt, und lässt ein Bewerbungsverfahren anlaufen. Es wird eine Anzeige in der Zeitschrift der Bildungsanstalt, die die Studenten jede Woche erhalten, inseriert. Die Studenten können sich durch ein Bewerbungsschreiben beim Praktikumskoordinator für das Praktikum bewerben. Der Praktikumskoordinator bittet einen Mentor, ihm bei der Auswahl behilflich und bei den Vorstellungsgesprächen anwesend zu sein.

Indem Sie eine zweite und/oder dritte Anzeige für eine andere Organisation erstellen, kann diese Übung mehrere Male von derselben Gruppe durchgeführt werden. Die Rollen können gewechselt werden.
Eine andere Möglichkeit ergibt sich, wenn Sie Zeitungsanzeigen sammeln, Studenten einen Brief schreiben lassen und einen Mitarbeiter der Personalabteilung bitten, in der Schule einige Pseudo-Bewerber-Auswahlgespräche zu führen.

Kapitel 7: Das Mitarbeitergespräch

Übung
In dieser Übung geht es um das Mitarbeitergespräch.
1. Bilden Sie Gruppen von jeweils drei Personen.
2. Verteilen Sie pro Gruppe drei Rollen: Gesprächsleiter (Hans-Peter Graf), Praktikant und Beobachter.
3. Führen Sie das Gespräch.
4. Halten Sie die Regeln des Rollenspiels, wie sie in der Einleitung zu den Übungen ausgeführt wurden, ein.

Situationsbeschreibung
Emprimee GmbH hat einige Praktikanten angestellt. Anfang dieses Jahres hat man sich entschlossen, in der Organisation Mitarbeitergespräche zu führen. (der externe Mentor) bittet die Praktikanten, als Test an der ersten Runde der Mitarbeitergespräche teilzunehmen. Sie werden damit in naher Zukunft sowieso konfrontiert. Die Praktikanten sagen zu.

Rolle Gesprächsleiter
Sie kennen den Studenten, der in der Rolle des Praktikanten ein Gespräch mit Ihnen führen wird. Somit können Sie im Mitarbeitergespräch einige Merkmale seiner Ar-

beitsweise ansprechen. Besprechen Sie einige Punkte, die Sie an seiner Arbeitsmethode schätzen und einige Punkte, die er Ihrer Meinung nach ändern sollte. Versetzen Sie sich in die Rolle von Hans-Peter Graf und bereiten Sie das Mitarbeitergespräch sorgfältig vor.

Rolle Praktikant
Versetzen Sie sich in die Lage bei Emprimee GmbH. Überlegen Sie sich einige Punkte, die Sie im Mitarbeitergespräch ansprechen möchten. Sie kennen den Studenten, der die Rolle von Hans-Peter spielt und mit Ihnen das Gespräch führt, und können sich deshalb vielleicht ein Bild davon machen, wie er sich in einer solchen Situation wahrscheinlich verhalten wird. Benutzen Sie Ihr Vorwissen, indem Sie einige Punkte nennen, die Sie an seiner Arbeitsweise schätzen und einige Punkte, die er Ihrer Meinung nach ändern sollte. Bereiten Sie sich sorgfältig auf dieses Gespräch vor.

Rolle Beobachter
Bereiten Sie das Gespräch gemäß der Regeln des Rollenspiels nach. Achten Sie darauf, dass es um die Art und Weise geht, wie das Gespräch geführt wird, wie die Struktur beibehalten wird und die Fähigkeiten eingesetzt werden, und nicht, ob alle Punkte inhaltlich relevant sind.

Kapitel 8: Das Verkaufsgespräch

Folgende Übungen beschäftigen sich mit dem Verkaufsgespräch.

Übung 1
- Machen Sie eine Bestandsaufnahme über persönliche Gegenstände oder Dienstleistungen, die die Teilnehmer Ihrer Gruppe eventuell anbieten möchten. Beispiele: Computer, Videogerät, Kamera, Fahrrad, Auto, CD-Player, Sportartikel, Ferienreise, Skripte, Nachhilfestunden usw.
- Machen Sie eine Bestandsaufnahme über den Bereich, in dem die Teilnehmer Ihrer Gruppe am Kauf von Gebrauchtwaren interessiert wären.
- Arrangieren Sie Verkaufsgepräche zwischen Verkäufern und potenziellen Kunden.
- Bilden Sie Gruppen von jeweils drei Personen: einem Verkäufer, einem potenziellen Kunden und einem Beobachter.
- Führen Sie das Gespräch anhand der Ausführungen aus Kapitel 7.
- Bereiten Sie das Gespräch gemäß der Regeln des Rollenspiels, wie sie in der Einleitung zu den Übungen ausgeführt wurden, nach.

Übung 2
Bilden Sie zwei Grupppen: Gruppe A und Gruppe B.

Gruppe A
In Gruppe A haben sich Studenten versammelt, die zusammen eine kleine Firma gegründet haben, die Kleinbetrieben Dienstleistungen anbietet (zum Beispiel Unterstützung bei der Einführung von Computerprogrammen). Überlegen Sie sich, was für eine Firma Sie darstellen, welches Produkt oder welche Dienstleistung Sie anbieten und weshalb gerade Ihr Produkt oder Ihre Dienstleistung für potenzielle Kunden interessant wäre.

Gruppe B
Gruppe B ist aus Personen zusammengesetzt, die einen Einmann- oder Zweimannbetrieb führen. Überlegen Sie sich, was für eine Firma Sie darstellen und welches Produkt oder welche Art Unterstützung Sie benötigen, zum Beispiel die Einführung bestimmter Computerprogramme.

Anweisungen
- Gruppe A erhält Informationen über den „Markt" von Gruppe B.
- Gruppe A entwickelt einen Plan für das Produkt oder die Dienstleistung, die Produkteigenschaften und den Verkauf.
- Jeder Teilnehmer der Gruppe A besucht eine Firma und führt ein Gespräch, das zum Verkauf seines Produkts oder seiner Dienstleistung führen soll.

Kapitel 9: Schlechte Nachrichten überbringen

Übung 1
In dieser Übung geht es um Gespräche, in denen eine schlechte Nachricht übermittelt wird.
1. Bilden Sie Gruppen von jeweils drei Personen.
2. Verteilen Sie pro Gruppe drei Rollen: Marco (Empfänger der schlechten Nachricht), Klara (Übermittler der schlechten Nachricht) und Beobachter.
3. Jeder Teilnehmer spielt einmal den Empfänger, einmal den Übermittler und einmal den Beobachter
4. Führen Sie das Gespräch (dreimal).
5. Halten Sie die Regeln des Rollenspiels, wie sie in der Einleitung zu den Übungen ausgeführt wurden, ein.

Situationsbeschreibung
Studenten der Fachhochschule Reutlingen müssen im dritten Studienjahr zusammen mit einem Kommilitonen eine Hausarbeit zu einem beliebigen Organisationsthema schreiben. Auf die Arbeit wird großer Wert gelegt, sie soll fundiert sein und den Anforderungen, die der Studiengang Betriebskommunikation festlegt, entsprechen. Die Dozenten veranstalten zur Überwachung des Arbeitsfortschritts Sprechstunden. Die Studenten Marco und Klara arbeiten zusammen an der Hausarbeit. Sie haben mittlerweile zwei Gespräche über ihre Fortschritte geführt. Bisher waren die Dozenten mit der erbrachten Leistung nicht sehr zufrieden. Sie raten den Studenten, mehr Zeit auf die Arbeit zu verwenden, da der Abgabetermin naht.

Rolle Marco
Sie arbeiten mit Klara an einer Hausarbeit. Bisher haben Sie darauf mehr Zeit verwendet als Klara, weil sie noch einige Prüfungen wiederholen musste und unter großem Zeitdruck stand. Sie waren schon in der Bibliothek und haben dort Material gesammelt, Sie haben die Struktur der Hausarbeit festgelegt und die Einleitung geschrieben. Die Arbeit kommt nicht sehr schnell voran, aber Klara hat versprochen, demnächst viel Zeit auf die Arbeit zu verwenden. Gleich treffen Sie sich, um den Fortschritt zu besprechen und die Aufgaben zu verteilen.

Rolle Klara
Sie arbeiten mit Marco an einer Hausarbeit. Er hat bis jetzt alles allein gemacht, weil Sie noch Wiederholungsklausuren schreiben mussten. Sie standen unter großem Zeitdruck. Außer den Klausuren halten Sie einige (private) Angelegenheiten von der Arbeit ab (denken Sie sich selbst irgendwelche aus). Sie entschließen sich, die Hausarbeit erst nächstes Jahr abzugeben; Sie können sie jetzt unmöglich vollenden. Gleich treffen Sie sich mit Marco, um den Fortschritt zu besprechen. Sie werden ihm aber mitteilen, dass Sie sich von der Hausarbeit zurückziehen und sie auf nächstes Jahr verschieben.

Rolle Beobachter
Siehe hierzu die Einführung zu den Übungen.

Übung 2
1. Bilden Sie Gruppen von jeweils drei Personen.
2. Verteilen Sie pro Gruppe drei Rollen: Praktikant (Empfänger der schlechten Nachricht), Studienleiter (Vermittler der schlechten Nachricht) und Beobachter.
3. Jeder Teilnehmer spielt einmal den Empfänger, einmal den Vermittler und einmal den Beobachter.
4. Führen Sie das Gespräch (dreimal).
5. Halten Sie die Regeln des Rollenspiels, wie sie in der Einleitung zu den Übungen ausgeführt wurden, ein.

Situationsbeschreibung
An der Fachhochschule Reutlingen absolvieren zweimal im Jahr Hunderte von Studenten ein Praktikum. Die Vermittlungsstelle ist also zweimal im Jahr überlastet. Hierdurch unterlaufen dem Sekretariat manchmal Fehler, die sich aber meistens schnell beseitigen lassen. Kurz vor den Praktikumsperioden überprüfen die Praktikumskoordinatoren, ob der richtige Student zum richtigen Zeitpunkt zur richtigen Stelle geht. Die Koordinatoren veranstalten für die Studenten ein letztes Treffen, bevor sie ihr Praktikum beginnen.

Rolle Praktikant
Sie waren gestern beim letzten Treffen vor Ihrem Praktikum bei der Konservenfabrik MUNDO in Stuttgart. Sie können den ersten Arbeitstag kaum erwarten. Sie haben alles schon organisiert, sogar ein Zimmer. Mit Freunden haben Sie abgemacht, dass sie Ihnen in vierzehn Tagen beim Umzug helfen. Heute Vormittag rief der Studienleiter an. Er bat Sie, heute bei ihm vorbeizuschauen, da er Sie sprechen möchte.

Rolle Studienleiter
Gestern Abend rief Sie der Praktikumskoordinator Ihres Studiengangs an. Er habe sich eine schwere Erkältung zugezogen und könnte in den nächsten Tagen unmöglich arbeiten. Gestern hat er einen unangenehmen Verwaltungsfehler entdeckt. Man hat bei MUNDO zwei Studenten angemeldet, obwohl die Firma ausdrücklich nur einen Praktikanten angefordert hatte. Der Praktikumskoordinator hat den zuständigen Manager gebeten, kurzfristig einen zusätzlichen Praktikumsauftrag zu arrangieren. Es hat sich aber niemand gefunden, der einen zusätzlichen Praktikanten betreuen könnte. Ein Student muss also ausscheiden. Man sollte ihn hierüber mög-

lichst bald informieren. Da der Praktikumskoordintor krank ist, hat er Sie gebeten, die Aufgabe zu übernehmen. Heute Vormittag haben Sie einen der beiden Studenten angerufen und zu einem Gespräch eingeladen. Gleich kommt er bei Ihnen vorbei.

Rolle Beobachter
Siehe hierzu die Einleitung zu den Übungen.

Übung 3
1. Bilden Sie Gruppen von jeweils drei Personen.
2. Verteilen Sie pro Gruppe drei Rollen: Jan (Empfänger der schlechten Nachricht), Studienleiter (Vermittler der schlechten Nachricht) und Beobachter.
3. Jeder Teilnehmer spielt einmal den Empfänger, einmal den Vermittler und einmal den Beobachter.
4. Führen Sie das Gespräch (dreimal).
5. Halten Sie die Regeln des Rollenspiels, wie sie in der Einleitung zu den Übungen ausgeführt wurden, ein.

Situationsbeschreibung
Jan Richter hat an der Universität das Zwischendiplom zur Betriebswirtschaftslehre nicht bestanden. Das Leben als Student gefiel ihm sehr gut; leider hat das Studium mehr Zeit in Anspruch genommen, als ihm neben der Freizeit noch übrig geblieben ist. Jan muss jetzt die Hochschule wechseln und entscheidet sich für den Managementstudiengang an der Fachhochschule. Der Studienleiter bittet Jan, an einem psychotechnischen Test teilzunehmen. Der Test dient als Hilfsmittel bei der Auswahl derjenigen Studenten, die an anderen Hochschulen abgewiesen worden sind. Die Hochschulverwaltung hat vor kurzem der Einführung der Tests zugestimmt, da sich sehr viele Studenten angemeldet haben. Jan sagt die Teilnahme am Test zu.

Rolle Jan
Sie führen gleich ein Gespräch mit dem Studienleiter Ihres neuen Studiengangs. Sie haben am Test teilgenommen. Sie hatten gar keine andere Wahl, da es eine der Zulassungsbedingungen war. Sie glauben nicht an die Zuverlässigkeit solcher Tests; Sie meinen, Sie könnten das Ergebnis leicht manipulieren.
Sie haben zwei Jahre lang nur gefaulenzt; ab und zu haben Sie zwar versucht zu studieren, aber jedes Mal haben Sie sich über den Quatsch, den Sie lernen mussten, aufgeregt. Es war Ihnen alles viel zu theoretisch. Sie haben die Universität nicht geschafft. Eine praxisnahe Ausbildung an einer Fachhochschule wäre da schon besser. Sie möchten unbedingt Unternehmer werden; Sie reizen interessante Aussichten wie Status, Gehalt und sonstige Vorzüge. Diesmal werden Sie sich voll ins Zeug legen. Beziehen Sie sich für diese Rolle auf konkrete Beispiele aus Ihrer Umgebung. Akzeptieren Sie eine Abweisung nicht ohne weiteres.

Rolle Studienleiter
Anlässlich seines Antrags auf Immatrikulation haben Sie mit Jan einen Termin vereinbart. Inzwischen haben Sie die Ergebnisse der beiden Tests, die Jan gemacht hat, erhalten. Es handelte sich um Rechenaufgaben und einen Persönlichkeitstest. Das Ergebnis der Rechenaufgaben liegt unter dem Durchschnittsniveau von BWL-Studenten. Der Persönlichkeitstest hat ausgewiesen, dass Jan abweichende Meinungen

als bedrohlich empfindet und ungeduldig und wenig flexibel ist. Dieses Ergebnis bestätigt den Eindruck, den Jan beim ersten Gespräch auf Sie gemacht hat. Aufgrund dieses Eindrucks und der Ergebnisse entschließen Sie sich, Jans Antrag abzulehnen. Seine mangelhafte mathematische Veranlagung würde ihm auch in diesem Studiengang Probleme bereiten. Außerdem eignet er sich mit seiner Persönlichkeit nicht zum Manager.

Rolle Beobachter
Siehe hierzu die Einleitung zu den Übungen.

Kapitel 10: Die Konferenz

Übung
In dieser Übung geht es um die Konferenz.

1. Teilen Sie sich in drei Gruppen auf: Studenten, Studienleiter und Dozenten.
2. Berufen Sie eine Konferenz zum Thema „Einführungswoche" (siehe Situationsbeschreibung) in zwei Runden ein.
3. Diskutieren Sie in Ihrer Gruppe Ihre Ansichten über das Weiterbestehen der Einführungswoche und die eventuellen Alternativen. Vereinbaren Sie in der Gruppe, welche Ansichten Sie in der Konferenz vorbringen wollen. Also: Beraten Sie sich vorher.
4. Strukturieren Sie die Konferenz möglichst nach dem Phasenmodell, das in den Kapiteln 10 und 11 behandelt wurde.
5. Wählen Sie einen Vorsitzenden und einen Protokollführer.
6. Wählen Sie mehrere Beobachter.
7. Bereiten Sie das Gespräch nach den Regeln des Rollenspiels, wie sie in der Einleitung zu den Übungen ausgeführt wurden, nach.

Situationsbeschreibung
Die Fachhochschule Reutlingen organisiert für höhere Semester zu Anfang des Studienjahrs eine „externe Woche". Während dieser Woche lernen die Studenten die grundlegenden Gesprächsfähigkeiten zum Praktikum Kommunikationstraining, das sie im dritten Semester belegen sollten. Ein zusätzlicher Vorteil dieser Woche ist (außer einem guten Arbeitsklima und positiven Auswirkungen auf die Motivation), dass Studenten die Gelegenheit haben, sich intensiv kennen zu lernen.
Die externe Woche ist für die Fachhochschule aber dermaßen teuer geworden, dass der Vorstand erwägt, sie abzuschaffen und über eventuelle Alternativen nachzudenken. Andere Vertreter des Lehrkörpers, unter andern die Kommunikationsdozenten, haben dagegen Bedenken. Sie sind der Meinung, dass die Einführungswoche eine Voraussetzung für den Erfolg des Praktikums ist. Aus den Evaluationen der letzten Jahre geht hervor, dass die meisten Studenten die Einführungswoche für sehr wertvoll halten.
Die Einführungswoche kostet die Fachhochschule 350 DM pro beteiligtem Studenten (für 500 Studenten höherer Semester ist das Kommunikationstraining eine Pflichtveranstaltung), einschließlich der Kosten für Übernachtung und Mahlzeiten zu 50 DM pro Person pro Tag und der Miete der Videogeräte zu 3.000 DM. Außerdem erstattet die Fachhochschule Dozenten und manche Studenten die Reisekosten für die externe Woche.

Die letzte Einführungswoche hat die Fachhochschule aber mehr Geld gekostet. Es wurden eine Videokamera gestohlen und Schäden angerichtet, für die das Zentrum, in dem die Studenten und Betreuer wohnten, die Fachhochschule aufkommen ließ. Die Fachhochschule hat eine Haftpflichtversicherung mit einer Selbstbeteiligung von 1.000 DM abgeschlossen. Studenten können nach den Vorschriften des Bildungsministeriums nicht zur Teilnahme an Veranstaltungen, für die sie selber dazuzahlen müssen, verpflichtet werden.
Demnächst wird eine Konferenz einberufen, in der eine Entscheidung über das Weiterbestehen der Einführungswoche getroffen werden soll. An der Konferenz nehmen teil: Studienleiter, Kommunikationsdozenten und eine Studentendelegation.

Rolle Studenten
Sie sind Mitglied der Studentendelegation. Sie haben im vergangenen Jahr selber an der Einführungswoche teilgenommen und es hat Ihnen sehr gut gefallen. Die Atmosphäre war ausgezeichnet, das Programm ließ genügend Zeit, sich auch außerhalb der Praktikumsstunden kennen zu lernen. Es war ein freier Abend eingeplant. Sie sind der Meinung, dass Sie in dieser Woche viel gelernt haben. Sie haben nicht nur Ihre Kommilitonen des neuen Studienjahrs kennen gelernt, sondern auch eine völlig neue Arbeitsweise: das Üben in Rollenspielen und das Geben und Empfangen von Feedback. Sie bezweifeln, dass eine ähnliche Veranstaltung in der Schule organisiert werden könnte. Ihnen ist erst jetzt klar geworden, wie viel Geld eine solche Woche kostet. Diskutieren Sie mit den anderen Studenten die Vor- und Nachteile einer externen Woche und wählen Sie Ihre Strategie für die Konferenz mit Dozenten und Studienleitern.

Rolle Studienleiter
Sie sind Mitglied des Teams von Studienleitern der Fachhochschule. Demnächst wird in einer Konferenz mit Studenten und Dozenten das Thema der obligatorischen Einführungswoche Kommunikative Fähigkeiten diskutiert. Die Pflichtteilnahme an der Einführungswoche würde den Studiengang 300 DM pro Studenten kosten. Die Fachhochschule erhält vom Bildungsministerium eine bestimmte Summe pro immatrikuliertem Studenten. Über die restlichen 20 % kann die Schule selber entscheiden. Die Studiengänge bekommen abhängig von der Zahl der immatrikulierten Studenten pro Abteilung wieder Geld von der Schule. Außerdem erhalten sie 250 DM pro Studenten, der an der Einführungswoche teilnimmt. Wenn die Studiengänge selber darüber entscheiden können, ob sie das restliche Geld hinzuzahlen wollen, bedeutet das, dass in manchen Studiengängen die Einführungswoche eine Pflichtveranstaltung ist und in anderen nicht. Daher entscheiden sich manche Studiengänge vielleicht für eine andere Verwendung der Gelder (z.B. für unterstützende Maßnahmen im Unterricht.
Eine Bildungsanstalt kann Studenten nicht zur Teilnahme an Veranstaltungen, für die sie selber dazuzahlen müssen, verpflichten. Der Fachbereich Kommunikation ist der Meinung, dass die Einführungswoche obligatorisch und extern stattfinden sollte. Dies hängt mit dem Wert zusammen, den der Fachbereich der Entwicklung des gegenseitigen Vertrauens, das für die Übungen notwendig ist, beimisst. Es hat sich gezeigt, dass die Motivation für das restliche Praktikum nach einer solchen Woche groß ist.

Wenn die externe Einführungswoche nicht zu den Pflichtveranstaltungen gehört, bildet das ein Problem für die Verteilung der Noten. Auf welche Weise können Studenten, die nicht teilnehmen, trotzdem benotet werden?
Versuchen Sie das ganze Problem zu durchblicken und einen gemeinsamen Standpunkt der Studiengänge zu formulieren.

Rolle Dozenten
Sie sind Mitglied des Fachbereichs Kommunikation. Demnächst bespricht der Fachbereich in einer Konferenz mit einigen Studenten und Studienleitern das Weiterbestehen der externen Einführungswoche.
Da der Vorstand über Sparmaßnahmen nachdenkt und man Studenten nicht verpflichten kann, an Veranstaltungen teilzunehmen, für die sie selber dazuzahlen müssen, befindet sich die externe Einführungswoche in einer heiklen Lage. Es kostet die Schule 350 DM pro Studenten, wenn kein Beitrag der Studenten verlangt wird.
In der Vergangenheit hat man stets den Mehrwert einer externen Einführungswoche betont, weil hier gegenseitiges Vetrauen gebildet, das die späteren Übungen – wie dem Üben von Kritik an bestimmten Verhaltensweisen – wichtig ist. Gemeinsam zu essen, sich in derselben Umgebung aufzuhalten und einige Tage aufeinander angewiesen zu sein, fördert den Gruppenprozess, in dem das gegenseitige Vertrauen entstehen soll. Außerdem fördert die Einführungswoche auch die positive Einstellung hinsichtlich des restlichen Praktikums. Nicht alle Dozenten sind davon hundertprozentig überzeugt. Manche halten auch andere Möglichkeiten, wie die Pflichtteilnahme an einem Programm, das in der Schule stattfindet, für durchführbar.
Eine freiwillige Teilnahme an einer externen Einführungswoche ist insofern problematisch, weil den nicht teilnehmenden Studenten eine Alternative zur Bewertung geboten werden müsste.
Wägen Sie das Problem nach allen Seiten ab, nehmen Sie eine Bestandsaufnahme der Vor- und Nachteile vor und besprechen Sie, wie Sie sich in der Konferenz mit Studenten, die das Weiterbestehen der externen Woche wahrscheinlich befürworten, und den Studienleitern, die wahrscheinlich unterschiedlicher Meinung sind, verhalten werden.

Kapitel 11: Der Entscheidungsprozess

Übung
In dieser Übung geht es um die Beschlussfassung.

Wählen Sie mit der ganzen Gruppe ein Problem und denken Sie sich dafür eine Lösungsstrategie aus. Beispiele:

- Wie kann man den Arbeitsaufwand von Studenten reduzieren?
- Wie absolviere ich mit minimalem Aufwand die Schule?
- Wie begegne ich am schnellsten jemandem, mit dem ich in Urlaub fahren kann?
- Wie kann ich Leistungssport treiben und trotzdem in vier Jahren die Schule absolvieren?
- Wie finde ich innerhalb von vierzehn Tage ein Zimmer?
- Wie komme ich innerhalb eines Monats zu viel Geld?

Hinweise
1. Teilen Sie sich in vier Gruppen ein: A, B, C und D.
2. Vereinbaren Sie, wie viel Zeit Sie auf die Fragestellung verwenden wollen.
3. Jede Gruppe wählt einen Gruppenleiter.

- Gruppe A wendet Brainstorming für ihre Aufgabe an
- Gruppe B versucht sich mit der Delphimethode auf eine Strategie zu einigen.
- Gruppe C geht nach dem Nominalgruppenverfahren vor, um eine Gruppenentscheidung zu treffen.
- In Gruppe D überlegen sich die Teilnehmer einzeln möglichst viele Strategien zur ausgewählten Aufgabe.

Ist der vereinbarte Zeitpunkt erreicht, vergleichen Sie in einer Plenarsitzung die ausgewählten Strategien miteinander und besprechen die herangezogenen Methoden. Nehmen Sie eine Bestandsaufnahme der Vor- und Nachteile der unterschiedlichen Methoden vor.

Kapitel 12: Konfliktbewältigung

Übung 1
In dieser Übung untersuchen Sie, wie Sie mit Konfliktsituationen klarkommen.
1. Überlegen Sie, wie Sie sich meistens in Konfliktsituationen verhalten.
2. Füllen Sie die unten stehende Liste (Fragebogen I) aus. Beachten Sie die Hinweise.
3. Füllen Sie das Bewertungsformular zu den Fragebogen aus; benutzen Sie dazu die linke Ich-Spalte. (Die anderen Spalten werden in den beiden nächsten Übungen verwendet).
4. Welche Schlussfolgerungen ziehen Sie?

I Fragebogen (Prein, 1992)

Hinweise
Tragen Sie für jede Redewendung ein, wie treffend sie Ihr Verhalten in Konfliktsituationen beschreibt. Markieren Sie dazu eine Ziffer auf der Skala von 1-5 (1 = nicht charakteristisch, 5 = sehr charakteristisch).

1. die Sache nicht auf die Spitze treiben	1	2	3	4	5
2. die goldene Mitte wählen	1	2	3	4	5
3. um des lieben Friedens willen	1	2	3	4	5
4. mit offenem Visier kämpfen	1	2	3	4	5
5. etwas unter den Teppich kehren	1	2	3	4	5
6. sich dumm stellen	1	2	3	4	5
7. es ist besser zu schlagen, als geschlagen zu werden	1	2	3	4	5
8. nicht nachgeben	1	2	3	4	5
9. kein Blatt vor den Mund nehmen	1	2	3	4	5
10. die erregten Gemüter beruhigen	1	2	3	4	5
11. den Stier bei den Hörnern packen	1	2	3	4	5

12. außer Schussweite bleiben	1	2	3	4	5
13. mit offenen Karten spielen	1	2	3	4	5
14. Gewalt mit Gegengewalt beantworten	1	2	3	4	5
15. um den heißen Brei reden	1	2	3	4	5
16. Auge um Auge, Zahn um Zahn	1	2	3	4	5

II Bewertungsformular zu den Fragebogen IIIa und IIIb (Prein, 1992)

	ich		GP
aus dem Weg gehen (vermeiden)			
5 etwas unter den Teppich kehren			
6 sich dumm stellen			
12 außer Schussweite bleiben			
15 um den heißen Brei reden			
insgesamt			
Rangfolge (1-4)			
erzwingen (kämpfen)			
7 es ist besser zu schlagen, als geschlagen zu werden			
8 nicht nachgeben			
14 Gewalt mit Gegengewalt beantworten			
16 Auge um Auge, Zahn um Zahn			
insgesamt			
Rangfolge (1-4)			
verstecken (anpassen)			
1 die Sache nicht auf die Spitze treiben			
2 die goldene Mitte wählen			
3 um des lieben Friedens willen			
10 die erregten Gemüter beruhigen			
insgesamt			
Rangfolge (1-4)			
konfrontieren (zusammenarbeiten)			
4 mit offenem Visier kämpfen			
9 kein Blatt vor den Mund nehmen			
11 den Stier bei den Hörnern packen			
13 mit offenen Karten spielen			
insgesamt			
Rangfolge (1-4)			

GP = Gesprächspartner

Übung 2
In dieser Übung lernen Sie, Konfliktsituationen zu bewältigen.

Hinweise

- Lesen Sie die Situationsbeschreibung des Konflikts zwischen zwei Studenten und eine der beiden Rollen des Rollenspiels (Martin oder Anne).
- Überlegen Sie, wie Sie in einer solchen Situation meistens handeln.
- Spielen Sie mit einem Gesprächspartner das Rollenspiel möglichst wirklichkeitsgetreu nach.
- Füllen Sie nun zwei Fragebogen mit Redewendungen aus (siehe unten), einen für Sie selbst (IIIa, Wie haben Sie sich während des Rollenspiels verhalten?) und einen für Ihren Gesprächspartner (IIIb, Wie hat sich dieser während des Rollenspiels verhalten?).
- Füllen Sie jetzt das Bewertungsformular II aus. In die Spalte „ich" sind links die Ergebnisse der ersten Runde eingetragen (ohne Rollenspiel). Tragen Sie in die rechte ich-Spalte die Ergebnisse nach dem Rollenspiel ein. In die Spalte GP sind die Ergebnisse des Gesprächspartners einzutragen.
- Vergleichen Sie die Spalten.
- Führen Sie auf Grundlage dieses Vergleichs ein Gespräch mit Ihrem Gesprächspartner über die Unterschiede, Parallelen und eventuellen Unklarheiten.
- Entscheiden Sie sich – abhängig vom Ergebnis des Gesprächs – für das Erlernen einer anderen Konfliktbewältigungsstrategie, die Sie beim nächsten Mal anwenden können.

Situationsbeschreibung
Die Studenten Martin und Anne arbeiten zusammen in einer kleinen Gruppe. Sie müssen den Bekanntheitsgrad einer relativ neuen Kette von Bekleidungsgeschäften bei Personen zwischen 20 und 30 Jahren untersuchen. Die Gruppe arbeitet schon seit einigen Wochen an diesem Auftrag, hat aber noch immer keine Einigkeit über die Aufgabenverteilung und den Forschungsplan erzielt. Anne leitet die nicht sehr ergiebige wöchtentliche Arbeitsbesprechungen. Martins meint, dies ginge auf Annes Konto. Er ist voller Ideen, aber die Gruppe ignoriert ihn. Martin hat vor, hierüber mit Anne zu sprechen.

Rolle Martin
Sie sind der Meinung, dass Anne die Arbeitsbesprechungen nicht leiten sollte. Sie traut sich nicht durchzugreifen und Entscheidungen zu treffen. Die Gruppe braucht einen energischen Vorsitzenden, aber keiner lässt sich darauf ein. Außerdem beharrt Anne dermaßen peinlich auf der vereinbarten Sitzungsdauer, dass man nie weiterarbeiten und Zeit für die nächste Phase gewinnen kann. Die Aufgaben sollten nun endlich verteilt werden, damit alle anfangen können zu arbeiten – aber nein, dann muss wieder für eine Prüfung gelernt oder für ein Referat gearbeitet werden. Und so schleppt sich das Projekt weiter nur mühsam voran. Anne interessiert sich überhaupt nicht für Ihre Auffassungen bezüglich des Projektverfahrens. Sie werden quasi abserviert; dabei haben Sie sich so auf das Projekt gefreut.
Überlegen Sie, wie Sie selber in einer solchen Situation handeln würden und gestalten Sie die Rolle wirklichkeitsgetreu. Sie haben Anne mitgeteilt, dass Sie mit ihr über die bisherige Arbeitsweise reden möchten. Das Gespräch findet jetzt statt.

Rolle Anne
Sie halten Martin für einen unglaublichen Chaoten. Andauernd kommen ihm die unmöglichsten Ideen. Aber sie auch ausführen: schön wär's! Vor einiger Zeit hattet ihr vereinbart, dass jeder Informationen zum Thema Bekanntheitsgrad sammeln würde, aber Martin hat sich bisher nicht gemeldet. Außerdem ist er unpünktlich, erscheint regelmäßig 15 Minuten zu spät und geht manchmal auch eine Viertelstunde eher, weil er einen anderen Termin hat. Mit dem Forschungsplan kommt ihr überhaupt nicht voran, und das liegt vor allem daran, dass der unruhige Martin die Arbeitsbesprechungen stört und Verabredungen nicht einhält. Martin möchte mit Ihnen über die bisherige Arbeitsweise reden. Das Gespräch findet jetzt statt.
Überlegen Sie, wie Sie selber in einer solchen Situation handeln würden und gestalten Sie die Rolle wirklichkeitsgetreu.

IIIa Fragebogen (Prein, 1992)

Hinweise
Tragen Sie für jede Redewendung ein, wie treffend sie Ihr Verhalten in der gerade durchgespielten Konfliktsituation beschreibt. Markieren Sie dazu eine Ziffer auf der Skala von 1-5 (1 = nicht charakteristisch, 5 = sehr charakteristisch).

1. die Sache nicht auf die Spitze treiben	1	2	3	4	5
2. die goldene Mitte wählen	1	2	3	4	5
3. um des lieben Friedens willen	1	2	3	4	5
4. mit offenem Visier kämpfen	1	2	3	4	5
5. etwas unter den Teppich kehren	1	2	3	4	5
6. sich dumm stellen	1	2	3	4	5
7. es ist besser zu schlagen, als geschlagen zu werden	1	2	3	4	5
8. nicht nachgeben	1	2	3	4	5
9. kein Blatt vor den Mund nehmen	1	2	3	4	5
10. die erregten Gemüter beruhigen	1	2	3	4	5
11. den Stier bei den Hörnern packen	1	2	3	4	5
12. außer Schussweite bleiben	1	2	3	4	5
13. mit offenen Karten spielen	1	2	3	4	5
14. Gewalt mit Gegengewalt beantworten	1	2	3	4	5
15. um den heißen Brei reden	1	2	3	4	5
16. Auge um Auge, Zahn um Zahn	1	2	3	4	5

IIIb Fragebogen (Prein, 1992)

Hinweise
Tragen Sie für jede Redewendung ein, wie treffend sie das Verhalten Ihres Gesprächspartners in der gerade durchgespielten Konfliktsituation beschreibt. Markieren Sie dazu eine Ziffer auf der Skala von 1-5 (1 = nicht charakteristisch, 5 = sehr charakteristisch).

1. die Sache nicht auf die Spitze treiben	1	2	3	4	5
2. die goldene Mitte wählen	1	2	3	4	5
3. um des lieben Friedens willen	1	2	3	4	5
4. mit offenem Visier kämpfen	1	2	3	4	5
5. etwas unter den Teppich kehren	1	2	3	4	5
6. sich dumm stellen	1	2	3	4	5
7. es ist besser zu schlagen, als geschlagen zu werden	1	2	3	4	5
8. nicht nachgeben	1	2	3	4	5
9. kein Blatt vor den Mund nehmen	1	2	3	4	5
10. die erregten Gemüter beruhigen	1	2	3	4	5
11. den Stier bei den Hörnern packen	1	2	3	4	5
12. außer Schussweite bleiben	1	2	3	4	5
13. mit offenen Karten spielen	1	2	3	4	5
14. Gewalt mit Gegengewalt beantworten	1	2	3	4	5
15. um den heißen Brei reden	1	2	3	4	5
16. Auge um Auge, Zahn um Zahn	1	2	3	4	5

Übung 3

In dieser Übung geht es um Konfliktbewältigung mithilfe eines Vermittlers.

1. Verteilen Sie folgende Rollen: Dozentin Simone Starr, Student Ludwig Langsam und Studienleiter Christoph Kühl.
2. Die anderen Studenten beobachten.
3. Führen Sie das Gespräch anhand des in Kapitel 6 erörterten Konfliktmodells.
4. Wiederholen Sie das Gespräch eventuell einige Male mit anderen Spielern.
5. Besprechen Sie das Gespräch nach den Regeln des Rollenspiels, wie sie in der Einleitung zu den Übungen ausgeführt wurden.

Situationsbeschreibung

Die Dozentin Simone Starr hat die Leistungen von Ludwig Langsam beim Praktikum „Kommunikative Fähigkeiten“ mit der Note „ungenügend“ bewertet. Wenn Starr bei ihrer Entscheidung bleibt, erfüllt Langsam die Anforderungen für das Betriebspraktikum nicht, wodurch sich sein Studium um ein halbes Jahr verzögert. Starr begründet ihren Standpunkt mit den minimalen Leistungen von Langsam. Der Interviewbericht war zwar in Ordnung, aber das Bewerbungsschreiben und die Protokolle waren kaum ausreichend. Langsam hat niemals die Rolle des Vorsitzenden übernommen. Er hat sich überhaupt nie als Erster zu einem Rollenspiel gemeldet. Als Beobachter profilierte er sich ebenfalls nicht; er äußerte sich immer ziemlich vage. „Nicht schlecht“ war sein Standardkommentar. Außerdem hat er sich zweimal krankgemeldet. Langsam hat Studienleiter Christoph Kühn gebeten, in der Angelegenheit zu vermitteln.

Rolle Dozentin Simone Starr

Ludwig Langsam gehört zu den Studenten, aus denen man nicht schlau wird. Er versucht mit minimalem Aufwand das Studium zu absolvieren. Während der Sitzungen ist er wenig motiviert. Er betritt den Raum ächzend und stöhnend, behält während der Stunde am liebsten seine Jacke an und blickt mit einer „Was soll das alles?“-Miene umher. Ab und zu lächelt er sogar ein wenig mitleidig. Seine schriftliche Arbeit war kaum ausreichend und außerdem war er zweimal abwesend. Ob er wohl wirklich krank war? Außerdem fragen Sie sich, ob er wirklich am Interview mitgearbeitet hat oder ob sein Kommilitone die Arbeit geleistet hat. Sie sind der Meinung, dass man gegen solche Typen strenger vorgehen sollte. Deswegen hat er von Ihnen die Note „ungenügend" erhalten. Ludwig ist damit natürlich überhaupt nicht einverstanden und hat die Hilfe des Studienleiters angerufen. Sie möchten ein Exempel statuieren und haben nicht vor nachzugeben.

Rolle Student Ludwig Langsam
Das Studium fällt Ihnen nicht leicht. Sie können kaum Schritt halten. Abends müssen Sie oft weiterarbeiten, während Ihre Kommilitonen weggehen oder jobben. Das Praktikum „Kommunikative Fähigkeiten" ist Ihrer Meinung nach Zeitverschwendung. Die Zeit könnten Sie besser für die richtigen „Paukfächer" verwenden. Zweimal haben Sie sich krankgemeldet, weil Sie die Arbeit sonst nicht geschafft hätten. Dafür haben Sie zwei Ersatzaufgaben gemacht, die aber nicht sehr schwierig waren. Das Interviewschema haben Sie zusammen mit Jan (Ihrem Partner bei der Interviewaufgabe) erstellt, das Interview hat er jedoch alleine gehalten. Den Bericht hat er auch geschrieben, weil Sie damals in Zeitnot waren. Üben, kritisieren und kritisiert werden ist Ihnen sehr unangenehm. In einer solchen Situation sind Sie nervös, vor allem, wenn man auch noch beobachtet wird. Sie hätten aber nicht erwartet, dass Starr Ihnen die Note „ungenügend" geben würde. Das passiert in diesem Praktikum doch sonst nie! Ihr Betriebspraktikum ist dadurch gefährdet. Sie kommen sowieso nicht sehr schnell voran; für Ihr Vordiplom haben Sie zwei Jahre gebraucht und nun dies. Die Note muss unbedingt in eine ausreichende Bewertung umgesetzt werden! Sie haben Christoph Kühl gebeten, mit Ihnen beiden eine Lösung zu suchen.

Rolle Studienleiter Christoph Kühl
Der Student Ludwig Langsam hat Sie gebeten, in einem Konflikt, den er mit einem Kommunikationsdozenten hat, zu vermitteln. Langsam hat es allein nicht geschafft, Starr zu überreden. Sie haben sich darüber schon mit Simone Starr unterhalten, aber sie blieb bei ihrer Behauptung, dass die Leistungen ungenügend waren. In Anbetracht der Situation sind Sie jedoch der Meinung, dass der Konflikt zu bereinigen ist, evtl. durch eine zusätzliche Aufgabe in dem Bereich, in dem die Leistung deutlich ungenügend war. Sie wissen bereits, dass Starr vermutet, Langsam hätte am Interview nicht mitgearbeitet, aber was soll man in dem Fall machen? Am besten lässt man die beiden ausreden, denn sonst schleppt sich die Sache hin. Zunächst wollen Sie nur die Standpunkte in der Angelegenheit kennen lernen.

Kapitel 13: Die Verhandlung

In folgenden Übungen geht es um das Verhandeln.

Übung 1
1. Bilden Sie Gruppen von jeweils drei Personen.
2. Verteilen Sie pro Gruppe drei Rollen: Unterhändler A, Unterhändler B und Beobachter.
3. Führen Sie das Gespräch.

4. Wechseln Sie eventuell die Rollen und wiederholen Sie die Übung
5. Halten Sie die Regeln des Rollenspiels, wie sie in der Einleitung zu den Übungen ausgeführt wurden, ein.

Rolle Unterhändler A

Sie möchten diesen Sommer in Frankreich Rad fahren und Kanu fahren. Mit einem Freund haben Sie zwei Plätze im Fahrradbus des Reisevereins France Individuelle gebucht. Die Reise haben Sie auch schon bezahlt. Diese Woche ist jedoch Ihr Rennrad, das Sie vor einem Jahr gekauft haben, geklaut worden. Ihnen bleibt nur wenig Zeit, ein gutes Gebrauchtrad zu kaufen.
In der Ortszeitung sehen Sie eine Anzeige, in der man für 550 DM ein Tourenrad anbietet. Das Rad ist zwei Jahre alt und hat zehn Gänge. Sie vereinbaren einen Termin, um sich das Rad anzusehen.
Welche Ansprüche stellen Sie? Was für ein Rad brauchen Sie für den Urlaub? Welche Extras sollte das Rad haben? Licht? Gepäckträger? Wie viel können und wollen Sie bezahlen? Können Sie irgendwo kurzfristig Geld leihen und geraten Sie dann nach dem Urlaub nicht in Schwierigkeiten? Was ist die beste Alternative, wenn Sie innerhalb einer Woche kein geeignetes Rad finden? Schreiben Sie sich die Ausgangspunkte auf. Verhandeln Sie mit dem Verkäufer.

Rolle Unterhändler B

Sie haben drei Gebrauchträder aufgetrieben. Eines haben Sie repariert und über die Ortszeitung für 550 DM zum Verkauf angeboten. Das Rad hat zehn Gänge und ist wahrscheinlich zwei Jahre alt. Mit den beiden anderen Rädern wollen Sie ähnlich verfahren. Im Moment haben Sie dazu aber keine Zeit, da Sie zum Ende des Semesters noch einige Klausuren schreiben müssen. Sie sind selbst ein begeisteter Radfahrer. Als Nebenverdienst kaufen und verkaufen Sie Gebrauchträder. Ihr Schuppen ist voller alter, aber gut verwendbarer Ersatzteile. Nächsten Monat möchten Sie sich ein Rad für 1.450 DM kaufen, für das Sie sich schon lange interessieren. Bislang fehlen Ihnen aber noch 600 DM.
Überlegen Sie sich den minimalen Betrag, den Sie für das Rad erhalten möchten. Welche Extras können Sie liefern und installieren? Überlegen Sie sich auch die beste Alternative, wenn sich der Kauf zerschlägt. Schreiben Sie diese Ausgangspunkte auf. Verhandeln Sie über den Verkauf.

Rolle Beobachter

Besprechen Sie nach der Verhandlung die Art und Weise, wie beide Unterhändler das Gespräch geführt haben. Bitten Sie die Unterhändler anhand ihrer Notizen festzustellen, was aus ihren Ausgangspunkten geworden ist.

Übung 2

1. Bilden Sie Gruppen von jeweils drei Personen.
2. Verteilen Sie pro Gruppe drei Rollen: Unterhändler A, Unterhändler B und Beobachter.
3. Lesen Sie die Situationsbeschreibung.
4. Führen Sie das Gespräch.
5. Wechseln Sie eventuell die Rollen und wiederholen Sie die Übung.
6. Halten Sie die Regeln des Rollenspiels, wie sie in der Einleitung zu den Übungen ausgeführt wurden, ein.

Situationsbeschreibung
Vor einigen Monaten haben Sie mit einer Freundin verabredet, zusammen in Urlaub zu fahren. Im Allgemeinen kommen Sie gut miteinander aus, Ihre beste Freundin ist sie aber nicht. Jetzt sind Ferien. Sie müssen möglichst schnell buchen, wenn Sie noch verreisen wollen. Sie verfügen weder über ein Auto noch über eine Campingausrüstung wie Zelt oder Kochgerät. Sie haben schon versucht, dies auszuleihen oder zu mieten, aber bisher ist Ihnen das nicht gelungen. Am besten buchen Sie also eine Reise mit voller Verpflegung.
Die luxuriöseste Reise kostet 1.500 DM, die einfachste 850 DM. Für 1.500 DM ziehen Sie in ein Luxushotel mit Sauna, Schwimmbad, Tennisplätze und Zimmer mit Bad, Toilette, Fernseher, Stereoanlage und Telefon. Abends veranstaltet man (kostenlos) allerhand Aktivitäten für die Gäste.
Für 850 DM bekommen Sie ein einfaches Zimmer in einer Art Jugendhotel ohne Komfort. Dusche und Toilette befinden sich im Flur und Sie schlafen in einem Etagenbett. Es gibt aber auch andere Möglichkeiten.
Ein Zimmer mit Bad, aber ohne sonstige Bequemlichkeiten, kostet in einem guten Hotel 975 DM. Dafür verfügt das Hotel über ein Schwimmbad. Für 1.100 DM bekommt man in einem ziemlich luxuriösen Hotel Zimmer mit Fernseher und Bad mit Badewanne, Dusche und Toilette. Ihre Freundin und Sie mögen den Luxus.
Die zusätzlichen Kosten für z.B. Getränke, Essen, Bummeln belaufen sich auf minimal 200 DM (oder nach Belieben mehr).

Rolle Unterhändler A
Sie haben vereinbart, möglichst viel Geld zu sparen. Deshalb haben Sie die letzten drei Monate jeden Samstagabend in einer Pizzeria gekellnert. Außerem haben Sie sehr wirtschaftlich gelebt. Sie haben ca. 1.750 DM gespart und möchten einen richtigen Urlaub machen: am liebsten in einem sehr luxuriösen Hotel mit voller Verpflegung.
Vor kurzem sind Sie einer Feundin begegnet, die auch gerne einen ähnlichen Urlaub verbringen möchte. Finanzielle Schwierigkeiten hat sie keine. Sagt Ihre andere Freundin ab, so würde sie gerne mit Ihnen verreisen. Zu dritt in Urlaub zu fahren hat sie aber keine Lust.

Heute treffen Sie sich mit der Freundin, mit der Sie ursprünglich verreisen wollten, um über die Kosten zu sprechen. Überlegen Sie sich vorher den Betrag, den Sie maximal ausgeben möchten und wählen Sie dann eine Verhandlungsstrategie. Handeln Sie gemäß der Informationen aus Situations- und Rollenbeschreibung.

Rolle Unterhändler B
Als Sie diese Vereinbarung getroffen haben, hatten Sie vor, viel Geld zu sparen und einen Nebenjob zu suchen. Den Job haben Sie nicht gefunden, aber Sie waren sparsam und haben 1.375 DM beiseite gelegt.
Sie würden gerne einen CD-Player kaufen; gerade hat ein guter Freund Ihnen einen Gebrauchtgerät für 200 DM angeboten. Er kennt Ihre Urlaubspläne und hat schon vorgeschlagen, dass Sie den CD-Player eventuell auch nach den Ferien bezahlen können (innerhalb von zweieinhalb Monaten). Dieses Angebot schlagen Sie aber aus, da es Ihnen unangenehm ist, Schulden zu machen, zumal bei Freunden.

Heute treffen Sie sich mit Ihrer Freundin, um über die Kosten der Reise zu sprechen. Überlegen Sie sich vorher den Betrag, den Sie maximal ausgeben möchten und wählen Sie dann eine Verhandlungsstrategie. Handeln Sie gemäß der Informationen aus Situations- und Rollenbeschreibung.

Rolle Beobachter
Besprechen Sie nach der Verhandlung die Art und Weise, wie beide Unterhändler das Gespräch geführt haben. Bitten Sie die Unterhändler anhand ihrer Notizen festzustellen, was aus ihren Ausgangspunkten geworden ist.

Kapitel 14: Der Vortrag

In dieser Übung geht es um das Halten eines Vortrags.

Übung

Hinweise
- Diese Übung beansprucht mehrere Sitzungen.
- Teilen Sie sich in Sprecher, Zuhörer und Beobachter auf.
- Verschiedene Mitglieder der Gruppe bereiten einen Vortrag über ein Thema vor, das sie sich selbst aussuchen (unten werden einige Vorschläge gemacht, auf die Sie zurückgreifen können).
- Einige Mitglieder der Gruppe spielen die Zuhörer.
- Die Beobachter benutzen die angefügten Beobachtungsschemen und bereiten den Vortrag nach. Vor jedem Vortrag fragen sie nach den Lernzielen des Sprechers („Worauf sollten wir besonders achten?")

Einige Mitglieder der Gruppe werden einen Vortrag nach der in diesem Kapitel beschriebenen Struktur halten. Ziel des Vortrags könnte zum Beispiel das Werben neuer Spender für einen Verein sein, bei dem der Redner Mitglied ist. Wenn sich nach dem Vortrag in der Tat einige Zuhörer bereit erklären, unterstützendes Mitglied des Vereins zu werden, kann der Sprecher mit sich zufrieden sein. Denken Sie zum Beispiel an Amnesty International, Natur- oder Tierschutzvereine oder Vereine, die sich um das lokale kulturelle Erbe oder die Unterstützung eines lokalen Sportlers bemühen.
Das Ziel des Vortrags könnte auch sein: die Gründung einer Schulinitiative, die sich mit einem lokalen Problem beschäftigt.
Mit dem Vortrag könnte der Sprecher ebenfalls die Einstellung zum Thema „Papierverschwendung in der Schule" beeinflussen wollen.

Sollten sich unter diesen Vorschlägen kein passendes Thema finden, folgt hier ein zusätzlicher Themenvorschlag für den Vortrag:
Ihre Schule feiert ihr 75-jähriges Jubiläum. Sie waren früher im Schulverein tätig und man hat Sie gebeten, einen 15-minütigen Vortrag zu halten und im Vortrag auf diese Zeit zurückzublicken. Benutzen Sie Hilfsmittel. Die Zuhörer sind ehemalige und derzeitige Schüler, Eltern, Lehrer und ehemalige Lehrer mit Partnern.

Beobachtungsschema expressive Fähigkeiten

In diesem Beurteilungsschema sind die Fähigkeiten verzeichnet, anhand derer Sie den Sprecher beurteilen sollen. Kreuzen Sie während oder nach dem Vortrag

- „+“ an, wenn Sie der Meinung sind, dass der Specher diese Fähigkeit gut anwendet;
- „+/–“ an, wenn Sie der Meinung sind, dass der Sprecher diese Fähigkeit nicht gerade schlecht einsetzt, sie aber trotzdem noch verbessern sollte;
- „–“ an, wenn Sie der Meinung sind, dass der Sprecher die Fähigkeit nicht oder ungenügend beherrscht.

	+	+/–	–
Blickkontakt			
Gesichtsausdruck			
Gestik			
Körperhaltung			
Sprechgeschwindigkeit			
Timing			
Lautstärke			
Satzmelodie			
Artikulation			
Fließend sprechen			
Sonstiges			

Beobachtungsschema didaktische Fähigkeiten

Der Zweck dieses Beobachtungsschemas ist, während des Vortrags zu beobachten, ob und wie der Sprecher die Fähigkeiten einsetzt. Die letzten zwei Reihen verzeichnen die Lernziele, die Sie beim Sprecher erfragen sollten.

	Anmerkungen
Hinwendung zum Publikum	
Struktur	
Anwendung Hilfsmittel	
Kontakt mit dem Publikum	
Lernziel 1	
Lernziel	

Hochschulabsolventen erhalten nach dem Studium nicht selten Stellen, in denen sie eine Abteilung leiten müssen, Aufgaben delegieren, Projektteams vorsitzen usw. Adäquates Kommunizieren ist somit der erste Anspruch, dem sie in solchen Situationen gerecht werden müssen.

Literaturempfehlungen

Teil I Grundlegende Gesprächsfähigkeiten

ANDERSON, KARE: Wie sie erreichen, was Sie wollen, Frankfurt a.M., 1997.
ARGYLE, MICHAEL: Körpersprache & Kommunikation, 7. Auflage, Paderborn, 1996.
BAY, ROLF H.: Erfolgreiche Gespräche durch aktives Zuhören, 2. Auflage, 1995.
BIRKENBIEHL, VERA F.: Kommunikationstraining, zwischenmenschliche Beziehungen erfolgreich gestalten, 18. Auflage, Landsberg am Lech, 1997.
CRISAND, EKKEHARD: Psychologie der Gesprächsführung, 5. Auflage, Heidelberg, 1994.
GOLEMAN, DANIEL: Emotionale Intelligenz, München, 1996.
LEICHER, ROLF: So führt man Kritikgespräche richtig, 2. Auflage, Renningen-Malmsheim, 1995.
MEIER, ROLF: Richtig Kritisieren, Regensburg, 1997.
SCHULZ VON THUN, FRIEDEMANN: Miteinander Reden 1: Störungen und Klärungen (1981), 2: Stile, Werte und Persönlichkeitsentwicklung (1989), 3: Das „innere Team“ und situationsgerechte Kommunikation (1998), Reinbek bei Hamburg.

Teil II Dialoge

Kapitel 5 und 6: Das Bewerber-Auswahlgespräch/Das Vorstellungsgespräch

HESSE/SCHRADER: Bewerbungsstrategien für Hochschulabsolventen mit und ohne Abschluß, Frankfurt a.M., 1996.
HESSE/SCHRADER: Die perfekte Bewerbungsmappe, Frankfurt a.M., 1997.
HESSE/SCHRADER: Das perfekte Vorstellungsgespräch professionell vorbereiten und überzeugen, Frankfurt a. M., 1998.
LORENZ, MICHAEL: Erfolgreiche Personalauswahl vom Bewerber zum Top-Mitarbeiter, Planegg, (WRG), 1998.
SIEWERT, HORST H.: Die 100 wichtigsten Fragen im Vorstellungsgespräch, Landsberg am Lech, 1997.
STAUFENBIEL: Institut für Studien- und Berufsplanung (Hrsg.), Individuell Bewerben, mit praktischen Übungen zum Assessment Center, 3. Auflage, Köln, 1997.

Kapitel 7: Das Mitarbeitergespräch

BRINKMANN, RALF D.: Mitarbeitercoaching, 2. Auflage, Heidelberg, 1997.
CRISAND/CRISAND/ADLER: Das Sachgespräch als Führungsgespräch, 2. Auflage, Heidelberg, 1997.
NEUBERGER, OSWALD T.: Das Mitarbeitergespräch. Praktische Grundlagen für erfolgreiche Führungsarbeit. Der Mensch im Unternehmen, 4. Aufl., 1998.

SAUL, SIEGMAR: Führen durch Kommunikation, Gespräche mit Mitarbeiterinnen und Mitarbeitern, 2. Auflage, Weinheim, 1995.

THOMANN, CHRISTOPH: Klärungshilfe: Konflikte im Beruf, Methoden und Modelle klärender Gespräche bei gestörter Zusammenarbeit, Reinbek bei Hamburg, 1998.

Teil III Gruppengespräche

Kapitel 10: Die Konferenz

AMMELBURG, GERD: Konferenztechnik, Gruppengespräche – Teamarbeit – Workshops – Kreativsitzungen, Düsseldorf, 1992.

BLOM, HERMAN: Sitzungen erfolgreich managen, Meetings als Kommunikationsmittel und Management-Instrument richtig nutzen, Weinheim, 1999.

HANS, KARLFRIED: Konferenzen erfolgreich vorbereiten, leiten, auswerten, Düsseldorf/Wien, 1992.

MUDRA, PETER: Besprechungen und Konferenzen gezielt und erfolgreich führen, Berlin/München, 1993.

Kapitel 12: Konfliktbewältigung

BERKEL, KARL: Konflikttraining, 5. Auflage, Heidelberg, 1997.

CRISAND/REINHARD: Methodik der Konfliktlösung, Heidelberg, 1995.

URY WILLIAM L./BRETT, JEANNE M./GOLDBERG STEPHEN B.: Konfliktmanagement, wirksame Strategien für den sachgerechten Interessenausgleich, Frankfurt/New York, 1991.

GHAURI, P.N./USUNIER J.-C. (Ed.): International Business Negotiations, Amsterdam, 1996.

Kapitel 13: Die Verhandlung

FISHER, ROGER/URY, WILLIAM L.: Das Harvard-Konzept. Sachgerecht verhandeln, erfolgreich verhandeln, 17. Auflage, Frankfurt, New York, 1998.

URY WILLIAM L./BRETT, JEANNE M./GOLDBERG STEPHEN B.: Konfliktmanagement, wirksame Strategien für den sachgerechten Interessenausgleich, Frankfurt/New York, 1991.

GHAURI, P.N./USUNIER J.-C. (Ed.): International Business Negotiations, Amsterdam, 1996.

Kapitel 14: Der Vortrag

HARTMANN, MARTIN, FUNK, RÜDIGER/NIETMANN, HORST: Präsentieren, Präsentationen: Zielgerichtet und adressatenorientiert, Weinheim, 1996.

Literaturverzeichnis

BLAKE, R.R./MOUTON, J.S.: Leiderschapspatronen, 1968.

HACKNEY, H./CORMIER, L.S.: Counseling strategies and objectives, in: Englewood Cliffs, N.J.: Prentice Hall, 1994.

IVEY, A.E.: Mikrocounseling, innovations in intervieweing training. Springfield, 1971.

KORSWAGEN, C.J.J.: Doeltreffend werven, solliciteren en selecteren, 1994.

KOUWER, B.J.: Existentiele psycholgie. Grondslagen van het psychologische gesprek, 1980.

LANG, G./VAN DER MOLEN, H.T.: Psychologische gespreksvoering, Een basis voor hulpverlening, 5. Aufl., 1993.

MASTENBROEK, W.F.G.: Onderhandelen, 1991.

MEIJER, M. DE/LANG, G.: Professionele gespreksvoering in bedrijfsituaties, 1987.

PIET, S.: Overleg, vergaderen en onderhandelen, 1990.

PREIN, H.: Trainingsboek Conflicthantering, 1992.

ROE, R.A./DANIELS, M.J.M.: Personeelsbeoorderling. Achtergronden en toepassing, 1994.

STEEHOUDER, M./JANSEN, C./MAAT, J./WOUDSTRA, E.: Leeren communiceren, 1992.

SWAAN, A. de: Uitgaansbeperking en uitgaansangst. Over de verschuiving van de bevelshuishouding naar de onderhandelsingshuishouding, 1979.

VEEN, P.: Mensen in organisaties, 1991.

VOORENDONK, R.H.: Het slecht-nieuwsgesprek, in: Kolkhuis, J./Tanke, C./Korswagen, C.J.J.: Handboek Taalhantering. Praktische communicatiegids voor bedrijf, instelling en overheid. 1986.

VRIES, DE R.: Spreken voor publiek, in: Heymans Bulletins, (Psychologische Instituten RU, Hrsg.), 1990.

VROLIJK, A./DIJKEMA, M.F./TIMMERMAN, G.: Gespreksmodellen. Een geprogrammeerde instruktie, 1972 .

VROLIJK, A.: Interventiemodellen, 1985.

VROOM, V.H./YETTON, P.W.: Leadership and decisionmaking, 1975.

Stichwortverzeichnis

Reihe Wirtschaft und Recht

▶ Kampmann, Siebe, Walter
Markt und Wettbewerb
Eine Einführung in die VWL – Band 1
302 Seiten – ISBN 3-933430-05-4

▶ Breilmann
Entwicklungslinien wirtschaftswissenschaftlicher Lehrmeinungen
144 Seiten – ISBN 3-933430-22-4

▶ Albrecht
Juristisch denken und argumentieren
Leitfaden zum Studienerfolg
184 Seiten – ISBN 3-933430-11-9

▶ Mensler
Der Allgemeine Teil des BGB
Eine systematische Einführung in die Grundbegriffe des Bürgerlichen Rechts
216 Seiten – ISBN 3-933430-12-7

▶ Scherer, Beyer, Haas
Gesellschaftsrecht I: Personengesellschaften
288 Seiten – ISBN 3-933430-28-3

▶ Enders
Gewerblicher Rechtsschutz, Urheber- und Medienschutz
ca. 250 Seiten – ISBN 3-933430-21-6

▶ Vach
Grundzüge des Zivilprozess- und Vollstreckungsrechts
ca. 200 Seiten – ISBN 3-933430-91-7

▶ Heße
Wettbewerbsrecht
Eine Einführung in das Recht gegen den unlauteren Wettbewerb und das Recht gegen Wettbewerbsbeschränkungen
128 Seiten – ISBN 3-8237-4610-3

▶ Eichhorn
Internet-Recht
Ein Lehrbuch für das Recht im World Wide Web
ca. 200 Seiten – ISBN 3-933430-33-x